历史破壁机

乾隆年号下的世界

上

1736—1795

China and the World

孙宇 / 著

新世界出版社
NEW WORLD PRESS

图书在版编目（CIP）数据

历史破壁机：乾隆年号下的世界：全二册 / 孙宇
著 . -- 北京：新世界出版社，2021.3
（白话正史）
ISBN 978-7-5104-7133-9

Ⅰ . ①历… Ⅱ . ①孙… Ⅲ . ①中国历史－清前期－通
俗读物②世界史－近代史－通俗读物 Ⅳ . ① K249.309
② K141-49

中国版本图书馆 CIP 数据核字（2020）第 193206 号

历史破壁机：乾隆年号下的世界（全二册）

作　　者：孙　宇
责任编辑：董晶晶
责任印制：王宝根
出版发行：新世界出版社
社　　址：北京西城区百万庄大街 24 号（100037）
发 行 部：（010）6899 5968　　（010）6899 8705（传真）
总 编 室：（010）6899 5424　　（010）6832 6679（传真）
http://www.nwp.cn
http://www.nwp.com.cn
版 权 部：+8610 6899 6306
版权部电子信箱：nwpcd@sina.com
印　　刷：三河市骏杰印刷有限公司
经　　销：新华书店
开　　本：710mm×1000mm　　1/16
字　　数：650 千字
印　　张：46.25
版　　次：2021 年 3 月第 1 版　　2021 年 3 月第 1 次印刷
书　　号：ISBN 978-7-5104-7133-9
定　　价：98.00 元（全二册）

引子

什么是时间？

公元1967年，第十三届国际度量衡大会给出了基本时间单位"秒"的准确定义：铯133原子基态的两个超精细能阶之间跃迁时，相对应的辐射周期的9192631770倍的时间。其他时间单位再用秒进行定义，1分钟等于60秒，1小时等于60分。

时间并不存在于现实世界之中，现实世界里有的，只是处在永恒运动与变幻中的物质。时间是人类思想的发明，是一种度量衡。从"秒"的精准定义可以看出，这种度量衡用来度量物质运动变化的速率。

在已知的宇宙中，最有魅力、最值得度量的运动变化，莫过于人类自身的记忆、人类生命的历程。从最初使用、制造和携带工具开始，人类就有了以自我意识为核心的认识能力，人类开始有意识地去记忆自己的生命中所经历的事，并以最初尚且模糊的时间单位作为记忆的标定坐标。语言出现之后，人类开始用语言将自己的记忆表达、交流、传承。

一个年轻的父亲常常对他的儿子讲："你爷爷小的时候……"说这话的人与听这话的人，实际上都不可能真切地感知这句话所描述的具体内容，但通过语言表达和时间定位，人类的群体记忆得以传承。

这就是历史。

显然，脱离时间，谈不了历史，而脱离空间，也谈不了时间。时间是物质运动变化的度量衡，而运动就必然少不了物质在空间上的变动。在人类的群体记忆中，也就是历史的表述中，人们常常用空间概念来区隔表述的范围，例如中国历史、欧洲历史、东方历史、西方历史，等等。

这样的表述无可厚非，但不应该是历史唯一的表述方式。

相隔遥远的相思，是很多年轻人都体验过的一种滋味。这种心境下的人们常常会想："他（她）现在在干什么呢？"恰似唐代诗人李商隐的诗："君问归期未有期，巴山夜雨涨秋池。何当共剪西窗烛，却话巴山夜雨时。"

即使有空间的间隔，人们依然可以通过这样的诗意意识到时间是为活着的人所共享的。在我们施展生命张力的同时，在我们看不见的空间，同样有人在活出他的精彩。

有人的地方，就有历史。区隔空间的叙事方式，不应该是历史表述方式的唯一。毕竟，时间也是历史绝对具有的。

本书为大家讲述清代乾隆年间，也就是公元1735年到公元1795年的世界历史。在这个时代，大清王朝如日中天，同一时期的西方世界也是群星璀璨，对如今的中国与世界产生了极大的影响。如果我们想了解今天的中国与世界，就必须认识这段历史。而要读懂这段历史，不强调同时性，不将中西历史贯穿成一部完整的世界史，那是做不到的。

所以，本书采取了您即将看到的这种叙事方式。

弘历

公元1735年，按照大清国的纪年方法是雍正十三年。

农历八月二十二日夜。紫禁城里的乐善堂，一位年轻人合上了手中的书卷，揉了揉眼睛，看看案上的自鸣钟。那个精巧绝伦的小盒子里，一支短针平齐指向左侧正中，长针高举指向穹顶。这是晚上九点，也就是亥时初刻。这与年轻人自己心里估计的时间大致吻合。年轻人为此有些得意，起身准备洗漱就寝。

他没有吆喝他的奴才们为自己端水拿毛巾，在乐善堂这个完全属于他的世界里，他用不着那样。在这里，一切都按部就班、井然有序，一切事物都在他需要的时候适时出现。他的奴才们早就知道主子大概会在这个时候合上书卷，揉揉眼睛起身，准备去洗漱就寝，所以早就做好了一切准备。

这位面容白皙的年轻人信奉的是当时作为国家正统意识形态的程朱理学，他无条件地坚信"世间万物，莫不有理"这样的教条。他也乐于将这样的信仰在自己生活的地方直观化地表现出来。所以，若是哪个奴才做事不小心破坏了他的条理，他一定会狠狠地给那个奴才一个白眼，然后自然有人替他收拾那个奴才。

那会很惨，不是一般的惨。

他的个头并不高，身形也略显瘦削，比起他那些于一百年前征服了中原的孔武有力的祖先，他看起来甚是文弱。单凭肉眼观察，你看不到他的家族遗传给他的精明和克制、残忍与决绝。那些东西眼睛看不见，得用心看。

韬光养晦是儒学的一项重要修养，他不会不懂。

当然，那年月里相信程朱理学的人很多，自然不是每个人都能如此这般地用信仰来掌控自己的生活。不知道那个年轻人自己是否明白，能让他的生活看起来如此"合理"的原因，与其说是他的信仰，不如说是他的地位。

是的，仅仅二十四岁的他已经在这个泱泱大国里居于一人之下、万人之上的崇高地位整整十三年了。

凡俗的人哪怕只有一天能处在这样的地位，恐怕也会穷极自己有关虚荣的一切想象力，让自己浑身上下乃至和自己沾边的一切物件帮着自己一起声嘶力竭地昭告天下：我是这样的人！

而这个年轻人似乎完全没有这个意思。深厚的儒学涵养使他拥有着超越常人的自制力；他的服饰只不过质地优良，没有一点繁芜装饰；他的居所只不过窗明几净，没有一点浮夸摆设；他的行为举止从来都是如此的中正典雅，简直就是一部活着的《礼记》，与他最亲近的奴才都没有见过他任何时候有过失礼的行为。

你能用肉眼感受到他的高贵，而他的高傲你却只能用心去体会。

他每天都睡得很早，今天也不例外。他的每一天都过得很充实，所以到了一天结束的时候，他没有丝毫遗憾，也就不需要熬夜去追回失去的精彩。这值得今天和他同年龄段的大多数年轻人自惭。所谓自制力，最基础也最重要的部分就是对良好作息时间的严格控制。这个年轻人几乎从未允许过自己的肉体对精神有丝毫的僭越。当然，你也许会觉得这有些过了。但你若是知道他未来将要承担的责任，你就会理解这一点。

子夜时刻，一串急促凌乱的脚步声从紫禁城的西北方渐次向乐善堂逼近。宫里有不少人被惊醒了，他们都是政治经验丰富的人，他们都明白，若不是发生了非同一般的大事，没人敢在这个时候在紫禁城里如此暴走。况且，那仓皇的长跑队伍里还有好几个平时官架子十足的大人物，如九门提督、丰台大营提督等人。

发生了什么？宫里的人不敢出声，都在猜。那些入宫已经十三年以上的人，心里大致有了一个靠谱的答案，因为十三年前，这样的场面他们也见过一回。而其他人就完全云里雾里了，大清国这些年太平得很，什么事值得这样大惊小怪呢？

长跑队伍跑到乐善堂门前停下，趁着门童进去请主子出来答话，队伍慌慌张张地按照官阶高低列队整齐，同时还尽快整理了各自身上的服装。看来的确事发仓促，不然这里的很多人都断然不敢穿成这副样子来朝见这位乐善堂主人。

不一会儿，刚刚那位年轻人出来了，他已将衣冠尽可能地穿戴整齐，而且看不出他的脸上有一丁点儿起床气，估计他也知道这时候没人敢叫醒他，除非……

长跑队伍领头的是当今圣上的贴身大太监。他大步向前，凑到年轻人的耳边，悄声说："宝亲王，圆明园那边请您立即移驾前往。"

这位年轻人是和硕宝亲王爱新觉罗·弘历，是当今天子雍正皇帝（即我们熟悉的"四爷"）最钟爱的儿子。虽然四爷从未明说，但全天下谁都知道，弘历是下一位皇帝。只是还不知道什么时候进位。

看样子就是现在了。

听到大太监的话，弘历有些恍惚，他大概明白发生了什么。但这等大事，不到最后确认，不能妄动，他只能先跟着那队人立即出发往圆明园去。

❶
弘
历

2 皇帝

圆明园离紫禁城有三十多里。路上的这段时间，弘历的心绪依旧恍惚。这么长时间的思维混乱，在他的人生中十分罕见。此刻，他的脑子理不出任何条理，只有一段久远的记忆忽然清晰起来。

十三年前的一个冬夜，十一岁的他看着当时还是雍亲王的父亲被一队大内侍卫带出王府，说是去畅春园。等第二天晌午，父亲终于回府的时候，他已经需要对父亲行三拜九叩大礼，高呼吾皇万岁万岁万万岁了。

眼前的这一切和那时候无比相似。只是自己不再是一个看客，而是成了主角。以第一视角来目睹这样的场景，一切相似，却又不那么相似，感觉就连空气都要凝重得多。

弘历努力地控制着自己的情绪，还不到可以任由他宣泄的时候。

离圆明园越近，周遭的一切就越是凌乱。等走进圆明园时，这样的凌乱达到了极点。除了天色还是一团漆黑之外，这里没有一点夜幕深沉时该有的样子。所有人都仓皇地跑进跑出，准备着各种物件，大多是一些白色的东西。

弘历的眼眶红了，为了阻止自己的情绪过早决堤，他抬起眼皮故意向远处望去。

远处有整个圆明园里唯一一群保持着严整秩序的人。大学士张廷玉、鄂尔泰各自带领着几个大臣分列道路两旁，无一例外地披麻戴孝。

眼泪已经从弘历的眼角滑落，止不住了。

张廷玉大步迎上前来向弘历施礼，轻声对他说："请宝亲王进殿听宣大行皇帝遗诏。"大行皇帝，是对刚刚死去还没有谥号的皇帝的称呼。这时候，大行皇帝所指的自然是弘历的父亲大清雍正皇帝。

此语一出，弘历一路上的猜测终于得到了确认。这下子弘历终于不再自持，声嘶力竭地嚎出一声："父皇！"

弘历的感情是真挚的。除了父子天伦之外，值得弘历去悲伤的原因还有很多。他知道，如果没有父皇的苦心安排，他就根本不可能在这个皇权更迭的微妙时刻，心无旁骛地自由宣泄自己的情感。

要知道，大清国自太祖努尔哈赤建国以来，还没有哪一次最高统治者交接班，不是伴随着剑拔弩张甚至血雨腥风。

同样也是经过痛苦的斗争才夺得皇权的先皇雍正，决定要终止这样的传统。他建立了秘密立储制度，并于在位期间多次确认弘历的特殊地位，使得儿子的继位成为清朝开国迄今最顺利的一次。

弘历也知道，父皇留给自己的是一个正在顺风顺水地走向巅峰的强大帝国。要详细评说雍正皇帝的治绩之于清朝的意义，那得另外再写一本大书才行，这里我们不去多说。总之他是一位奋发有为的君主，他在很大程度上扭转了康熙后期清王朝出现的种种衰颓迹象，将一个几乎重生一般的空前强势集权的中央政府交到弘历的手上。

旁人只是认为这是雍正皇帝对于祖宗基业的贡献，弘历则完全有理由把这一切理解为父爱。

的确，雍正皇帝对弘历的爱在当时看来，几乎完美无缺。

公元1711年，清康熙五十年，弘历出生在雍王府，他得到了来自四爷的明显异于其他兄弟的特别关爱。弘历是雍正帝的第四个儿子，但前两个哥哥老早就夭折了，弘历压根没见过。三阿哥弘时大弘历整整七岁，是四爷实际上的长子。但在四爷的心中，从来就没有把他看作过长子，弘时也没有享受到传统社会中作为家庭长子应该享受到的任何权利。

原因很简单，弘时的母亲是个汉人。

弘历则不同，他出生时，母亲虽然地位不高，但毕竟是满洲钮祜禄氏。就凭这一点，那年三十三岁的四爷在第一次抱起弘历时，就在心里认定了他的长子地位。

康熙五十六年，弘历六岁，到了该读书的年纪。深陷于"九宫夺嫡"那漫无天日的暗战中，且还看不出有什么胜利曙光的四爷，毫不犹豫地抽出心思来认真地部署弘历的教育。他为弘历延请多位当世大儒做老师，并亲自督促弘历的读书学习，一点儿没马虎过。

康熙六十年，十岁的弘历第一次见到爷爷康熙帝。那是四爷刻意安排的一次"偶然"。

那时的四爷才总算读懂他的老父亲康熙帝。他明白康熙帝正为眼睁睁地看着众多能干的儿子们反目成仇，都下了狠心要弄死对方而自己却束手无策而痛苦。忽略掉庄严的外表，老父亲只是一位心力交瘁的孤苦老人。

老人的心，都是一颗小冰块，只要一暖，也就化了。只是没人可以去温暖他而已。至少四爷自己不可以。因为父亲肯定知道，他也是九宫夺嫡的当事人之一，父亲心里也防着他。

但弘历可以。

爷爷果然很喜欢弘历，在长达半年多的时间里，两人每天形影相随，就像民间每一对普通的亲热爷孙一样。

也许真的有过那么一个瞬间，康熙帝看着弘历的可爱模样，想起了自己遥远的过去，也想到了帝国更加遥远的未来。如果有这么一个瞬间，那么一定就是在那时候，康熙帝的心里有了一个决定。

而且命运再也没有给他改变这个决定的机会，那年的农历十一月，康熙帝去世。四爷随之成为九宫夺嫡的胜者。胜利的原因固然繁多复杂，但弘历在康熙帝逝世那年的临门一脚并非无足轻重。

弘历不经意间给了父爱宏大的回报。

四爷变身雍正皇帝的那些年，弘历也从一个孩子慢慢长成青年。他没有急切地要去政坛搅和，而是在父皇的教导下继续安静的读书生涯。父皇的教育是成功的，弘历接受了所有当时公认绝对正确的价值观，并努力将其践行到底，从未懈怠。

如果病发时的雍正帝知道自己这次难逃一死，他也应该能够放心地撒手归西。对于每个临终的统治者来说，有个优秀的继承人都不能不说是莫大的幸福。

王子

如果每个人都能享受到幸福的话，那恐怕也不算什么幸福了。

就在雍正帝因为有弘历而放心离世的时候，在遥远的欧洲，一个小国的国王却正在为自己的继承人的离经叛道而雷霆震怒。

每个亲眼见过这位国王的人，都会对心中所感受到的强烈的压迫感终生难忘。这不光是一种心理感觉，还包括直观的视觉冲击。这位国王身高超过两米，体重一百公斤以上。在那个时代，在他那个民族的审美观中，他这般身板就是威武阳刚的极致。

他就是那个时代"行走的荷尔蒙"。

他从来没穿过那个时候最时尚的装饰繁缛、女里女气的法国君主服装，他从来都是戎装在身。他是当时唯一的一个，也是历史上第一个把军装当作正式礼服的欧洲君王。这种简洁贴身的服装使得他本就逼人的气势更加肆无忌惮地向身边的每个人喷洒。

没人胆敢与他的眼光对视，他的对手如此，他的队友也如此。他的眼神是如此冷峻，似乎凡是他眼光所及的地方，温度都会瞬间下降好几度，令人无端打颤。

现在，这一大块"行走的荷尔蒙"正在王宫中急走。一路上，他遇到的仆人见他大步流星，都惊惶地躲到一旁，仰望他那阴云密布的恐怖表情，再看看他行进的方向，都暗自叹息：可怜的王子又要遭殃了。

果然，国王一脚踹开王子寝宫的门，同时怒吼道："你又在干什么?!"他刚刚接到眼线的告密，他的王子又在做见不得他的事情。

寝宫里，围坐在一张桌子旁的三个人，被国王的这声棒喝吓得半死，都赶紧站起身，垂头而立，瑟瑟发抖。中间那个年轻人穿着那时候最时尚的装饰繁缛、女里女气的法国贵族服装，用颤抖的声音回答道："父王，我在学拉丁文……"

拉丁文，早已灭亡的罗马帝国的文字。它的口语早已消失，没有人在日常生活中使用这种语言。但是欧洲的许多古典文献都是用拉丁文记载的，所以在高端学术圈子里，拉丁文的地位依然十分重要。不懂拉丁文，是没法在欧洲学术界混的。

先不说这个，王子有危险!!!

"呼!"国王手中那根沉重的金属手杖伴随着这声闷响，化成一道扇形光芒，朝着王子这边破空而来!

"兔崽子! 德语都还说不利索! 你还给老子学什么没用的拉丁语!"国王边打边骂。

德语是这位国王的母语，这种语言本就铿锵有力，从这位国王的口中喷出的德语，更是如同恶狼的低吼声。德语也是这位王子的母语，可他却说得磕磕绊绊。倒是对于当时欧洲贵族的通用语言——法语，王子的听说读写能力都非常好，绝对达到了专业八级的水准。

继续看打斗。

王子虽然在气势上处于绝对下风，但好歹灵活性不输父亲，他抱着头跑开几步，手杖砸到了王子身后的一个青花瓷瓶子上，那瓶子瞬间粉碎。王子心痛极了，那瓶子来自中国，是他好不容易托人从英国人的手里买来的，花了不少钱。

国王没打着王子，顺手再次捡起手杖，向刚刚和王子坐在一起的那两个人身上猛击。这俩人不敢躲闪，手杖也就结结实实地砸在他们的背部中心，几下就打得这俩人吐血。

"该死的东西，居然敢教我的儿子学什么拉丁语……"国王的愤怒光靠打人还发泄不完，他的嘴巴也一直没停下。

王子并不敢跑太远，他还在屋里，他知道按照父王的教育方法，这招是杀鸡给猴看。作为"猴"，他现在哪儿也不能去，必须认认真真地看着父王"杀鸡"，哪怕看得心如刀绞，也得认真看完。

一直打到王子的那两位拉丁文老师奄奄一息，国王才心满意足。他收起手杖，撩撩自己散乱的头发，扯扯身上的军装，再指着瘫在地上的两人恶狠狠地说："不要忘了卡特！"

国王抬起头来，盯着缩在一边的王子，指着他要再骂点儿什么，想了想又算了。他猛地一回头，阔步离开王子的寝宫，像什么都没发生过一样。

这位狂暴的国王是普鲁士国王弗里德里希·威廉一世，因热衷于军事，强硬地将普鲁士引向军国主义之路，而被后人称为"士兵王"。

这位王子也叫弗里德里希。

"弗里德里希"是一个非常普通的德意志男人的名字，也被译作"腓特烈"，德意志民族的很多人都叫这个名字，例如弗里德里希·尼采、弗里德里希·哈耶克等。就像我们中国的"张伟""李强"这种极其普遍的名字一样。

这位王子日后将成为第二个名叫弗里德里希的普鲁士国王，人称弗里德里希二世，或者腓特烈大帝。

可在这个时候，这个刚刚差点儿又挨打的年轻人的身上还看不出一丁点大帝的样子。他的一切似乎都是父王的反面：父王身材壮硕，他瘦骨嶙峋；父王面相刚毅，他温婉俊秀；父王眼神高傲，他迷离无神；父王行为粗鲁，他彬彬有礼；父王热衷于舞弄长剑，他热衷于吹奏长笛；父王能随口熟练地背诵出两千多年前的伯罗奔尼撒战争中每场战斗交战双方的统兵将领的名字和兵力部署的情况，他也不错，他能如数家珍地说出两百多公里外巴黎城里圣丹尼斯大街上每家高端服装店的店主的姓名和新货上架的情况。

在旁人眼中，父王充满随时都会暴怒起来的威严，他却有着随时都能哭出来的可怜。

国王烦透了儿子的这副样子。

这没办法，要不是为了政治，威廉一世绝不会迎娶邻国汉诺威的公主索菲亚·多萝茜亚（汉诺威选帝侯在他们结婚几年后即成为英国国王乔治一世）。只有像她那么矫情到极点的贵族女人啊，才能生得出这样的儿子。

他不明白这个女人到底有什么值得儿子去仰慕的，可她讲的那些什么莫名其妙的艺术啊、哲学啊之类的东西，又总是能把儿子哄得如痴如醉。他甚至禁止他们母子见面，但依然拦不住儿子总是要偷偷摸摸地跑去见她。

这孩子哪像个普鲁士人啊？弗里德里希·威廉一世常常叹息。

那么，普鲁士人应该像什么样子呢？普鲁士又是个什么？大家似乎也隐约知道这个国家和现在的德国有些关系。那么，到底是怎样的关系呢？

这几个由小到大的问题，本书由大到小地来跟大家解释。

4 往事

　　首先要说明的是，虽然现在大家都知道有个国家叫德国，也就是德意志联邦共和国。但是在1871年德意志帝国建立之前，世界历史上没有哪个国家实体的正式名称叫作德意志。

　　德意志首先是一个地理概念，从西欧的莱茵河到东欧的维斯瓦河，从阿尔卑斯山北麓到波罗的海南岸，比现在的德国版图要大得多。德意志也是一个文化概念，居住在上述土地上的讲德语的日耳曼各民族都是广义上的德意志人。

　　最后，德意志勉强算是个政治概念，一团乱哄哄的政治概念。德意志是分裂的，还不是一般的分裂。在德意志的土地上，巴掌大的一块地方都可能有一个独立领主，总共有好几百个各种王国、公国的独立政治实体。比较大的有巴伐利亚、萨克森、汉诺威等，普鲁士勉强算是其中之一。

　　那时候，也就是弗里德里希王子还在挨打的大清雍正十三年，公元1735年的时候，德意志各邦国中最为强大的是奥地利。奥地利公爵凭借强大的国力，和兼任神圣罗马帝国皇帝（在后面我们会介绍这个帝国）的地位而成为德意志地区的总盟主。

　　德意志人期待着奥地利能像中国的秦王朝一样统一纷乱的德意志地区。不过奥地利却完全没那个意思，比起收拾德意志的破烂小国，强大的奥地利对向东欧和南欧地区扩张势力更感兴趣。

这使得德意志人陷入迷茫，谁能来将我们统一起来呢？

本书叙述的是历史，不是悬疑，所以也就不用卖什么关子。大家知道，最后是普鲁士在公元1871年完成了这一项历史任务——但在雍正十三年，公元1735年，这看起来绝对是天方夜谭。就凭他普鲁士，也能统一德意志？

为什么？这就要知道普鲁士是个什么样的国家。

人们这样形容普鲁士："别的国家都拥有一支军队，而普鲁士这支军队却拥有一个国家。"

这不是玩笑话，这是真的。

普鲁士的历史并不悠久，公元十三世纪初，相当于我国南宋中期，第三次十字军东征铩羽而归后，在战场上表现不俗却也因为整体失败而一无所获的条顿骑士团回家了。

骑士团是罗马教廷的武装，由教会豢养来对付各种异教徒。条顿骑士团就是其中之一，主要由德意志人组成。贪婪的教皇在第三次十字军东征前，将东征胜利的战利品作为诱饵，引诱德意志人纷纷加入骑士团为其卖命。

现在，战争失败了，这些拿着刀剑又认死理的德意志人却依然瞪着教皇，等待他兑现承诺，令他如坐针毡。

上帝保佑啊！公元1225年，在这个微妙的时刻，远在波兰的一位公爵致信教皇，邀请条顿骑士团帮助他讨伐居住在其北方地区的野蛮异教徒。骑士们反正闲着也是闲着，于是就去了。

那些"野蛮异教徒"其实就是当地的原住民，居住在现在波兰北部和再往北直到芬兰湾的区域，这一区域当时被称为"普鲁士"，他们叫作"普鲁士人"。

这是"普鲁士"一词最初的意义。

血洗当地土著后，骑士团就赖着不走了，在那里正儿八经地扯起大旗建了个国。为填充土著人留下的空地，他们大量招徕外来人口，像吹气球似的慢慢地把这个国家填充起来。

人们习惯性地将这个国家称为"普鲁士"。

这就是普鲁士这个国家的不同寻常之处。其他国家的发展轨迹一般是这样的：一群人在史前时代就聚居在某一地域，然后自然而然地形成一个个国家。而普鲁士却是先有国家，而后才有人民。

这个人为的、凭空建立起来的国家没有任何经验可以借鉴，也没有任何教训可以汲取。怎样操办一个国家，骑士团的武夫团长们没有现成的路径可以遵循。所以，这个国家的许多架构都诞生于骑士团成员们脑中的理性逻辑，而非实践经验。

也许这就是未来在普鲁士的土地上长出的那棵哲学世界的参天大树的最初的种子吧。

顺便跟大家聊一聊"理性"这个概念吧。首先，您要知道这是个外来词汇，古代汉语当中并没有和它完全对应契合的词。而且我们在日常生活中时常使用的也不是"理性"这个词的原意。

例如，您的好友或者闺蜜怀疑他（她）的爱人劈腿了，来向您倾诉愤怒或悲伤。本着劝和不劝离的态度，您很有可能这么说："冷静下来，理性地想想吧……"

是这样吧？生活中，"理性"一词一般是指排除情绪干扰思考问题的过程。这与其原意略有差别。与"理性"相对的是"感性"，感性是人类意识中通过感官受到刺激而获取的所有信息的总称。

既然理性是感性的反义，那么理性当然就是我们的意识当中，在所有感官获得的信息之外的那些东西。闭上眼睛想象一下：如果您不看、不听、不闻、不尝、不触摸，您的意识里还有些什么？

这个问题很重要，后面在合适的地方我们会做更详细的讨论，您感兴趣的话，先想象一下吧：除了感官给予我们的内容，我们的意识里还有些什么？

骑士团国家致力于将其势力范围继续向东方扩张。不过，在1242年的楚德湖战役中，骑士团败给诺夫哥罗德共和国，停止东进。

此后，骑士团又南下与波兰争雄。双方打累了歇，歇完了打，直到公元1410年的坦能贝格战役，骑士团惨败。在交付巨额赔款之后，波兰人才交还骑士团部分被占领的土地。此后，骑士团长期受到波兰欺压，1466年，骑士团甚至还被迫承认波兰的宗主权。

1525年，骑士团团长阿尔布雷希特接受宗教改革的旗舰人物马丁·路德的建议，抛弃骑士团与罗马教廷的联系，改宗新教，并将骑士团由一个宗教理想的试验场彻底转变为一个世俗化的国家。变革的一个重要标志就是国家领导不再是公推公选的骑士团团长，而是世袭罔替的普鲁士公爵。当然，首任大公爵就是阿尔布雷希特本人。

普鲁士公国正式诞生。

阿尔布雷希特另外一个重要措施是放弃与波兰和俄罗斯在东欧争雄的打算，将普鲁士的发展方向拨回德意志。

一个在外打工多年却又没混出什么名堂的晚辈，要想在大家庭里不被嘲笑，且能捞些个地位，方法可能有很多。讨好家族里的长辈，努力跟他拉关系，让他帮自己说几句话，就是个不错的方法。

普鲁士得到了这样的机遇。1618年，普鲁士公国第二代大公去世。因其膝下无子，大公的爵位被他的女婿继承。

这女婿可不是什么骗吃骗喝骗遗产的上门女婿。在继承岳父的普鲁士公国之前，这位来自德意志老牌政治豪门霍亨索伦家族，名唤约翰·西吉斯蒙德的女婿就已贵为勃兰登堡选帝侯，在德意志的诸多邦国里地位颇高，实力不俗。

勃兰登堡选帝侯国和普鲁士公国就这么合并了，新的国家叫作勃兰登堡-普鲁士选帝侯国。这是一次双赢的合并，勃兰登堡得到了普鲁士的大片领地，普鲁士则获得了勃兰登堡的政治资源。

选帝侯，好霸气的名字，是个什么东西？

这是德意志历史上的一个特有名词。简单地说，历史上不是没人想过要统一德意志，公元十世纪的奥托大帝就差点儿做到了，他慑服德意志境内的各路诸侯，将他们捏合成了"神圣罗马帝国"。注意，这个国家其实并不神圣，跟罗马也没什么关系，更说不上是个帝国——这话是法国大文豪伏尔泰说的。

奥托大帝死后，"神圣罗马帝国"很快乱作一团，帝国皇帝也成了周朝天子那样的虚衔。后来，皇帝干脆就挑选出七个实力强大的诸侯，承认他们拥有选举"神圣罗马帝国皇帝"的权力。这七大地头蛇就叫作选帝侯。其他六家本书暂时不去说，说了您也记不住，记住了对于本书也没多大意义。

反正知道勃兰登堡是其中之一就行，因为这就足以说明这位女婿的地位。从此，普鲁士就乘着勃兰登堡这艘大船，重回德意志大地开拓进取了。

霍亨索伦家族的经营非常成功。到十七世纪末，勃兰登堡-普鲁士的实力已经较为可观，于是实至名归的升格来临。清康熙四十年，公元1701年，第四代勃兰登堡选帝侯兼普鲁士大公自行加冕称王。因为神圣罗马帝国规定选帝侯不能称王，所以新的王国放弃勃兰登堡的名称，建立普鲁士王国。他就是普鲁士国王弗里德里希一世，前文中暴躁君主的爸爸、文艺王子的爷爷。

但说白了，升格为王国只是霍亨索伦家族一家之荣而已，对于普鲁士整个国家而言，并没有什么立竿见影的作用。普鲁士依然是一个偏居一隅的小国，领地面积大约十万平方公里，虽然在欧洲也不算太小，但这里面有很多都是波罗的海沿岸的鸟不拉屎的砂石土地，能种个正经庄稼的好地没多少。人口也只有两百多万，而且大多数都处在容克地主的控制下。

容克，普鲁士的农业庄园地主，大多是当年条顿骑士团的后裔，他们在普鲁士的根基要比霍亨索伦家族还要深得多。他们承认国王是他们的带头大哥，但具体国王的话要不要听，还得看他们的心情。

单从纸面上看，普鲁士的整个经济基础实力撑死了也只相当于当时大清皇帝治下的几个县相加。在所有的德意志邦国中，它也只能算个二流；在整个欧洲，更只是三流的水平。

1735年，英国是世界霸主，法国是欧洲统帅，奥地利是德意志盟主。这三个领域，基本上都还没有他普鲁士什么事儿。普鲁士何去何从？这是每个稍有雄心的普鲁士君主都会认真掂量的问题。

普鲁士的第一位国王弗里德里希一世仰慕文化。当时，欧洲正在经历牛顿带来的科学革命，启蒙运动也已有了星火燎原之势。弗里德里希一世决定将这些火种尽快带到蛮荒的普鲁士来。

为此，他做了很多，其中最重要的就是建立柏林科学研究院，还为研究院请来莱布尼茨做首任院长。如果您初中的数理化学习不是全部睡过去的，您就一定知道莱布尼茨是谁。他很厉害，是吧？

但即使是莱布尼茨，也不可能瞬间就把老实愚钝的普鲁士人个个点化成数学家或哲学家。文化事业显然不是一粒短时间内就能开花结果的种子。所以在普鲁士国人看来，弗里德里希一世就像个一直在忙着为石头浇水施肥的傻子。他的十二年国王经历只为自己留下了一个挥霍浪费的名声。

他的继任者，也就是暴躁国王威廉一世对普鲁士国情的把握要比先王更加准确、现实。与英法等国不同，普鲁士的经济基础依然还是农业。对于农业经济来说，那些什么数学、哲学都只是些没用扯犊子的东西。他的这个认识相信我们中国人也不难理解。统治一个农业国需要的是强权；要有强权，就必须有一支强有力的军队。

于是，威廉一世采取与先王完全相反的统治路线。他挖地三尺地将能够变现的一切都变成金钱。他治下的普鲁士是当时欧洲税赋最高的国家，但这也还远远不够。为了钱财，他处处节俭，他从不装修王宫，一日三餐都是普通人的标准，他甚至把老爸加冕典礼上的华丽礼服都卖

❹

往事

了，再把筹到的钱一丁点都不浪费地用来供养他的军队。国家的其他事项要想从威廉一世这里多要一分钱，都比登天还难。

例如1734年，他给柏林图书馆划拨的置办新书的费用是四个塔勒，大致相当于人民币一千块。1735年，他兴许是意识到了文化对于一个国家和民族发展的重大意义，或者是在看到了知识改变命运的公益广告之后进行了深刻的反省。总之，他狠下心来，多给了柏林图书馆一些钱。

这一年给了五个塔勒，整整比上年同比增长了百分之二十五！这件事在全欧洲传为笑谈。

但不论人们如何嘲笑，他依然全身心地投入国防军队建设事业。他时常兼任部队教官，亲自带领新兵操练。他还四处抓壮丁，普鲁士国内的高个儿汉子被他抓光后，他竟然还跑到其他德意志邦国去"募兵"。说是募兵，其实还是抓壮丁，搞得那些小邦国整天鸡犬不宁，却又无可奈何。

就这样，经过二十多年的努力，普鲁士终于拥有了一支人数多达十万的装备精良、战力高强的职业军队。凭借这支军队的力量，国内的容克地主们一时间不敢再和国王讨价还价，国外列强也逐渐不敢小看普鲁士了。普鲁士的军国主义传统就在威廉一世的统治时代发端。

威廉一世的军国主义统治作风还延续到了自己的家庭。这可把那位生性浪漫、向往自由的王子搞得生不如死。

雍正八年，公元1730年，时年十八岁的王子再也忍不下去了，带着他的好基友、近卫团少尉卡特星夜逃出王宫，向西边的国境线跑去。他的目标是远方的英国，那里的国王乔治二世是他的亲舅舅。

王子夜奔，似乎是一个伟大或奇趣故事的前奏……

不过，王子似乎不晓得逃跑就应该有个逃跑的样子，至少在过边检的时候，应该好好地乔装打扮一番。

边界线上的士兵不愧是"士兵王"的兵，他们认出了王子，将其截获送回王宫。

威廉一世震怒，他让法庭审判王子和他的好基友卡特。法庭哪敢审这案子？只是和稀泥地判卡特终身监禁。至于王子，法庭直接告诉国王他们判不了，把这个难题踢回给国王。

但对于威廉一世来说，这哪算啥难题？愤怒没有影响他的思考，他想到一个处理办法，这个方法会有两个作用：教育儿子和震慑臣下。

他判决儿子的行为是叛逃，这是死罪；但是呢，王子是自己的继承人，不能死。怎么办？

这事儿要是给我们中国人办就好办得很，像曹操那样割发代首，或者像包拯那样打龙袍都行啊，反正假模假式地蒙混过去就行呗。

可是普鲁士人认死理，死罪必须有人去死！于是原被判为终身监禁的卡特被罪加一等，替王子去死。而且威廉一世还加上一条，要王子去刑场观看卡特被枭首。

巨斧落下，王子晕厥。

狠毒的威廉一世用卡特的命，杀了王子的心。至少从那以后，王子的所有叛逆都只能局限在心理层面。之后的几年，王子虽然没再弄出什么幺蛾子，但还是距离父王的要求很遥远。

威廉一世年纪大了，对儿子的培养进程必须加快。而且，他还惊喜地发现，他一生的假想敌——与自己年纪相仿的神圣罗马帝国皇帝兼奥地利大公的查理六世这些年来一直没生出儿子，膝下只有一个独生女儿，要不了多久，这个女孩就会继承奥地利。女人嘛，总是差半截的，这是普鲁士的机会，就算自己等不到那个时候，威廉一世也必须保证儿子有能力抓住这个机会。

要加快这个进程，就必须改善眼下冰冷的父子关系。也许这是那次殴打儿子的老师后，威廉一世冷静下来的反思。

抠门的威廉一世为了儿子终于花了一大笔钱。1736年，他为儿子在柏林北郊购买了一处叫作莱茵斯贝格的宫殿，让他住进去。在这里，王子终于拥有了一点自由。他可以在这里学拉丁语，吹奏长笛，和他敬爱的母亲畅谈世间的一切美好，给他的偶像伏尔泰写信，而且伏尔泰还回复了他。

王子时常去柏林附近旅行，就是这些旅行使他慢慢地认识到父亲的隐忍与追寻，那不仅不是自己想象的那般粗俗不堪，反而显得自己的那点小理想其实是如此地自私和狭隘。父亲的温情在不经意间给了儿子反思的机会。

理解自己的父亲，对每个青年来说都不是一件容易的事。

后来，在写给伏尔泰的信中，王子这样描述自己的父王：

我在这里向您讲述的一切，都应该归功于国王。他制定了宏图，他不徇私情，他不辞劳苦，不事花费，不加许诺，不予封赏，仅仅为了保证国人的幸福生活。他们现在应该为他们的幸福而感激他！

威廉一世如果能读到这封信，或许会激动得老泪纵横。而更有可能的情况是，他会拿着这封信去王后那里炫耀。他认定对于王子那次秘密出逃的计划，王后也是知情者。不然儿子为什么把目的地定在英国，而不是他心中最憧憬的法国？

出于外交的考虑，他没有把这事说破。他很明白，自己的这点儿家当完全不够英国吃一口的。但好强的他依然在心里憋了一口气，他坚信总有一天，普鲁士也能和英国一较高低。

那一天还十分遥远，因为当时英国的实力，足以让普鲁士人深刻地明白什么叫望尘莫及。

当时普鲁士的实力不如英国的原因很多，其中很重要的一个是，整个普鲁士只有国王一人在为王国的未来思考，并将他的思考付诸实践。那时候，普鲁士还只有一个领路人。

而在那时的英国，几乎每个人都热衷于自由地描绘自己的未来，同时也是在畅想国家的未来，并且他们能把一切所思所想奋力挥洒到这个广袤星球的各处。英国那时候有无数个开拓者。

不过，在这个忙碌扰攘的国度里，国王反倒是一个例外。雍正十三年，公元1735年，是时年五十二岁的英国国王乔治二世做国王的第八年。和过去的几年一样，没有多少国家大事需要他去处理，他一年到头都闲得慌。

可把这位魁梧国王的满身肌肉给憋坏了。

作为英国国王，乔治二世好歹比他的父亲乔治一世称职些，至少他能说英语了，说得还算流利，也能读，也能写，过四级的水平是有的。而他的父亲却连个"Hello, how are you?（哈喽，你好吗？）"都说不好，其他听、读、写什么的就更不用提了。

因为乔治国王是德意志人。

等等，我们不是正在聊一个英国国王吗？

是的，没有错。这就是当时的英国国王，英国汉诺威王朝的第二代国王。蒙圈了吗？

您的脑子里是不是涌出一大撮的问题：为什么堂堂英国国王无所事事？他是个昏君吗？他这样子，为什么还说英国很强？强国的国王不都应该像大清朝的雍正皇帝那样整天忙忙叨叨吗？为什么他是个德意志人？为什么他爸连英语都不会说，也能做英国国王？难道德意志人那时候把英国给怎么着了？这样下去，英国不是很危险吗？……

好了，别急。问题很多，我们慢慢说。

首先，请暂时忘却我们熟知的那些历史概念，例如国王、皇帝、王朝、国家之类。在欧洲的历史上，压根就没有存在过我们所说意义上的那种国王、皇帝、王朝和国家。

在欧洲步入现代史前，这里只有王朝，没有国家。

在十九世纪东西方文明正式交汇的时代，我们的翻译家们为了便于我们理解，才勉强地将欧洲历史上的那些概念对应地翻译成略微相似的汉语词汇。例如将"king"对应为"王"，将"empire"对应为"皇帝"。

实际上，这些概念的意义有巨大的不同。如果有意识地选择无视这些区别，那可就算是把学习历史的大前提给扔了。

罗马帝国崩溃之后的欧洲文明是基督教文明，上帝至高无上，而天主教会则是上帝在人世间的代表机构，教皇是总代表，各地头蛇、土霸王都必须得到教会的承认才算数，不然就是黑户。这种承认有个具体的仪式叫作"加冕"，就是教皇代表上帝将人间的王冠戴到某地头蛇的脑袋上。

所以从理论上说，欧洲的那些什么王（king）啊，皇帝（empire）啊，都不过是上帝设在人间的高级职位而已。

中国可不是这样。皇帝虽然自谦为"天子"，可是这个"天"，作为中国史上四百多位皇帝的父亲，显然对他的这些儿子们并没有丝毫的约束力。因为"天"没有具体的定义，也没有严格的教义，更重要的是，没有像天主教会那样的强大的人间代表。

所以，中国的皇帝才是真正至高无上的，而欧洲的那些个king也好，empire也罢，都不行。

我们再来说说欧洲的"王朝"。就从乔治二世的汉诺威王朝说起吧。

中国历史上，一个王朝是指一个乱世英雄带着一伙弟兄杀出的一片江山。若是在欧洲发生这种情况，当然也算一个王朝。例如1066年，法国的诺曼底公爵渡海征服了英国，建立起英国的诺曼底王朝。

但欧洲的王朝更迭更多地是以一种我们难以理解的方式进行。不信，你看汉诺威王朝是如何在英国开国的。

不要过于激动，这个王朝的开国史没有什么轰轰烈烈的英雄故事，威廉·华莱士不在这里，侠盗罗宾汉也与此无关。

康熙五十三年，公元1714年，英国斯图亚特王朝的安妮女王逝世。这是一位悲催的女王，她的十七个子女都先她而去。她去世后，英国的王位怎么办？

女王完全不用为了这件事而死不瞑目，因为英国议会早就为此准备好了锦囊妙计，用不着女王操心。早在康熙四十年，公元1701年，那时候人家安妮都还只是王储呢，英国议会就像已经看出了啥似的，忙不迭地通过了一个《王位继承法》。这个法算定了安妮以后会绝后，已经安排好了安妮将来把王位传给一位远亲。

这远亲是谁？德意志诸侯里的汉诺威选帝侯乔治！那么这人跟安妮女王是什么关系呢？

听好了，是她爸爸的爸爸的女儿的女儿的儿子，简化一下，是她姑姑的外孙、她姑表姐的儿子、她的远房外甥。这人从小在汉诺威长大，只会说德语，根本没有去过英国，也根本没有见过他的远房姑姑安妮女王，却忽然因为那一点儿恐怕早就被他自己遗忘的英国王室血统而被选作了英国国王。

原因很简单——这个汉诺威选帝侯是所有具斯图亚特王室血统的人当中，唯一一个信仰基督教新教的人，这样才能跟同样玩新教的英国尿到一个壶里去。跟安妮女王血缘关系近的人倒也不是没有，她的亲弟弟詹姆斯三世还活着呢。但是人家信的是天主教（旧教），他和安妮的老爸——前英王詹姆斯二世，就是因为宗教信仰的原因而被废黜的。

废黜詹姆斯二世的那事儿被英国人叫作"光荣革命"，我们以后再细说。

您能否想象中国的哪个王朝突然绝了嗣，然后大家去找个嫁到邻国的公主，让她的后裔来做中国的皇帝？那人可能已是满口的异域语，也根本没来过中国，没见过任何一个中国人，不懂得任何中国文化，有这种可能吗？

总之，斯图亚特王朝就这样稀里糊涂地灭亡了，汉诺威王朝也就这样稀里糊涂地开国了。

这样也可以？为什么可以这样呢？

6
王权

现在，本书正式跟大家讲讲欧洲的王朝。也许不用讲，您也能看得出来，既然王位继承都能如此慷慨或说草率，那王朝这东西对欧洲的政治来说其实没那么重要。

欧式王朝的根基在于欧洲的封建制。封建，似乎是一个我们很熟悉的概念，在现代汉语的正统语境中，封建是指自秦始皇统一中国到溥仪逊位之间在我国实行了两千多年的经济和政治制度，以及由此衍生出的各种文化思想等。

忘记这个吧，本书说的封建不是这个意思。

封建，封土建国。世袭土地和爵位的贵族叫作领主。大的领主把土地封赐给小的领主，让小领主在此建立"国"，条件是小领主向给他土地的大领主效忠。效忠主要指在大领主出门打仗的时候，小领主得出人出力。至于小领主在封赐给他的土地上干什么，哪怕把这土地再封赐给更小的领主，大领主都管不着。

我国周朝时实行的就是这种封建制。您也知道，这种封国凌乱的制度后来被秦始皇给废除了，被统一的郡县制及其后来演进出的各种制度代替。唐代政治家柳宗元先生在其著作《封建论》中已经对此做出过说明。实际上，秦朝是我们所说的这种封建制的终结，而非起始。

而在西欧，封建制始于公元五世纪时罗马帝国崩溃，日耳曼各部落

"入主中原"。日耳曼人并没有统一的政治实体，只是当时所有居住在罗马帝国东北边境之外，也就是莱茵河以东的各种野蛮部落的总称。他们没有像冒顿单于、成吉思汗那样的统一了各部落的强大领袖。只是趁着罗马帝国衰落，他们一窝蜂地打了进来。

进来之后，他们没有什么好办法来管理抢来的土地，于是就化整为零地分给各自的战友去打理。这么封来封去，再加上天主教会的搅局，可怜的欧洲就成了一摊极其散乱的碎渣子。

倒也不是没人想把这些碎渣子粘起来，八世纪的查理大帝和十世纪的奥托大帝都做得很不错。

可惜，封建制成了他们最后的绊脚石。向大帝效忠的领主们只不过承认大帝是他们打仗时的带头大哥而已，日子还是得各过各的，事情呢也还是各管各。大帝在世的时候给他几分颜面；大帝一死，这些领主立刻就带着自己的土地和人马散伙。

美国历史学家布莱恩·蒂尔尼和西德尼·佩因特在其著作《西欧中世纪史》中说得好："封建连接的是两个自由人之间的关系，他们在身份等级上有不同，但相互之间负担着彼此尊重的任务。"

封建制的大小领主之间不过是独立个体的一种联盟关系，不存在中国式的人身依附，更不存在什么"君要臣死，臣不得不死"之类的玩意儿。

十世纪时，一位维京人（维京海盗知道吧？很厉害！）首领向法国国王效忠，要行臣服礼，得趴到地上去亲吻法王的脚尖。这倒不是要羞辱谁，这是臣服礼的一个固定程序。不过这位维京帅哥不吃这一套，他硬挺着双腿，弓下腰去抓起法王的脚，然后直挺挺地站着将其扯到嘴边来"亲吻"了一下。

法王则被他扯得四仰八叉，狼狈不堪。

这国王当得也真是那啥……

对于欧洲的分裂来说，天主教会的不断搅局也是一个重要的原因。

要说统一，欧洲在政治上没有做到，在宗教上倒是做到过。教会在罗马有教皇，他自称上帝在人间的总代表，他的权力大于任何"大帝"，在各地设置有大主教，大主教的权力也大于各地的国王。所有的帝王，都必须经过教会的"加冕"才能得到承认，也就是说，理论上讲，各种帝王其实不过是教会里的一种高级职务而已。主教下面还设有很多各级机构，教会的权力一直渗透到了最基层的民众之中。

教会当然不愿意看到强大的世俗政权出现，所以它千方百计地削弱大小领主。例如，教会坚决要求欧洲的领主们实行一夫一妻制，并且大讲节制欲望之类的道理。这当然不是出于什么男女平等的考虑，而是因为一夫一妻制常常使领主们死后无嗣，这样教会才好上下其手，重新分配领地的归属。

这种情况下的欧洲封建王朝，其实只代表某个贵族领主家庭对土地和爵位的所有权，与那块土地上的民族、文化没有太大关系。所以一个德意志人可以成为英国国王，而一个英国人也能在德意志拥有领地。

还需要注意的是，封建制是后来的人回过头来研究的时候发现了当时社会的共同特征而起的名字。当时的那些领主们没人知道自己搞的这些名堂叫作封建制，也没谁有能耐给欧洲的封建制设计一个统一的标准，欧洲各地的封建制有很大的差别。

例如，英国国王的日子过得就格外惨些。

6

王权

⑦ 立宪

英国国王的日子是从什么时候开始惨起来的呢？那还得说说公元1215年，我国南宋嘉定八年的时候。当时的英格兰国王约翰喜欢打仗，可又没什么能耐，总是打败仗。

注意啊，那时候还只是英格兰国王，还不是英国国王。

前面我们说过，欧洲国王打仗，得靠下面的贵族领主们出人出力。可这约翰老是打败仗，英格兰的那些贵族领主们一合计，觉得不划算，这样下去可没个好，于是他们就兵变了。1215年6月15日，被囚禁的英王约翰被迫与贵族领主们签订了《大宪章》。这个文件规定国王只是贵族"同等中的第一个"，他所拥有的权力都将受到法律的约束。

这个《大宪章》的具体内容不必多说，因为没有实行几年就被大幅度地修改了。但是其所体现的用法律限制权力的法治核心思想无法更改，它深刻地影响了欧洲乃至世界的发展进程，英国的君主立宪从此发端。

尔后的英国，国王与领主们的权力此消彼长了好几百年。公元1603年，大明万历三十一年的时候，英格兰都铎王朝的伊丽莎白女王逝世。她是一位恪守基督教道德要求的处女女王，剩女了一辈子，没有子嗣，害得都铎王朝绝了嗣。

咋办呢？

凡事啊，只要你看得开，办法就多得是。英格兰的这些贵族领主们就很是看得开，他们为英国找来的这位新国王绝对令人咋舌。此人是英格兰的北部邻国、亦敌亦友的苏格兰的国王詹姆斯一世，他是伊丽莎白女王的姑姑的重孙。

就这样，英格兰和苏格兰成为一个"共主国"。这是欧洲历史上时常出现的情况，两个甚至多个国家共同拥戴同一个君主。

不过，刚开始合伙的时候，两家的日子过得磕磕绊绊。英格兰国王兼苏格兰国王的詹姆斯一世，根本搞不懂英格兰这边的条条框框，任着性子在英格兰胡来。

他宣称英格兰贵族议会的权力来自国王的恩赐。这当然激怒了议会，因为这些权力都是他们自己争取来的。

公元1625年，大明天启五年，詹姆斯一世逝世，他的儿子查理一世接任英格兰国王兼苏格兰国王。这家伙跟议会闹得更厉害，最终触发内战。公元1649年，顺治六年，战败的查理一世被议会处死，王位暂时停止传承，英国成立了共和国。

权力的诱惑能使任何人变质，内战中的议会领袖克伦威尔这时候却成了独裁者。凭借军事实力，他强行解散贵族议会，享受着远大于国王的权力。

这让英国人觉得，比起军阀，国王其实反而还好些。

公元1658年，克伦威尔死了，他的军队也随之瓦解。贵族议会趁机杀了回来。他们将查理一世的儿子查理二世请回来做了国王。

当年铁了心要弄死国王的，也是这些人。他们的行为自相矛盾，但是他们的目的没有变过，就是要找一个听话的人做他们的头儿。

不过，这次他们还是看错了，查理二世跟他爹、他爷爷没什么两样，完全不把贵族议会放在眼里。到了公元1685年，康熙二十四年，查理二世死了，他的弟弟詹姆斯二世又接着闹。

这次议会又忍不下去了。公元1688年，康熙二十七年，他们再次发动政变，逼迫詹姆斯二世退位，迎请詹姆斯二世的女儿玛丽为英王。玛

❼
立
宪

丽就带着她的老公、荷兰执政威廉回娘家一起来当国王。这两口子同时做了英国国王。欧洲历史让人蒙圈了吧，不光是一个人可以兼任几国国王，两个人也可以同时做一国国王。

这就是光荣革命。因为这次政变在英格兰没有引发暴力冲突，没人为此死掉，人家觉得这很光荣。

这次英国议会比上次高明些，在这两口子继位之前，先和他们谈了些条件。在没有表示异议之后，他们才当上了国王。这些条件就是英国历史上著名的《权利法案》。

法案共十三条，并不算长。本书全文摘录，您可以认真地看一看。

1. 凡未经议会同意，以国王权威停止法律或停止法律实施之僭越权力，为非法权力。

2. 近来以国王权威擅自废除法律或法律实施之僭越权力，为非法权力。

3. 设立审理宗教事务之钦差法庭之指令，以及一切其他同类指令与法庭，皆为非法而有害。

4. 凡未经国会准许，借口国王特权，为国王而征收，或供国王使用而征收金钱，超出国会准许之时限或方式者，皆为非法。

5. 向国王请愿，乃臣民之权利，一切对此项请愿之判罪或控告，皆为非法。

6. 除经国会同意外，平时在本王国内征募或维持常备军，皆属违法。

7. 凡臣民系新教徒者，为防卫起见，得酌量情形，并在法律许可范围内，置备武器。

8. 议会之选举应是自由的。

9. 国会内之演说自由、辩论或议事之自由，不应在国会以外之任何法院或任何地方，受到弹劾或讯问。

10. 不应要求过多的保释金，亦不应强课过分之罚款，更不应滥施残酷非常之刑罚。

11. 陪审官应予正式记名列表并陈报之，凡审理叛国犯案件之陪审官应为自由世袭地领有人。

12. 定罪前，特定人的一切让与及对罚金与没收财产所做的一切承诺，皆属非法而无效。

13. 为申雪一切诉冤，并为修正、加强与维护法律起见，国会应时常集会。

这是英国君主立宪制的基础文件，从此英国国王统而不治，王权开始衰落，议会和内阁权力崛起。当然，这也是人类法治文明的范本。

玛丽女王之后是安妮女王。前面我们讲过，她去世之后没有子嗣，议会把王冠交给了汉诺威选帝侯乔治一世。

在英国根本没有什么君权神授，君权都是议会给的。

另外值得一说的是，议会确定安妮女王将是苏格兰的斯图亚特王朝在英格兰的最后一任国王，在她之后，英格兰将失去与苏格兰之间共享君主的联系。于是在1707年，英格兰议会再次未雨绸缪，通过各种威逼利诱迫使苏格兰接受《合并法案》，将英格兰和苏格兰合并成"大不列颠联合王国"。从此，英格兰和苏格兰成了一个国家。

但这合并只是在政治上。例如在足球赛时，英格兰若是被其他球队给蹂躏了，苏格兰人会大肆庆祝的；反之亦然。

汉诺威王朝开始之后，统而不治的国王更加无事可做。本来按照规定，国王好歹还有听取议会报告之后给点儿意见的权力。现在倒好，乔治一世根本就听不懂英语，于是这些个报告他也都懒得听。议会也慢慢地开始形成自己的运作流程，议会中的多数派找了个带头的人出来总管政务，并且负责与国王沟通，这个人我们现在叫作"首相"。

公元1735年，即雍正十三年时，在英国总管政务的是日后被历史学家们追认为英国第一任首相的罗伯特·沃尔波尔。

❼
立
宪

忙碌

不过，当时的大多数英国民众都觉得没有必要去记住这个饶舌的名字，因为英国人很忙，真的很忙，没空去搭理那些政客，虽然政客们自以为很重要。

1735年，多数普通英国民众依然和欧洲大陆上的民众们一样贫穷，尤其是北部那些刚合并进来的苏格兰人，他们的主食是英格兰人快饿死时才会勉强吃下去的东西。

但是，比起欧洲大陆上的人们，英国人改变自身现状的机遇和方法要多得多。

1735年的英国已经不仅仅是英格兰、苏格兰、威尔士和爱尔兰这四家小邻居的简单合体。英国是北美东海岸的主人、加勒比海地区的霸王、非洲争霸战中的常客、印度角斗场上的主角、欧陆主战场里的压轴。这里头的每个地方都在召唤更多的英国民众火速前往支援，这里头的每个地方都需要更多的英国民众在那里成为勇猛的军人、精明的商人、勤奋的开拓者和凶狠的统治者。

这让不列颠岛上区区五百万左右的人口显得不够用了。宽松的政治环境给了英国民众更多自由选择的机会。任何一个行业想要吸引更多的人投身其中，就必须许诺并且兑现行业中每个人应得的利益。否则，这个行业就死定了。

价值，这个曾经只是用来衡量物件的词汇，开始被用到了人的身上。英国人开始隐约感觉到，人的确能创造价值，而且人本身也有价值。对待每一种有价值的资源，开源节流总是一种理智的方式。英国那些掌握着人力资源的人也是这么认为的，他们开始摸索怎样在让人创造出更多价值的同时压低他们自身的价值。

雍正十三年，公元1735年，英国兰开夏郡的三十岁钟表匠约翰·凯伊正在英国各地的织布作坊之间来回穿梭，向作坊主们兜售他两年前做出的叫作"飞梭"的发明。

这个飞梭能让原先需要两个人共同操作的织布机只要一个人就行，而且织出来的布要比以前的宽一倍。

作坊主很喜欢他的发明，因为飞梭能让他们少付出一半的工资，还能多出一倍的产能。而织工们则用臭鸡蛋来迎接他，因为飞梭让他们丢了饭碗。

凯伊的飞梭也让一帮本来只在一边旁观的人渐渐紧张起来。

纺织，纺织，把棉花纺成线，再把线织成布，就叫纺织。纺织业这两道基本工序的产能应该是大致平衡的，有多少线，就织多少布。现在，飞梭让织布的速度快起来，纺线的进度就跟不上了。纱线的价格虽然暴涨，但却有价无市。因为就算商人们雇用再多的工人，给他们开出再高的工钱来纺线，也跟不上飞梭飞旋的节奏。

人们在为此焦急。不知道时年十四岁的英国男孩詹姆斯·哈格里夫斯此时有没有为这事焦急，也许吧……

在另一个领域，频繁的对外战争和远航活动也在拉高各种铁制品的价格。为了大炼钢铁，英国人几乎砍光了不列颠岛上的所有森林，将其烧成木炭，投入炼铁的饕餮熔炉之中。

现在，英国人只能重新去挖掘一千多年前罗马人留下的那些深层煤矿，近代采矿工业就此开始。矿井挖到一定的深度，就会遭遇地下水。不把这些水抽出来，就别想挖出煤。

8 忙碌

可是人往高处走，水往低处流。这道理谁都知道。怎么能把低处的水弄到高处来呢？每天都在高层楼房里随意使用自来水的现代人恐怕都说不清楚这里面的奥秘，何况那时候的人？

如果在一个人口极多以至于人力显得毫无价值的地方遇到这种问题，那么解决方案就很简单——让一大群人背着水桶去一桶一桶地背上来。

但是我们上文说过了，英国现在的人口是不够用的，挣钱的路子多得是，谁愿意苦哈哈地去背水？除非背水能比干其他活儿挣钱多。而那样的话，雇人背水的成本就足以拖垮英国的任何一个煤老板，没人那么傻。

只能想别的点子。

康熙三十七年，公元1698年，军官萨弗里向英王展示了他的一个叫作"蒸汽机"的发明。他说这个要好几条精壮汉子伸长胳膊才能合抱的傻铁罐子能够用来抽出矿坑里的水。

英王惊讶地问他这个傻铁罐子是用什么抽水的。

萨弗里回答说："用水！"

用水抽水？我读书少，你不要骗我！英王愣了。但他还是给了萨弗里证明自己的机会。经过一次在皇家学会的小型模型的公开展示，英王的惊讶变成了惊叹。

"What？（什么？）"变成了"Oh！My God！（哦！我的天！）"。

这个大傻铁罐子有两个部分，一边是锅炉A，下面有个炉子把这锅里的水烧开，烧开后的水蒸气随着汽锅的铁管接入另一个锅炉B。

锅炉B还有两个铁管，一支向下伸进要抽出去的水。等水蒸气差不多充满锅炉B之后，就暂停加热锅炉A，再用冷水浇锅炉B，让里面的水蒸气凝结产生气压，铁管里的水就受压被抽到汽筒里来。

然后，等到锅炉B里差不多都是水之后，关上这支铁管，再次加热锅炉A，让水蒸气再次进入锅炉B，同时打开另一只通向外面的铁管。这样，锅炉B里的水就被水蒸气的压力挤到外面去了。

这就是用水抽水的蒸汽机，当时最尖端的科技。

萨弗里的蒸汽机其实很不实用。你想啊，要是矿井真用这东西抽水，那岂不是矿井挖多深，就得把这东西搬到多深的地方去？那多麻烦啊。矿井里本来就狭小，矿工在里面都挤得够呛，还带着这东西？况且，用这个必须要点火烧水，在煤矿井里点火，找死啊？

但是，人们对煤的需求持续高涨。没人有心嘲笑萨弗里蒸汽机的缺陷，而是努力寻求改进的可能。

康熙五十一年，公元1712年，托马斯·纽科门对蒸汽机做出了重大改进。他将两个重要的部件——横梁和活塞安装到了蒸汽机上，这让蒸汽机的性能更加靠谱，它不用被搬到矿井里面才能用，直接装在矿口就行。纽科门也大致决定了蒸汽机最后的相貌，蒸汽机不再像萨弗里款是闷在内部运动，从外面看不出它哪里动了，而是明显能看到横梁与活塞随着锅炉里的冷热交替而上下摆动。

就像后来狄更斯形容的那样，蒸汽机像一头悲伤的大象疯狂地摇晃着自己的脑袋。

纽科门定义了什么是蒸汽机。

但是这东西还是远远没有达到人们最后的期待。它的力量依然不够，能耗却还是不小；它被用来为煤矿抽水，可它自己使用起来就得花费不少的煤；而且它很不安全，容易爆炸。

不论怎样，蒸汽机自此得到了一个定性，也就是说，蒸汽机的大体概念已经确定。要解决蒸汽机的这些具体问题，就必须从定量的角度去探索了。例如，为了得到一定量的能量，到底需要喂给蒸汽机多少煤？到底将蒸汽机加热到什么程度，就可以保障它的运作且不会爆炸？没有定量的方法，人们就只能凭经验估摸着来，但有经验的工人不可能很多，蒸汽机用起来浪费很明显。

定量研究是科学家的事情，一般的工匠单凭经验无法完成。但彼时热衷于阳春白雪的数学和哲学的科学们，又怎么会来细细研究这些安装在脏兮兮的矿堆里的蒸汽机？

英国需要等待，世界也在等待。

公元1736年1月19日，西方世界已经进入新的一年，但按照东方历法，大清国的纪年依然是雍正十三年。

英国格拉斯哥旁的小镇格林洛克，颇受镇上居民尊敬的瓦特家刚刚添了新丁。在镇上做市政官还兼着建筑师、船舶工程师的瓦特爸爸喜滋滋地抱着他刚出生的儿子去教堂受洗，在学校里做数学老师的瓦特爷爷也陪着一起去。

神父为瓦特家的这个男孩起名叫詹姆斯。

詹姆斯·瓦特。

这孩子小时候挺可怜的，家里人都忙，没人有空陪他玩。在小瓦特的脑中，父亲的样子甚至有些模糊。倒是他家墙上的一幅肖像画里的人物在他的记忆中很是清晰、亲切，甚至令他刻骨铭心。

那并不是一幅神像。

画里是个普通人，相貌平平。西方肖像画的风格是画中人的眼睛总是望向画外，那幅画里的人也是如此，他的眼睛老是直勾勾地看着小瓦特，连小瓦特的爸爸都没有这么认真地注视过小瓦特。

没人陪的小瓦特喜欢这种被注视的感觉。

如果您不知道画中人是谁，您也就看不出画中人的眼神有什么异样，跟其他画里的人一样嘛。但若您知道他是谁，您一定会用"睿智"这样的词汇去形容那其实和一般人也没多大区别的眼神。

那是十多年前去世的伊萨克·牛顿爵士的肖像。是的，就是那个头被苹果砸过的人，初中物理课上学生们最不喜欢的那个人。

家里没什么玩具，小瓦特每天玩着父亲的钉钉锤锤，慢慢地成长着。

他一点也不知道这个世界等他等得有多么着急。

9 寒颤

在小瓦特出生那天，万里之外的中国北京，一个年轻人和往常一样，卯时就已经忍着凛冽的寒风洗漱穿戴完毕，精神抖擞地向工作地点进发，准备开始他一整天的工作。

年关将近，年轻人要做的事情很多，催逼着他加快步伐，哪怕身边阵阵寒霜入骨。

就跟现在每天挤早班车上班的北漂们一样。

不一样的是，北漂们上班的心情跟要上坟似的沉重，而他去工作的心情却跟要上天似的愉悦。

他不是去为谁打工，他是大清朝的新皇帝，他工作是打理属于他的一切，他不是去上班，而是去上朝。

做皇帝已经三个多月了，父亲去世的悲伤已经稀释，进入新岗位的生涩也已经渐渐消退。这位皇帝的心中充满了激越的期待，这种心情使他在走路时总会突然毫无征兆地再快上两步，唬得身边的太监立马睡意全无，赶紧跟上主子的节奏。

等几天过了年，大清国的历书就要换上属于他的新年号。这个年号是他和诸位大学士们议了好几天才选定的，他相信这个响亮的年号一定能为自己和自己的帝国带来好运。

这个年号延用了六十年，它将不仅仅是这位新皇帝的代名词，也是中国一个极具争议的时代的代名词。

乾隆!

等乾隆帝走进乾清宫,天还是没亮,至少还得再等半只蜡烛的时间,天边才会泛出点儿鱼肚白。丹陛之下的大臣们也还没来齐,站在乾隆皇帝的位置上往下看,有几个位置空着能看得很清楚。

但他没有为此生气。君臣礼毕,他沉稳地坐到宝座上,抽出袖中的《四书章句集注》,一边读书一边等着迟到的大臣,一言不发。

这种事若是在他的父亲雍正帝时发生,绝不会这般云淡风轻。雍正的死其实让整个帝国政界松了一口气,乾隆帝明白,这口气确实该稍稍松一松。在没有必要的情况下,乾隆帝不打算让刚刚建立的君臣关系紧绷。

天寒地冻,几个上年纪的老臣来晚了。这很正常,不值得为之大动肝火,乾隆帝心中默念。但他也没有急于将这份宽容在言行上表露出来。

没等他读的书翻过一页,迟到的人就都来齐了。他们都磕头认罪,乾隆帝没有直接回复,轻轻说了句"平身"就开始议论正事。

没人能看得出这位新皇帝到底有没有为此生气,又到底有没有原谅那些迟到的人。新皇帝的脸上总是四平八稳,什么都看不出来。这让那些看惯了康熙帝的慈祥笑容面和雍正帝的阴郁苦瓜脸,并从中解读圣意屡屡得手的官员们感到很不习惯。

跟所有城府很深的人一样,乾隆帝自己倒是很喜欢这种感觉,这让他感到自己掌握着绝对的主动权和安全感。

在那天的早朝上,帝国君臣们讨论的主题是是否要终止雍正朝实行的严厉催逼各级政府开垦荒地的政策。

嗨!泱泱大国的皇帝赶着点儿地摸黑起床,原来就是为了掰扯这些看上去像是村长才该关心的事?他难道不应该来拍板重大的军事决策或者外交战略之类的东西?您可能会这样觉得。

不。

在中国这样的以农业为经济基础的文明中,没几件事情能比与耕地有关的事更重要。农业就是耕地种粮食给大家吃。粮食不够，大家就要挨饿；饿得受不了，大家就会互相抢夺；抢着抢着，就会把时代拖进地狱般的乱世。

在农业技术出现大规模革新之前的几千年里，农业产能的增长极其缓慢。乾隆帝所在的清朝，耕地的亩产量并不比几百年前的宋朝高出多少。简单地说，农业产能就是一个乘法算式，它等于单位产量乘以耕地总面积。如果单位产量几乎不变，要想让乘积更大，就必须加大另一个乘数——耕地的总面积。

那就要开垦荒地。

荒地从哪里来？一是从别家抢。但这一招只在乱世管用，国家统一了，就没啥可抢了。邻国的领土要么是干旱的草原，要么是热带丛林，改为耕地的成本太大，中国提不起兴趣。

再就是在自家进行深入的开垦。开垦的过程有时就像您吃炖鸡一样，最先被您吃掉的肯定是鸡腿、鸡胸这些大块儿净肉，吃完这些之后还没饱，您肯定就得去啃那些刚刚还不稀罕去费劲儿的骨头肉，然后您可能还会去嘬食那些骨头缝里的小红条，最后可能连卡在自己牙齿缝里的那点儿您都不会放过。

开荒也是这样，一开始先开垦平整的大块儿沃土，这些土地都被占满之后，人们才会向山头地角挺进。清代的开垦速度很快，到康熙末年，不仅沃土有主，就连山头地角也都已经开发得差不多了。

但雍正皇帝还是热衷于搞这个。他在位期间，严令各地奋力开垦荒地，下达了很多硬性指标。地方官员要是完不成，轻则挨骂，重则被罢官。但哪里还有那么多荒地开垦呢？压力山大的官员们只好驱赶百姓四处搜刮土地外加编造数字蒙混过关。

对这些事情的真相，乾隆帝在做皇子时就已经旁观多时，了然于胸了。他知道河南巡抚田文镜上报的垦荒数字中，大多数要么不过是黄河在旱季露出的几亩沙质河床，要么就是石头山上的几块碎土，甚至老百姓祖坟边上的那点儿"耕地"也被算了进来。

这还算好的，他田文镜总算是"垦"过荒的嘛。

广西那边儿上报的垦荒数万亩，干脆就不存在，完全是地方官瞎编的。广东说开出了二十万亩，其实连半亩都没有。安徽望江等几个县更"聪明"，这荒还没去垦呢，就已经把只是计划着要开垦出来的"新田"的税收摊派下去了，搞出一个"有赋无田"的妖孽局面。

乾隆帝没有为此震怒，他了解他那过于精明的父亲其实很容易头脑发热，地方上这些花样百出的幺蛾子不过是为了应付父亲的苛求而已。与其大规模追究官员们的欺瞒，不如直接终止这项不合理的政策。

那天早晨的朝会后，乾隆帝顶住舆论压力，宣布停止实行先皇的催垦政策。

他并不是全面禁止开垦土地，而只是不再要求地方政府参与开荒，民间自己要开荒还是可以的，而且开出的土地不再摊派税收。这样一来，地方政府对开荒这事当然也就不会有什么兴趣。

但是，乾隆帝也明白，他的父亲并不是一位昏聩的君主，催促开垦荒地只是他用来解决问题的一种手段，其目的是缓解大清国日益明显的人口压力，为新增人口找一条活路。

虽然开荒这个手段已经过时，且负面影响太大，但其所指向的目的却依然必须做到。不然，大清帝国将很快被饥饿的新增人口迅速累积起来的怒火烧得灰飞烟灭，就像曾经的汉唐宋元明一样。

那么，那时候的大清帝国到底有多少人口呢？综合各种史料估算，笔者认为乾隆初年的帝国人口至少一亿，至多一亿五千万，与明末战乱来临之前的人口大致相当。也就是说，经过明亡清兴近百年间的跌宕起伏，中国的人口数量在乾隆初年又逼近了土地所能承受的临界点。

临界点，就是说到了这个数，人口就不能再多了；再多，大家就要挨饿了；饿到受不了，就要开抢；抢到一定程度，乱世就来了。

清帝国政府那时还没有确切的全国总人口数值，但是对于人口的激增却有着明确的感受。

从康熙中期开始，开创帝国的大规模军事行动结束，全国进入新王朝治下的和平发展时期，国内的人口密度不断地蹿升。那时候，每个稍微上点儿年纪的人都能明显地感到身边的每一处地方都在这几十年间明显地由空旷变得拥挤。

清代中国经济的战后恢复速度之快，几乎史无前例，原因就是清代前期人口的增长速度也是前所未有的。在顺治、康熙时代出生的海量新一代农民以奇快的速度充填起曾经因为战争而空旷的土地。这使得清帝国的成长与鼎盛时期几乎同时到来。到了康熙后期，中国人最为期待的"盛世"就开始了。

"盛世"的到来其实也意味着人口之于经济发展的作用走到了由动力变成累赘的拐点。

康熙帝率先注意到人口急速增长带来的隐忧。康熙四十八年，公元1709年，他观察到了这样的现象："承平日久，生齿既繁，纵当大获之岁，犹虞民食不充！"

国家太平已经很久了，人口就多起来，就算遇到丰收年，还是得担心老百姓吃不饱肚子。

他的思考没有停留在表象。一年之后，他解释了这个现象产生的原因："民生所以未尽殷阜者，良由承平既久，户口日蕃，地不加增，产不加益，食用不给，理有必然。"

他说，现在老百姓为什么还是很穷呢？那是因为太平年月长了，人口日益增多，但土地没有增多，单位产量也没有增加，所以日子过得不好，吃的用的不够，这是必定的。

康熙帝完善了自己的思考逻辑链，而且他没有把仁慈停留在口头上，虽然在那时的条件下，面对这个绞死过中国历史上无数个王朝的人地关系死结，他的解决方案其实也不多。

康熙五十一年，公元1712年，他颁布了著名的"滋生人丁，永不加赋"的诏令。农业人头税固定在康熙五十年的数字上不变，以后出生的男丁不再加派人头税。算是在人地矛盾日益突出的时刻，减轻了后来人的一些负担。

除此之外，康熙帝也并不热衷于要求各级政府清查民间田亩面积之类的事情。

清查田产，当然不是政府做公益事业，帮助老百姓量一量他家有多少土地。自家有多少土地，老百姓自家肯定是知道的，但政府却不一定知道，清查田产是让政府从中得到征收土地税的依据，以便向所有的耕地摊派税收。

康熙帝没有组织过全国性的清查，也没有要求地方官去做这件事，有些官员想做还会被他阻止。他其实知道民间存在大规模开垦荒地，却没有登记纳税的行为。但他认为："天下隐匿田地亦不少，但不可搜剔耳。"康熙帝睁一只眼闭一只眼地任由民间自谋生路，这是仁慈，也是无奈。

他明白自己做的这些还远远不够，但总比不做要好。此后，日渐老去的康熙帝还多次叮嘱道："户口殷繁固是美事，然当预筹安养之策！"

自幼就把爷爷康熙帝作为偶像和楷模的乾隆帝，一定也认真学习过康熙帝的治国理念。记录康熙帝言行的《圣祖实录》当时早已刊行，想必乾隆帝一定是那部大书最早也最认真的读者之一。前文我们引述的康熙帝言行，乾隆帝一定是读过、思考过的。

可惜，爷爷终究也没有直接告诉他应该再做些什么。乾隆帝还必须自己深入思考下去：终止了老爸不靠谱的开垦政策之后，应该用什么方法去养活越来越多的人口？

退朝之后，他留下了老师朱轼，请教有关的问题。朱老师真是一本活着的百科全书，上下五千年来的人地关系相关史料，朱老师毫无保留地为学生乾隆帝娓娓道来。

听着老师的讲述，乾隆帝的心情紧张起来。他从老师的讲述中，听到一些毛骨悚然的事实：西汉人口最多的时期，出现在王朝末期的汉平帝时代，而不是鼎盛的汉武帝时代；东汉人口最多的时期出现在黄巾起义前的桓帝时，而不是光武中兴的年代；唐朝人口最多的是安史之乱前的天宝年间；北宋是靖康之变前的徽宗时代；明朝则是乾隆帝的先祖努尔哈赤在辽东起事时的万历年间。

如今，本朝的人口又将达到明朝时的极值。难道……朕会是一位亡国之君？

联想到继位以来，自己已经连续收到北京、江西、湖南等地的报告——大致稳定了好些年的粮食价格，最近竟然大范围地陡然高涨，一向不露声色的乾隆帝居然打了一个寒颤。

从未饶恕过中国任何一个王朝的历史宿命开始拷问乾隆帝尚显青涩的自信，二十五岁的他会做何选择？

甘薯

乾隆元年，公元1736年的春天。除了听说北京城里换了个新皇帝之外，大清国南方的江西省没什么别的新闻，各地衙役们忙着去各自辖区里的农村收回去年下发的还写有"雍正十四年"字样的各类文告。已是乾隆年间，这些东西要是被发现了，告到北京去，可就是大不敬的罪。

江西多山，可把这些衙役们给累得够呛。虽然去年九月份江西各地知道了雍正帝驾崩，就开始忙活这事儿，可这连绵的山害得到现在都还没办完。也是这些山，害得江西从宋代之后就莫名其妙地变得越来越穷，已经被邻近的浙江、安徽、江苏等几个富省给踢出了朋友圈的队列，又跟周围的湖湘闽粤尿不到一个壶里，地位十分尴尬。

不管把江西算作东南还是中南，它都是那个地区最穷的一个省。曾经辉煌过的江西，现在只是一艘搁浅在蒿草中的巨舰。讲求排场的大人物们不会再登上这样的舰，这里是无数小草小鸟的天堂。

福建闽县的商人陈世元刚过完年就带着他的商队向江西进发。他走得不快，每过一县，他都要先去费劲地疏通当地官场的各种关节，然后才能畅通无阻地在那里出售自己的一部分货物。

算一下账，这一路上其实没赚到多少钱。手下有人抱怨今年还不如像往年一样，等信风一到就偷偷地去吕宋做买卖呢。那是陈氏家族已经经营了好几代的生意，一切早已轻车熟路，今年的行情也是稳赚不赔。

何必到内地来遭罪呢？

陈世元那年虽才三十出头，却早已跟着家族的船队闯遍了东南亚，聊起出海的事，他已经提不起什么精神，相反，对于武夷山外的内地，他倒是更有兴趣。

见惯了海雨天风的陈世元骑马累得大腿僵硬，坐轿又嫌娘炮，望望高耸入云的武夷山，他又不想走路。一路上无所适从地换来换去，就这样过了杉关，进入江西地界。

生意做得不怎么样，他却一点都不在意。这些小买卖不是他本次西征的目标，他要去的是赣州。去年，那里的乡绅邀请他带着陈氏商业集团的传家宝来商量合作的事情，光是给他的定钱都能值回路上的一切花费。所以陈世元才放下吕宋的生意，亲自指挥本次行动。

信心满满的他掐着时间，等走到赣州，差不多刚好农历三月中旬，春夏之交的温暖天气刚好适合自己的传家宝生根开花。

被南岭包裹着的赣州，没有多少平整的土地，低山地区有很多人代代苦心经营的梯田。梯田——中国南方农民在山腰上垒砌堤坝留住水源来栽种稻谷的生产方式。大规模的梯田看起来很是壮观，很有点儿人定胜天的意思。实际上，梯田的经营耗尽人力，产量却只是勉强能和平原上的稻田持平，而且会严重破坏丘陵生态。

到了乾隆年间，这里的梯田已是得不偿失。可没办法，赔本也还得继续种下去。赣州境内沃土不多，这里的锈红色土壤含有大量的石英砂和砾石，漏水漏肥。在这样的土壤上栽种农作物倒也不是说没有一点收成，不过要想有大收成，喂饱赣州越来越多的人口，基本上不可能。

别去嘲笑人家赣州，中国南方的土壤其实大多是这样。

赣州的老人看着自己已经开始饿肚子的子孙们，开始悄悄地怀念起自己的童年。那是康熙初年三藩之乱的时候，吴三桂在赣州可劲儿地闹腾一番。大战之后，哀悼完死于战乱的亲人，赣州人发现自己的家原来可以如此空旷。窃喜的他们快乐地活过康熙盛世。

❿

甘薯

不过，随着各家族不断地开枝散叶，这样的快乐日子也很快跟着结束了。现在的赣州，一个十几口人的家庭只有一条裤子，谁出门谁穿，这样的情况比比皆是。

老人们漠然地看着福建商人陈世元到来，看着乡绅们热情地迎接他，看着他拿出一把嫩红色的某种果子一样的东西。虽然那福建商人明显很认真地把这东西洗过，但上面还是带着不少泥巴的痕迹。显然，那是从土里刨出来的东西。

老人们对这玩意儿并无好感。

"这就是金薯?！传说中的那种……"一位赣州老人拿过陈世元手中土里吧唧的"果子"说道，带着明显的失望。

对于福建人陈世元来说，江西方言甚至比吕宋岛语还难懂，经过翻译传话之后，陈世元才听懂了那乡绅的话，也听出了那话语中的挑战。陈世元微笑着说："老俵，这就是金薯啊！"

老人白了陈世元一眼，将那土果子丢还给他，不高兴地嘟囔着："谁是你老俵？"

可惜陈世元好不容易在路上学到的这句江西方言"老俵"，第一次用却没用对地方。"老俵"是江西同乡之间的称呼，并不适用于外省人跟江西人套近乎，而且这还差着辈分呢。

翻译没有把这句话传给陈世元，但老人的态度已经表现得很明确，陈世元不会不懂。况且围观的人虽然说话的不多，但从他们的眼神里，陈世元能感到明显的不信任。

但他并不急于证明自己，收拾好自己的传家宝，就跟着乡绅们去赴接风宴了。

第一天，什么事都没干。

第二天，乡绅们带着陈世元来到田间地头。陈世元挑了一处贫瘠的田坎，亲自刨了个浅坑，拿出他的一个土果子传家宝，将其横卧着放在坑里，然后盖上一层薄土，看上去只是勉强把那土果子传家宝的全身给掩住了而已。而后，他的随从们重复他做的事情，一共在那条贫瘠的田坎上密集地埋下了几十个土果子。

陈世元拍了拍手上的土，自信地说："好了，走吧！"陪同他的乡绅倒是很信任他，见他这么说，就马上又带着他游山玩水、吟诗作对去了。

临走的时候，乡绅们谨慎地留下了几个精壮打手，轮着班地在田坎边守护。不过这似乎是多此一举，三天过去了，地里除了冒出了许多紫色的幼苗之外，没有任何异样。就连村里那几个最好事的顽童都对这东西没有丝毫的兴趣。

老人们听说赣州乡绅为了请来这些莫名其妙的苗子，还给了陈世元不少的银子，纷纷苦笑着摇头：这些个书呆子真是好糊弄。

陈世元甚至根本就没在赣州多留几天，把那几麻袋的土果子埋完之后，就去景德镇做其他生意去了。

田坎上只剩下那几个打手还在煞有介事地守护着什么。

蜷曲的幼苗渐渐伸开成了心形，颜色也变成了幽绿，但依然平淡无奇。

老人们的疑问更多了：听说他们福建人常吃这个，这怎么吃？就吃它这把叶子？这也不够吃啊。那要不是吃这叶子，这东西什么时候才能抽穗？或者挂果？你看那苗子一棵棵的矮了吧唧的，能抽个啥穗？挂果？把它自己那叶子挂稳了就不错咯。

一年到头都被无聊的生活包裹着的赣州人就像期待一场狂欢一样，等着看陈世元的笑话。

三个月过去，陈世元总算回来了。田坎上的苗长得更加茂密，叶子跟叶子相互遮掩，乱作一团。除此之外，无甚变化。

陈世元倒是嘻嘻笑着，领着那伙乡绅踱着方步来到田坎上。他拿出一个小锄子，蹲在田坎上熟练地把土刨松，攥住那苗，呼地一声往上扯。

⑩ 甘薯

好家伙！他扯出好大一坨土来。围观的人们扑哧一笑。不过，后面他们就笑不出来了，因为下巴快掉到地上了。

陈世元的手抖了抖，土块哗哗往下掉，露出包裹在土里的嫩红。他把那些嫩红的东西一个个摘出来，原来是三个月前被他们当作宝的那种土果子。

简直不可思议，就在那么一簇苗下面，竟摘出了十来个土果子，最小的能攥在掌心，最大的得用两只手去捧！

陈世元的随从们也跟着刨出了其他苗，不一会儿，地上的土果子就垒成了一座一人高的小山。

陈世元叫人把这些土果子洗干净，煮了几个，蒸了几个，还扔到灶灰里烘了几个，做好之后，挨个递给围观的人。人们捧着温热的土果子，不知所措。

啥意思？叫我们吃吗？能吃吗？

陈世元看懂了大家的心思，拿起一个烘熟的土果子，在双手之间来回扔几下，那土果子也就不那么烫了。然后，他掰开了它。

人群中发出了惊叹声。他们看到的是一种传说中才有的色彩，一种极其明快的亮黄色，传说只有财主的黄金和皇上的衣裳才会是这种颜色，然而这两种东西，在场围观的大多数人一辈子也没亲眼见到过。

除此之外，令人惊讶的还有其所散发出来的他们这辈子都未尝闻到过的扑鼻奇香。这东西一定能吃，而且好吃！

食欲的传染奇快无比。只在眨眼间，大家就已经都吃开了。

乡绅们向陈世元伸出大拇指，并请他为大家讲讲这种土果子到底是什么东西。

"乡亲们！"陈世元极富成就感地扯着嗓子吼道，"大家现在吃的这个东西叫作金薯，或者叫番薯！这是我祖上在前明时候去吕宋岛做生意，听说他们那里有这种宝贝，于是悄悄给捎带回来的。原以为这东西到了中土之后会水土不服，结果它是入土即活啊！哪怕土地再瘦再薄，天时再旱再涝，都能有收成！现在我们福建那边家家户户都种着这个。我们福建这些年跟你们一样，土地没有增加，人口也是越来越多！多出来的人口都是靠这金薯养活的！就是因为这个，你们这里的各位乡绅才叫我到这里来，让我教大家种金薯啊……"

大家根本没怎么听懂陈世元那闽南语的长篇讲话，反正那也不重要，只要这东西能吃好吃就行。

您也一定猜到了，这个土果子，或者金薯，或者番薯，现在在您的家乡可能被叫作红薯，或者白薯，或者红苕、地瓜、山药、甜薯……不管叫什么名字，都是指的这种东西。笔者且用它如今的学名"甘薯"来称呼它。它极其常见，也极其廉价。

您也许和笔者一样，人生经历平凡，有太多想做的事都没做成。但毫无疑问，您一定成功地吃到过甘薯，煮的、蒸的、烤的，您一定都吃过，虽然您现在可能已不再喜欢这种味道。如果您真的从未吃过也不难，现在就立马揣上五块钱去菜市场，一定能解决这个问题。

正如陈世元所说，甘薯是他的先人陈振龙在大明万历年间从吕宋岛带回福建的。明朝时期，甘薯已经在东南沿海一带广为人知；清代之后，又有很多像陈世元这样的人将其逐渐推广到了内地。

陈氏家族没追问吕宋岛的甘薯又打哪儿来，当然，这对他们而言并不重要。但我们知道，甘薯来自遥远的美洲新大陆，是哥伦布的探索将它和它的同伴们从遥远的安第斯山脉带到了饥肠辘辘的旧世界。

对于那时的国人来说，甘薯绝对是一种神奇的农作物。它不需要占用肥沃的土壤，也用不着花费辛劳的照料，它需要投入的人力物力远不及稻谷或者小麦需要的一半，而产量却能远远超越前者。

按照曾经的历史规律推测，乾隆初年本该是一个福分已尽的时代。在这个国度，增长后的人口已经接近原有土地的承载力的极限，应该有越来越多的人会被饿死，另外一些差点儿饿死的人当中，又会有越来越多的人为了果腹而铤而走险。野心家会找出各种借口把这些人妥善组织起来，利用他们的力量与其他野心家逐鹿中原。待到长江黄河都被白骨填满，最终的胜者戴上腥臭的皇冠开创新王朝，活着的人们重新分配死人留下的广袤土地，回到自己的炕头上安心地开始新一轮的开枝散叶……

甘薯和其同伴们的适时到来，延迟了这本会立即发生的恐怖景象。

那些和甘薯一样来自新大陆的同伴们还有土豆、玉米、辣椒、烟草。您能说这些东西对您的生活没有一丁点儿影响吗？想一想，您若是一位抽烟的四川人，在您的生活中，这五样东西就齐了；您不抽烟的话也得占四样。就算您不是四川或者湖南、云贵地区的无辣不欢的人，您也吃过甘薯、土豆和玉米吧。

传播

来重新认识一下这几位来自新大陆，曾经拯救过世界，如今早已深藏功与名的超级英雄。它们值得您多加留心。

您喜欢吃土豆吗？听说吃土豆很能减肥哦。

所以，我们先来聊聊土豆。

大明弘治五年，公元1492年，哥伦布率领的西班牙船队发现了新大陆。在此后很长的一段时间，新大陆上丰饶的金银财宝吸引了入侵者的所有注意力。

直到近五十年后的嘉靖十五年，公元1536年，一位深入到南美大陆，如今哥伦比亚境内探险的西班牙人卡斯特洛朗在日记里记述了这样一个发现："我们刚刚到达村里，所有人都跑了。我们看到印第安人种植……一种奇怪的植物。它开着淡紫色的花，根部结球，含有很多淀粉，味道很好。"

这是旧大陆上的人们对土豆的第一印象——一种味道很好的奇怪植物。而实际上，在那之前土豆已经陪伴了南美印第安人近万年之久。

嘉靖三十年，公元1551年，土豆第一次被带到了欧洲。几个在南美混迹的多事的家伙把它献给了西班牙国王，说这东西可以吃。

国王看看那面相古怪的土豆，怎么也提不起食欲，觉得这种东西你们在南美过苦日子的人吃一吃就行了，朕整天吃香的喝辣的，才不用吃这玩意儿呢。于是把土豆撂到一边，没有理会。

后来，更多的土豆被带到了西班牙，西班牙本地也开始有了一些土豆种植。不过，西班牙人种土豆，并不是为了吃。

要知道，那时候的西班牙可是超级大国，这个国家的人要不是已经富得流油了，就是很有可能出一趟海就变得富得流油。他们的未来有无限可能，所以保住性命对每个西班牙人来说都非常重要，他们当然也就不会冒着生命危险去吃那些只是传说能吃的东西。

万一吃死了，多不值当啊？

那时候，要在西班牙成为一位潮男，就得有那么几样新大陆淘来的东西。土豆虽然没人敢吃，但是这东西开出的花很是漂亮。所以，西班牙潮男们就在自家栽培土豆用来观赏。

吃货们，见过土豆的花没？

那年月，和西班牙一起在大西洋上混的还有英国。不过，比起西班牙的大开大合大手笔，英国那会儿还只是个插科打诨的角色。英国人也带了几砣土豆回家献给他们的伊丽莎白一世女王。别看人家是个女王，胆子可比西班牙的那个"男王"大多了，她就敢吃土豆。

她命令御厨把土豆做来给她吃。

那是一把连茎带叶的整株土豆。御厨没见识过这玩意儿，想了半天也没个头脑，干脆就把那砣丑不拉几的黄色大块给摘下来扔了，只把那一大把叶子给煮了。

这看上去就很像青菜汤了，御厨对自己的作品很满意。

不想女王吃了这"菜汤"竟然闹起肚子。这下土豆倒霉了，女王将土豆定义为邪恶的植物，下令全国不准吃土豆。

土豆冤枉啊，土豆能吃的部分就是被御厨扔掉的块状根茎，其余部分都有轻微毒性，处理方法不对，原本就不能吃啊。

此后的很长一段时间，土豆在欧洲的日子都挺惨的。直到十八世纪，土豆才在爱尔兰、苏格兰这些穷乡僻壤的地方，被人们勉强吃下了肚子。

不过，在地球另一端的中国，土豆的境遇就好得多了。中国人的嘴更会吃，或者说，中国人的肚子要更饿些。

很遗憾，关于土豆传入中国的情况，没有像甘薯那样留下有具体时间、事件和人物的记载。现在，我们不太清楚土豆初来时大家对它的反应，但很明显，中国人找到土豆正确烹饪方法的速度要比西方人快得多。

大航海时代的来临使得中国人没过多久也见识过了土豆。明代晚期的东南才子徐渭徐文长有一首诗就叫《土豆》："榛实软不及，菰根旨定雌。吴沙花落子，蜀国叶蹲鸱。配茗人犹未，随羞箸似知。娇鬟非不赏，憔悴浣纱时。"

当然，这首韵味寡淡、用典生僻、意义模糊的诗里所说的"土豆"，是否就是我们现在所说的土豆呢？这还存有疑问。

相比之下，明末农学家徐光启的大作《农政全书》里的记载就要明确得多。此书曰："土芋，一名土豆，一名黄独；蔓生叶如豆，根圆如鸡卵，内白皮黄，……煮食，亦可蒸食。"就是说土豆这玩意儿，煮着好吃，蒸着吃也行。相比早些时候，吃土豆叶子而拉肚子的伊丽莎白一世女王，中国人在吃这方面确实还是要聪明些。

土豆也有和它的南美同伴甘薯一样的特点：命贱，好养活，落地就生根，入土必出芽。这些优势在大家还能吃饱饭的时候显得无所谓，所以虽然土豆传入中国的时间很长，但在相对富足的明朝后期，中国人并没有推广土豆种植的必要，土豆的传播范围只在江浙沿海一带。明亡清兴之际，则没人有空来推广它。

直到尘埃落定的康熙中叶，中国在一轮疯狂的婴儿潮中开始感觉到人多地少的紧张时，土豆站出来了。

康熙十八年，公元1679年，福建省松溪县发布劝农文告，明确要求当地农民大力种植"马铃薯"。这是中国最早推广土豆种植的政府文件，也是土豆如今学名的由来。此后，在全国各地的农政文献中，土豆

⑪ 传播

开始被冠以各种名称大量出现，例如洋芋、山药蛋、地蛋等等。从这些土了吧唧的别名来看，土豆在康乾时代已经完全融入了中国文化。

就成功养活康乾时代快速增长的中国人口来说，土豆的功劳比甘薯还要更大些。原因很简单，甘薯含有一种氧化酶，在肠道中容易形成二氧化碳，太多了，肠道就不舒服，就得把它排出去，就近排出去就是放屁，要是绕远路排出去呢，就是打嗝。

放完屁，打完嗝，肚子里就没啥东西了，又开始感到饿。哈哈，您也吃过甘薯，本书说得没错吧？

而土豆不同，土豆在消化过程中也会产生二氧化碳，但没有甘薯那么多，吃土豆放屁的概率要低一些。所以，您若是在贪吃的同时也很注意自身形象，您带到大家面前去吃的一般是土豆，而甘薯则最好独自找个开放的空间去慢慢享用吧。

土豆的主要成分是淀粉，这东西吃下去之后，肚子会产生极强的饱胀感，可以维持很长一段时间。而且土豆的维生素、蛋白质的含量也很高，一颗三两重的土豆就能提供人体日常所需维生素C的45%，所以要补充日常维生素C，吃俩土豆就够了，吃多了还超标呢。一颗三两重的土豆所含的蛋白质也和100克牛奶所含蛋白质相当。此外，土豆中钾、镁这两种人体所需微量元素的含量，比同样重量的稻米的含量还要高些。

而且您别忘了，这么好的东西还落地就生根，不挑不拣好养活。甘薯虽然也容易种，但却不耐寒，所以甘薯曾经长时间不能在北方地区推广。而土豆却非常耐寒，不管是在东北三省还是在青藏高原，土豆都混得开。

土豆可以代替稻米成为中国人的主食，而且，在很长的一段时期内，也的确如此。这不用引用什么历史文献来证明，您回家问问您的父辈，最多再问到爷爷辈，您就会发现，中国历史上顿顿吃土豆的时代其实离我们并不遥远。

本书无意带您忆苦思甜，这只是一个知识性的介绍，如果我们不去重新认识土豆和甘薯，发现它们曾经为中国历史建立的功勋，关于"康乾盛世"的许多疑问是说不清楚的。

当然，还有玉米。

玉米是新大陆的诸多农作物中最早被入侵者注意到的。它是玛雅人的主食。它不像土豆、甘薯一般深藏不露，它挺拔于新大陆的每一个角落。它的颜值也明显高于土豆、甘薯。它在新大陆的地位更是土豆、甘薯不能比拟的。在玛雅文明中，玉米被奉为神，一位主宰世间生灵的生死轮回的神。

西班牙人这回没有犯傻，他们一开始就确信玉米是可以吃的，也很快带回欧洲吃开了。

在东方，玉米的扩张也十分顺利。与甘薯、土豆首先在东南沿海登陆不同，玉米传入中国的路径是全方位的，尤其是通过西边边境传入的路线更加明显，即通过葡萄牙在印度的据点，经过缅甸或中亚地区入境。

因为玉米的来源地很多，各地都根据自己的见闻给它起了名字。在所有来自新大陆的农作物中，玉米在中国的别名最多。本书在此列举一下，您可以找找这里面有没有您对玉米的称呼。

好，深呼吸：

玉蜀黍、棒子、包谷、包粟、玉茭、苞米、珍珠米、苞芦、大芦粟、珍珠粒、薏米仁、粟米、番麦、回回麦、西天麦、玉麦、棕包粟、观音谷……

成书于明代晚期的著名小说《金瓶梅词话》的第三十五回写到土豪西门庆请客吃饭时说："又是两大盘玉米面鹅油蒸饼。"西门庆请客吃饭是不会抠门的，这说明在明代的东南地区，玉米是奢侈品级别的东西。

李时珍的《本草纲目》中也说："玉蜀黍种出西土，种者亦罕。"意思是玉蜀黍（玉米现在的学名）是从西边传过来的，但是没

❶
传
播

057

几个人种它。

和土豆、甘薯一样，玉米也属于危难时刻才显身手的类型。它同样具有土豆、甘薯那样容易养活的优势；而且比起土豆和甘薯，玉米很适合大面积种植。您没听过"一望无际的土豆田或甘薯地"吧，但是用"一望无际"来形容玉米地，往往就很合适。

因为玉米的到来，中国国土上大量难以灌溉的山丘和旱地终于有了用武之地，数千年来第一次得到开发利用，算作了耕地。

我国传统有"五谷"之说，前期的五谷是麻、黍（黄米）、稷（谷子）、麦、菽（各种豆子），后期则由水稻取代麻，进入五谷之列。如今，五谷之中的稻、麦、菽地位依然，而黍和稷这两种本土的旱地农作物则已经不那么常见了。毫无疑问，这是因为玉米对它们的地位的撼动与挤占。

玉米的众多别名中，有一个很贴切地形容了它的地位：六谷！今天的中国，玉米的播种面积达三亿亩之多，仅次于水稻和小麦，排名第三。再给它起一个别名的话，"三谷"是很不错的。

甘薯、土豆、玉米这"神奇三侠"光临神州，对中国历史的贡献完全可以用"伟大"二字来形容。它们以强大的生存能力使得许多中国本土农作物原来无法涉足的土地成为耕地，不动声色地大大扩展了中国的人均耕地面积。

在此之前，要想出现人均耕地的剧增，除了大规模的战争造成人口锐减外，没别的方式。但您知道，那很残酷。

另一方面，"神奇三侠"又以极高的产量大幅提高了中国的粮食总产量。例如，在清朝，有玉米参加轮作复种的土地比没有玉米轮作的土地增产四分之一。再如，水稻亩产超过千斤是近几十年才实现的事情，而甘薯亩产千斤在清代就能轻松做到了。

"神奇三侠"在中国大规模普及的时间与清王朝前期出现的前所未有的人口增长的时间是吻合的。这说明，正是有了它们的帮助，清王朝时的中国才有可能养活比以往任何一个王朝都多得多的人口。这也刺激了中国人放心大胆地去生养更多的人口，直到人口压力再次超出"神奇三侠"的能力范围。当然，这是后话，暂且不提。

在整个十八世纪，"神奇三侠"始终是雍正乾隆年间长时间保持住康熙时代的强劲上升势头的根本性前提。诚然，乾隆帝是一位高明的帝王，但是"巧妇难为无米之炊"，如果没有"神奇三侠"，乾隆帝的命运恐怕不会跟崇祯帝有太大差别。

另外，还有辣椒和烟草两种植物。我们长话短说，川渝云贵湘这四省一市两亿六千多万的人，没有辣椒，现在怎么活？而中国也是世界上烟草产销量最大的国家。

当然，新大陆的高产农作物对全世界都是公平的，同样得到了它们的神力加持的欧洲，又会演出怎样的精彩呢？

⑪

传播

12 窥探

1735年，大清国的雍正、乾隆两朝之交的那年，在欧洲德意志地区出现了一幅中国地图。2014年3月28日，这幅地图被德国总理默克尔赠送给了到访的习近平主席，因此受到广泛的关注。

这幅地图的所示范围是中国内地十五省。详审此图，您不能不为之惊叹：这可不是一幅简单潦草干瘪的示意图，图上的中国不仅海岸线轮廓准确，就连内陆地区的行政区划边界也清晰可见，地名标注十分密集。

而那时在中国，有谁能画得出一张同等水平的欧洲地图呢？

突袭

乾隆五年，公元1740年12月16日夜，普鲁士与奥地利边界处的一片旷野。年轻的新任普鲁士国王弗里德里希二世在月光下骑着高头大马，检阅他的军队。

是的，他就是那位曾经被父王吓得瑟瑟发抖的可怜王子。大半年之前，他也还是那个可怜的王子。但在5月31日，父王威廉一世那魁梧的身躯轰然倒下之后，时年二十八岁的弗里德里希王子仓促继位，成为普鲁士史上第二位名叫弗里德里希的国王，号称弗里德里希二世。

惨白的月光下，弗里德里希二世的面容看起来很是瘆人，尤其是他脸上那两条从鼻翼一直深深地撕裂到腮边的法令纹，令他看起来比实际年龄要老很多，且十分严肃。如果他不主动和别人说话，别人绝对不敢跟他搭讪。

岁月是把杀猪刀，一把稳准狠的杀猪刀。过去的五年，这刀其实只在弗里德里希那张俊秀的脸上留下了两道法令纹，但就足以让面容看上去完全不一样。

既然我已是国王，别人觉得我不一样也很正常。弗里德里希并不打算跟大家解释，这两道法令纹其实是自己爱笑造成的。

爱笑，说明这位如今的普鲁士国王、曾经叛逆的王子已经和命运达成和解，已经理解了自己的责任，懂得了担当。

国王在一面军旗前勒马，那面军旗上有一句拉丁语格言：Pro Deo et Patria。意思是"拥护上帝和祖国"。他望着军旗思索了一阵，叫来一位将军，下达了一道命令。

将军立即转身执行王命，将军旗上的三个拉丁文单词抹掉了两个，只剩下了一个。普鲁士的士兵们多是文盲，德文都认不全，更别提什么拉丁文了，他们都没有看出国王此举的意义。

而少数认识拉丁文（至少认识军旗上的那几个拉丁文）的军官，则都对国王的胆略佩服得五体投地。被抹去的是"Pro Deo"，剩下的是"et Patria"。

不要上帝，只要祖国。

简短的阅兵安静地结束了，国王走进他的营帐。这个本就不大的营帐，被里面挂着的一幅庞大的古怪图画挤压得十分局促。国王一进去，就认真地凝视着那幅画。

那看起来像是一幅野兽派画家的先锋杰作，狂野的勾勒、莽撞的配色，放肆无忌泼洒的各色颜料，无不彰显着人类用欲望去和现实撞击时产生的宏大张力，深情地呼唤并赞美着人们内心深处的无限向往……

每个人看到这幅画都会问：这玩意儿画的到底是啥？

这种芜杂的图画很容易让人心情烦乱，但普鲁士国王却目不转睛地看了整整一刻钟。

好了，实话告诉您吧，其实这是一幅当时的欧洲政区地图。它和我们今天看到的各国界限清晰、轮廓明确、你就是你、我就是我的政区地图有很大的不同。

尤其是这幅地图的正中间，也就是德意志地区的部分，各种奇形怪状的小色块乱得一塌糊涂，极度考验观看者的视力和耐心。

这些代表邦国的色块都小得可怜，花花绿绿地缠绕在一起，搞得所有人头晕眼花。几个稍大一点儿的色块也毫无规律地在那些小色块之间痛苦地伸展，无一例外地被小色块分隔得支离破碎。没有哪个德意志邦国能有个像模像样的完整轮廓。

比起地图上法国的六边形、西班牙的方形、英国的葫芦形、俄罗斯的大屁股形轮廓，德意志各邦的轮廓很难说像任何规整的图形，只能勉强说像一颗颗坠落在地还被人踩过无数次的浆果，有气无力、拖泥带水地四处摊延。

德意志的分裂画在地图上是这样，而要是行走在其境内，则像这样："就半天时间，我们已经穿过了十几个侯国、七八个公国和好几个王国，人未松甲，马未歇鞍……见鬼！前面又要过境了。这个国家……或者像个套在一起的盒子，最大的里面除了盒子没别的东西，最小的里面什么也没有。"这是德国剧作家毕希纳的描述。

一些邦国竟然还被刻意和德意志之外的国家涂成同一种颜色。例如汉诺威选帝侯国，和不远处隔海相望的英国共享一种颜色，代表两者之间的共主关系。前面我们说过，当时的汉诺威选帝侯兼着英国国王。还有萨克森公国和波兰共享一色，萨克森公爵当时兼波兰国王。

地图上的德意志诸国中，色块摊得最大的是奥地利王国，那一团代表奥地利王室哈布斯堡家族势力范围的红色甚至远远超出了德意志地区的范围，蔓延到西边的比利时、南边的米兰和东边广袤的匈牙利、巴尔干地区。这片红色一直触及地图边缘的俄罗斯和奥斯曼土耳其这两个地域更大的帝国，才意犹未尽地勉强停下。

在北方，这抹红色执拗地绕过萨克森公国，与弗里德里希二世治下的普鲁士接壤。两国边界属于奥地利的那边叫作西里西亚，一个富庶的地方。

现在，弗里德里希二世率领着他的军队正在悄然逼近这条国境线，几百米之外就是奥地利的西里西亚省。显然，他是打算来摸一摸奥地利这头老虎的屁股。

奥地利是德意志各邦的总盟主，神圣罗马帝国的皇帝的宝座也在奥地利王室哈布斯堡家族内部传承。比起奥地利多年来在欧洲的叱咤风云，普鲁士连根葱都不算。弗里德里希二世是吃了豹子胆吗？

夜幕愈加深沉。国界对面的一户人家忽然传出小孩的哭泣声，刺耳地在旷野上传扬，诱出一阵恐怖的狼嚎，这又惹得他家的牧羊犬们一通狂吠。通过声音互相掂量了彼此的实力之后，狼、牧羊犬都消停了，不再招惹对方。

普鲁士国王瞥了一眼桌上的自鸣钟后走出营帐，向守候在门口的传令官轻轻地做了一个示意前进的手势。命令被迅速传达下去，阅兵结束后就一直没有解散的普鲁士军队开始向国界对面齐步前进。

这支穿着靛蓝色制服的军队行进时发出的声音摄人心魄，那分明是许多人的脚步声，却组成了严整的共鸣。

那是当时普鲁士军队特有的行进方式"齐步走"。后来普鲁士军队名扬天下的时候，这种行进方式被全世界的军队效仿。

数千双军靴同时起落的声波震撼着旷野上的一切。狼被吓跑了，牧羊犬不敢叫唤，趴在窗户上吓得想哭的小孩被他那同样陷入惊恐的母亲死死地捂住了嘴巴。

国界，说白了也就是戳在地上的衰朽木牌，现在被普鲁士人踏进了泥水。

黎明时分，普鲁士已深入西里西亚腹地。一路上，没有看到任何奥地利军队，也没有遇到任何民众抵抗。虽然归属奥地利已经两百多年了，但西里西亚人并不认为自己和维也纳的关系有多么密切。

普鲁士军队轻快地大举深入，完全不担心奥地利军队是否设置了什么圈套。事实也的确如此，奇袭非常成功。十多天后，普鲁士控制了西里西亚全境共五万平方公里的土地（普鲁士本土也才十万平方公里）和四百万人口（几乎是普鲁士本土人口的一倍）时，维也纳朝廷才知道这件事。

志得意满的弗里德里希骄傲地检视自己的伟大战果。要是错过这个时机，这样的胜利恐怕打上个十多年，死上十好几万人都不一定能得到。抓好了时机，他只用十多天就做到了，且兵不血刃。

长达百余年的普奥争霸从他的这次奇袭开始。历史赠予最终的胜利者的奖励，是一个统一的德意志帝国。

　　这个年轻人呐，快要飞起来了，他终于证明了自己。是啊，您要是在三十岁之前就在这样的舞台上证明了自己，您也会飞起来的。现在，弗里德里希初步实现了他在战前放出的大话。

　　战前，他说过："想到自己的名字将被刊登在报纸上，随后又出现在历史中，这种心满意足的感觉引诱了我！"

　　他和我们当中的很多人一样，是个想做"网红"的年轻人。不，那时候还没有网呢，按照他自己的说法，应该是想做"报红"。当然，更重要的是，他有把自己整红整火的能力，那就是父王留给他的那支矫健军队和满满当当的国库。

　　这就是普鲁士之所以敢踢总盟主奥地利黑脚的原因。刚刚我们说他抓住了一个时机。那是什么时机呢？挨了黑脚的总盟主奥地利又会作何反应呢？

13 突袭

乾隆五年，公元1740年底。奥地利首都维也纳，精致优雅的霍夫堡皇宫，一位年轻美貌的高贵女性正和她的孩子们在一起休憩。

她叫玛莉亚·特蕾莎，时年二十三岁。

她的父亲、两个月前刚刚逝世的神圣罗马帝国皇帝查理六世给她留下了一大笔丰厚的遗产：奥地利公爵兼匈牙利国王、波西米亚国王三顶王冠和一整个虚胖浮肿，但看上去还算富态的奥地利国。只等走完一些加冕之类的程序，这些就都属于她了。

而另外一项重要的遗产——神圣罗马帝国的皇位，也就是德意志各邦国总盟主的交椅，她能不能顺利地继承下来，就有些问题了。

查理六世似乎很早就预感到自己一辈子都生不出一个男孩，所以早在她出生之前，查理六世就和德意志各邦国签订了一个协议。协议约定，各邦国都同意在哈布斯堡家族（奥地利王室家族）没有男子继承时，可以由女生来继承包括神圣罗马帝国皇位在内的哈布斯堡家族的所有头衔和领地。

到1740年，该协议已经签署二十多年了。二十多年的时间，足够一个女婴出落成一副风姿绰约的少妇模样，但对于一纸协议来说，二十多年的时间实在太长了，长到足够让它发黄、变皱、褪色、卷角，直至被人遗忘，扔到什么地方去了都不知道。

如今到了这个协议发挥作用的时候，德意志各邦国就都想赖账了。在欧洲的封建体制下，每一次领主的死亡都意味着一个重新洗牌的机会。尤其是这种在程序上有悖常理的情况下，更是王室贵族们发动掠夺战争的绝佳时刻。

　　查理六世的死亡为维也纳的上空引来了大批准备啄食腐尸的丑陋秃鹫。

　　不过，奥地利毕竟是大国，德意志境内的那些"小妖们"没有谁敢第一个站出来单挑奥地利。他们只能阴阳怪气地静观其变，等待一位扛得住事的大人物出来干涉的时候再一拥而上。

　　他们期待的大人物是强大的法国国王路易十五。

　　那时的法国，虽然"太阳王"路易十四已经辞世多年，法国也远不如他老人家当年在位时那么闹腾，但依然是欧洲大陆上首屈一指的强权。而且，一旦邻居家里出事，只要稍有点儿本事的人都一定得去趁火打劫搬点儿东西回来，这是欧洲各国的"传统美德"，法国从不例外。

　　奥地利也很明白这一点。特蕾莎继位之后的这段时间里，法国的动向吸引了奥地利的全部注意力。

　　但是和奥地利一样臃肿虚胖的法兰西帝国，稍微做点儿运动就会被自己的汗水给淹死，她要动员起来做好战备，很是需要一些时间。

　　走廊里传来一阵急促的脚步声，一个同样衣着高贵的壮汉子径自闯进了特蕾莎的房间，焦急地对她说："亲爱的，他们真的动手了！"

　　父亲去世后，除了他已经没有别人能这么称呼特蕾莎。这人是特蕾莎的丈夫——托斯卡纳公爵弗兰茨，一位兼有法国和奥地利两国皇室血统的大贵族。

　　"好吧，路易十五总算动手了！"特蕾莎以为是她担心很久的那件事情终于发生了。

　　"不！法国还没动静。是普鲁士，他们现在已经占据了西里西亚！"弗兰茨回答。

女王

⑭

"哦，上帝！我的西里西亚！弗里德里希？这家伙想干什么？"特蕾莎收起脸上的所有阳光，示意女仆把孩子们带走，然后走向自己的办公室。她的丈夫静静地跟在她的身后。

西里西亚几乎是柏林和维也纳之间的唯一屏障，特蕾莎非常清楚这片土地之于奥地利的意义。

在欧洲战争史上，仅仅十多天就丢掉整整五万平方公里土地，而且敌方所有人还毫发未损，这样的事情极其罕见。特蕾莎认定普鲁士的这种行径根本不够格被称为战争，而应该是盗窃。

一个月前，特蕾莎还收到过弗里德里希的带话。他说愿意为大战在即的奥地利提供所需的兵马钱粮，具体数目多少都可以商量，条件就是将西里西亚划归普鲁士。

对这种趁人之危的建议，高傲的特蕾莎置之不理，她还没穷到要变卖祖产的地步。她也没有为此加强普奥边境的戒备，毕竟在那之前，小小的普鲁士还从来不敢跟总盟主奥地利舞刀弄枪，两国边界上也从来没有集结过大规模军队。所以，特蕾莎肯定弗里德里希不过是说说而已，为了防范法国，她早就把西里西亚本就不多的驻军调到她认为更重要的地方去了。

她没有想到这个几乎与她同时继位的弗里德里希居然会在胁迫不成之后，二话不说，直接开始明目张胆地"盗窃"。在霍夫堡皇宫度过的二十三年被幸福包围的天真烂漫的贵族人生里，她还从来没遇到过这么无礼的鲁莽行为。

她完全想象不到弗里德里希作为一个堂堂的国王、一个贵族、一个人类，居然还可能做出这样的事。

在那时的欧洲贵族们看来，趁火打劫是正常的，但是应该事先宣战，告诉人家："嘿！打劫啦！"所以，弗里德里希这家伙做事的确很不地道。

"他！弗里德里希那样的行为是不是就叫流氓？"特蕾莎问她的丈

夫。她这会儿很痛苦，而且这种痛苦无法释放，贵族风范教育害得她在想发泄情绪的时候却找不到合适的词汇。

她连一句骂人的话都不会说，只能任由怒火将自己的俏脸憋得通红。

丈夫大她整整十岁，是个在巴黎风月池里泡大的老少爷，比这还流氓百倍的事他见多了。不过，他这会儿不想跟愤怒的妻子争什么，只是对她点了点头。

"把将军们都请来！"特蕾莎还是没有因为生气而失态，她沉静地用低音调发出了命令。

等了好几个月，到了第二年，也就是乾隆六年，公元1741年3月，奥地利才慢吞吞地集结起两万四千军队，紧赶慢赶地去救援西里西亚。送走这支军队的时候，特蕾莎继位以来第一次认真地思考起一个国事问题：我和普鲁士的弗里德里希几乎同时继位，为什么他家的军事遗产拿来即用，新国王一上台就能拉出来打大战，而我家的却还要这样麻烦地东拼西凑？

彼时，人家普鲁士的军队已经在西里西亚好吃好睡地休整了三个多月，在战场上以逸待劳。而作为守卫者的奥地利反倒劳师远征，疲于奔命。

不过，奥地利军队的攻打还算顺利，迅速地收复了几个重要据点。奥军将领明白，自己只要在西里西亚站稳脚跟，再凭借奥地利远比普鲁士强得多的经济实力和源源不断赶来的援军，普鲁士是耗不起的。

弗里德里希也很清楚这一点。是否有自知之明，就是有胆有识与赌徒心态之间的唯一区别。时间拖得越久，他的处境就越危险，他必须尽快主动和奥军寻机决战。

这倒不难，自信的奥地利军队并没有隐藏自己主力部队的行踪。

会战

4月10日凌晨，普鲁士军队在一个叫作莫尔维茨（今属波兰奥波莱省的尼斯）的小村庄附近逼近奥地利主力。在普军离自己还有大概两公里时，奥军及时发现对方，立即鸣金备战。

听到奥军阵营金鼓齐鸣，弗里德里希放弃奇袭，命令普军整队集合，他要摆开贵族式的堂堂之阵跟奥地利公平地大干一场。

其实呢，他如果那时候立即展开袭击，成功的概率还是不小的，毕竟对于军人来说，在没有抵抗的情况下越过两公里的距离要不了多久。这点时间，奥地利军队做不了多少准备。

弗里德里希在战略层面上的判断很高明，不过在战术上就还需要好好积累经验了。毕竟这是他一生中第一次亲自指挥会战。

接下来，弗里德里希的判断再次因为紧张而显得生涩。他还不是一位老到的指挥官，在望远镜里白白地瞄了老半天也判断不出奥地利军队的主力位置到底在哪里。无奈之下，找不到主要突击方向的他只好命令部队平铺展开。

下午一点半，两军穿戴整齐，列队完毕，总算准备就绪。还得等双方寒暄致意之后，战斗才能开始。这就是贵族式的战争。您是不是想到了我国春秋时代的宋襄公？是的，那就是封建式的贵族风范。这种风范被我们抛弃了两千多年，而在欧洲，这些玩意儿还保留到了十八世纪。

奥地利方面有一万九千人，而普鲁士则有两万三千人，但弗里德里希平铺式的列阵浪费了人数上的优势。

战端一开，双方不再客气。奥地利军队出手凶狠，所有骑兵猛攻普军右翼，使其迅速瓦解溃散。

第一次亲眼看到血肉横飞的大场面，弗里德里希的脑子短路了。他失去了所有的判断力，神经质地跑去右翼战场，想要挽回那杯已经被打翻的牛奶。

这时，奥军骑兵在右翼疯够了，掉转马头去杀普军左翼。刚刚才跑到右翼来的弗里德里希只能把手撑在膝盖上大口喘气，什么也干不了。他那严重缺氧的大脑依然没有恢复思考能力，望着左翼已经开始的惨烈战斗，他束手无策。

这不是只需要武艺的演武场，也不是只考验智力的军棋盘，这是真实的不断收割生命的战场，这里的每一声枪嘶炮吼、每一次人仰马翻、每一处硝烟弥漫、每一场血肉横飞，都能在刹那间使人心率骤升，呼吸困难，血压暴涨。这一切都在考验指挥员的神经，要想在战场上正常地发挥智力与武艺，首先得能排除干扰，稳住意志。可惜，第一次作战的弗里德里希完全没能做到这些，他的神经崩溃了。

"陛下！"一声雷霆般的呼叫惊醒了呆滞的弗里德里希。他扭头一看，原来是大将施维林元帅。

"如今下去恐怕此战难保。老臣理当为国战死，但您是国王，出不得状况，趁现在还有时间，请您赶快撤离！"施维林元帅说。

"嗯……好……行……"快被吓尿了的弗里德里希吞吞吐吐地答应。到了这个份儿上，他哪里还敢再逞什么英雄，就赶紧借坡下驴地溜号，走的时候甚至压根儿都没想起会战还没结束，应该明确地指定一位新主帅。

施维林元帅倒不担心这个问题，只要这个毛孩子国王走了就好，剩下的事情他来解决。国王撤离战场后，他接手指挥败军之际的普鲁士，

15

会战

071

果断地抛弃此前的部署，命令全军集中力量包围敌军左翼。

奥地利军队的左翼就是那支如入无人之境的骑兵！大败在即的时刻还要去碰这最硬的茬儿，找死吗？

前面我们说过，自知之明是出众胆识与赌徒心态之间的唯一区别。弗里德里希国王算是在战略层面上做到了胆识出众，施维林则是在战术上做到了这一点。

这位从戎多年的老帅，深知先王留给普鲁士的这支军队有着无与伦比的纪律和意志力，他们完全有能力完成自己下达的这道严苛的命令。

所有还活着的普鲁士士兵都站起来克服了混乱，在死人堆上重整旗鼓，抵挡奥军骑兵并奇迹般地将其生吞。尤其是普军骑兵突袭奥军骑兵的侧翼与其肉搏时，骑兵统帅舒伦伯格牺牲了性命，为普军拼下了这场转折性的战斗。

趁着那边儿激战，施维林元帅重新组织起普军最先被冲垮的右翼部队。战争是个技术活，战场上的每件事情，都需要具有专业军事技术的专业军事人员来完成，完全不是热血青年们想象的样子。弗里德里希刚刚也尝试过做这件事，不过实际开了战却是手足无措。人家施维林元帅来指挥，却三下五除二就搞定了。

战局逆转！奥军集结起剩余的骑兵再次袭击普军。不过他们大概不知道普鲁士这边已经换了主帅，施维林根本不吃这一套，奥军骑兵被击退。

接下来，双方步兵开始正面互射。这标志着双方的战术包已经用完，纯粹角力的时候到了。

那时，欧洲士兵装备的前装式滑膛枪远没有大家想的那么厉害。枪身长达一百二十厘米，射程不过百米，射出的是圆形弹丸，没多大杀伤力，不打准部位，死不了人。这样的子弹，以欧洲人那身板、体格，挨上个一两枪还能继续战斗也很正常。

最要命的是，我们现在看到的枪一般都是从后面塞子弹进去，而那时的滑膛枪装弹是从前面装，还得用个马桶撅子似的木制装弹通条在枪管里捣上好一阵子，才能清除枪管里的黑火药残余物，把子弹塞进去放枪，一般一分钟能放出两枪来就算不错了。

要是残留物太多，枪管清理不干净，那么，呵呵，等死吧。

普鲁士军队的优势就在这里。

在会战的互射环节，他们放出了大招——"十二秒排枪"。这也是普鲁士先王威廉一世的宝贵遗产。普军的枪使用一种更加优质的铁制装弹通条，再加上严苛的训练和巧妙的阵形，普军步兵的射速在当时达到了全新境界，每十二秒打一发子弹，一分钟能打五发。这使得普军有着两倍于奥军的强劲火力。

随着战斗的持续，奥军的枪弹开始状况百出，连一分钟一发的速度都达不到了。而对面的普军凭借装备改进的优势，射速依然稳健。这样一来，奥军玩完了。

胜负已见分晓，双方也就不再纠缠。这天晚上，残余的奥军渐次撤出战场，普军没有乘势追击。这是贵族玩儿的战争嘛，得讲点儿风度。

此次会战，奥军伤亡五千三百人，普军则多达五千五百人，但这些损失大多是在施维林元帅接手指挥之前造成的，最后的结果也是奥军退出了西里西亚，撤回奥地利，普鲁士强横地保住了他们盗来的"赃物"。莫尔维茨会战，普鲁士完胜。

施维林元帅来到瘫软在后方营帐里的国王面前汇报战况："国王，我们胜利了！"

"哦……那好吧……嗯？什么？我们胜利了？"弗里德里希的表情和语气都发生了看起来颇为好笑的转换。

听完施维林的汇报，回过神来的弗里德里希赶紧褒奖这位老师："多亏您了……"

"不！国王！"施维林似乎并不领情，他坚定地说，"这都是先王的功劳！"

"是啊，这是属于父王的胜利……"弗里德里希明白施维林元帅的

会战

意思，他怀着复杂的情绪思念起他那可敬可畏的父亲。没有"士兵王"威廉一世强力锻造出的铁血军魂，普鲁士根本不可能在今天取得这样神奇的逆转。

但这铁血军魂毕竟是在弗里德里希的战略决策下发挥价值的，莫尔维茨会战是弗里德里希二世，也是整个普鲁士王国在欧洲争霸舞台上精彩绝伦的亮相。虽然战场上的实际情况是弗里德里希在手足无措之后又狼狈不堪，但谁去计较这些？他依然是胜利者。

从此，欧洲的君王们在做出决策时，普鲁士的态度如何将是他们必须认真关注的重大问题。而且从此以后，遇到逆境时懂得坚持，等待逆转机遇出现时狠狠抓住，直到完成翻盘，成了普鲁士军队一项珍贵的非物质文化遗产。从普鲁士到德国，从德国军队到德国足球队，这项遗产传承至今。

16 混乱

　　莫尔维茨会战之后，普鲁士群臣询问弗里德里希下一步的战略计划，他们已经期待着去征服维也纳了。

　　"我们暂时就待在这里。"弗里德里希命令停止进军，"我不会过问奥地利那女孩子能不能做皇帝的事情，那些虚头八脑的事情对我们来说毫无意义。我们只是要来拿走西里西亚，现在已经做到了。现在我们待在这里看看还能不能拿点儿什么，能拿就再拿点儿，不能就算了。其他的事情会有其他人来和奥地利那女孩子清算的。"

　　弗里德里希所说的"其他人"自然只能是路易十五统治下的法兰西帝国。在突袭西里西亚之前，弗里德里希没有和法国做过沟通协调，他相信好事的法兰西绝对不会在一边静坐，不过是动作慢了一点罢了。

　　该轮到路易十五出战了，法兰西帝国就像一位重量级拳王，虽然出拳相对缓慢，但出手必是重拳。

　　乾隆六年，公元1741年6月，法国联合西班牙，纠集德意志邦国中的巴伐利亚、萨克森为仆从，不承认特蕾莎的继承权，拥立巴伐利亚选帝侯卡尔·阿尔布雷希特为神圣罗马帝国皇帝，史称查理七世，率领十万大军奔维也纳杀来。

　　并不是所有人都愿意站到法国那边去。

　　荷兰比邻奥属尼德兰，也就是现在的比利时。唇亡齿寒这道理荷兰人也懂，你法国人说是要打奥地利，其实是想得到比利时。比利时要是被你法国人拿走了，那下一个受攻击的不是我荷兰，还能是谁？为求自保，荷兰选择与奥地利结盟。

英国也没有隔岸观火，一方面为了遏制宿敌法国扩张，另一方面也别忘了，人家英国国王还兼着德意志邦国汉诺威的选帝侯呢。既然这次战争的名义是争夺神圣罗马帝国的皇位，作为选帝侯，英王当然是这场战争正儿八经的当事方之一。他们也选择站在奥地利一边。

不过那时，荷兰的军事力量早已衰颓，心有余而力不足，英国也是远水救不了近火，她正在海上和西班牙干仗呢。所以他们也只能是先给奥地利的卡里打点儿小钱，其他的事得缓一缓再说。

开战刚一个月，奥地利军队差不多败得精光。法国势如破竹地攻下林茨、布拉格等一系列重镇，兵锋直逼维也纳。

九月，特蕾莎离开危城维也纳。她不是逃跑，这个漂亮女人的意志力并不孱弱。她向东方狂奔，来到她的国家里最桀骜不驯，享受着高度自治权的匈牙利境内。

奥地利位于德意志的东南部外围，长期担负着为德意志乃至整个欧洲抵御来自东欧、西亚的各种异教徒入侵的光荣任务。也正是在漫长的中世纪，奥地利人出色地完成了这项任务，才获得了地位与实力。这也是奥地利长期对统一德意志不感兴趣，反而憋足劲头把自己的版图往东边挤压的原因。

匈牙利就是一伙在中世纪来自未知地域的游牧民族异教徒，他们到底是不是我国匈奴人的后裔还有待考证，这里我们不提。这个时候，虽然匈牙利被奥地利压在身下，不得已做了奥地利的下属封臣，他们没有自己的国王，匈牙利国王由奥地利公爵兼任，但是对奥地利的统治，匈牙利人始终不服。

特蕾莎来匈牙利求援。憋着一肚子气的匈牙利领主贵族们在普雷斯堡等着她，只要特蕾莎哪句话说得有丁点儿听不得，这些蛮横的汉子们就能立即撕了她。

特蕾莎来了。一看她的样子，本来打算等她一来就先指着她的鼻子大骂一通的匈牙利男人们一下子说不出话来了。

这个端庄的漂亮女人表情平静如水，略显哀戚。她的双眸平视前方，没有回避与匈牙利男人们的目光相遇，而每相遇一次，就都有一双金刚怒目被这汪柔情抚平。进屋之后，她一言不发，径自款款走向留给她的那个最高处的座位。虽然没来过这里，但她却知道自己的位置应该在哪里。匈牙利的男人们都不由自主地退后，为她让出一条道。她的手上还抱着一个婴儿，那是她那才六个月大的长子。

匈牙利人好歹也是信了基督教的，抱着小耶稣的圣母像也见过。可是就算是拉斐尔画的圣母像，也远不及眼前这位女王的高贵气质真切而摄人心魄。

特蕾莎在自己的座位前站定，趁着仅有的背对所有人的这一刻机会，深吸了一口气。这一缕及时来临的清新空气使特蕾莎终于全部记起了一路上准备许久的演讲词。

她转过身来，面对所有男人开讲了："我被朋友抛弃，被敌人迫害，被近亲攻击。我除了你们的忠诚、你们的勇敢之外，别的什么都没有了。我已经山穷水尽。现在我把你们国王的儿女都交到你们手中，他们等待你们的拯救！"

女人啊，女人！真厉害。

这篇简短的演讲其实丝毫没有说到什么实质性的问题，没有跟匈牙利人许诺什么条件。换作一个男人在这个时候来和匈牙利人说这些，不挨揍就算是走运了。任何一个男人恐怕都无法在这个向下属求救的微妙时刻准确地把握自己的语气和措辞，他们不是过于盛气凌人，就是过于卑躬屈膝。而女人，漂亮的女人，只需要一个哀求的表情和一滴呼之欲出的眼泪，一切就在云淡风轻之际搞定。

英雄不一定想去救另一个英雄，但救美人的话，却是必须的。匈牙利人这下子都想去做那个救美的英雄，他们高喊着"愿为女王战死"之类的口号，回去召集自己的军队。

看到匈牙利贵族们激愤地表态支持自己并立即离开、各自行动起来，特蕾莎的眼泪才夺眶而出。靠在侍女的肩上，她如释重负地哭了。

那些回家召集汉子们去救美女的匈牙利人走到半道上才想起来还没跟特蕾莎讲好出兵条件呢。但是，本来他们这次谈判的最大的筹码就是拒绝出兵，现在已经答应人家要出兵了，就像玩斗地主老早就把"王炸"给扔出去，以后的牌还怎么打？虽然特蕾莎必定不敢亏待他们，但也肯定达不到他们的心理预期呀。

想到这些事情，匈牙利贵族们个个捶胸顿足。这娘儿们！

奥地利是大国，大国并不害怕入侵者孤军深入，她有广阔的回旋余地。法国军队随着继续向奥地利的纵深处挺进，也发现自己的包袱越来越重。

差不多已经失去一切的奥地利军队反倒无所顾忌，来无影去无踪的匈牙利轻骑兵在整条战线上都把法国人收拾得坐立不安，法国军队慢慢地陷入泥潭，无法自拔。

基本的游击战，不放弃有利的运动战，零敲碎打地积小胜为大胜。这是我们中国人也很熟悉的战术。

乾隆七年，公元1742年3月之后，法国的攻击完全陷入停滞，奥地利翻盘的可能性越来越大。

这对于普鲁士来说，又到了渔翁得利的美好时刻。法奥两军主力都已远离普鲁士，打到另一边去了，普鲁士的面前又是一片空旷。

看着不远处的维也纳，观战多时的弗里德里希手痒了。他没有寻找任何借口，带着他的军队又来了，他要把奥地利彻底打服气。

5月17日，普奥两军在查图西茨再次会战。普军主帅还是弗里德里希。一回生，二回熟，这次普鲁士国王不再被吓蒙，已经见识过大场面的他，这次总算冷静地发挥了自己的文韬武略。

这次会战，普鲁士又赢了。这是弗里德里希靠自己指挥赢得的第一场会战。

这次会战也使特蕾莎愈加清醒，她终于明白她的帝国不可能同时打得过那么多敌人。她果断地放弃尊严，去跟普鲁士媾和。7月28日，一个对奥地利而言算得上是丧权辱国的和约签订了，奥地利放弃讨回西里西亚的要求，以此换得普鲁士退出战场。

看着特蕾莎服软，弗里德里希大大咧咧地回国了，完全不理会他的盟友们还在苦战，也不为此寻找任何借口。

我就是我，是颜色不一样的烟火……

一伙猪朋狗友合伙儿做点事情，最怕的就是像普鲁士这样自己捞够就撤的人。这下好了，萨克森看见普鲁士不玩了，也就跟着跑了，另外一个猪一样的队友西班牙也被奥军困在意大利北部动弹不得，剩下法国和巴伐利亚陷在中间进退两难。

这是特蕾莎用尊严换来的胜利曙光。

奥地利的盟友——英国人和荷兰人终于亢奋起来，这两位擅长经营国际贸易的土豪开始疯狂地往奥地利的账户上打钱。英国军队也在奥属尼德兰地区登陆，截断了法军回撤本土的道路。

法军竟然在没有遭到明显的重大失败的前提下被奥地利人不知不觉地消磨殆尽，战火已经由奥地利腹地的多瑙河沿线燃烧到法国家门口的莱茵河。

法国内部也出现了分裂，在政坛上有着巨大影响力的法国首席大臣、红衣主教弗勒里竟然致信奥地利前线将领，对法国武力干涉德意志事务表达歉意，并将发动战争的责任推卸给法国王室。

这封信被奥军将领交到特蕾莎的手中。战争对人的历练极其迅速，短短两年时间，特蕾莎的心机水平明显提高了层次。她机智地把这封私人信件大量印刷出来，公之于众。这样一来，奥地利顺理成章地占据了道德制高点。

跟着法国一起闹事的巴伐利亚撑不住了，被法国人拥立为皇帝的巴伐利亚选帝侯查理七世这才发现自己的小脑袋根本支撑不起一顶皇冠的重量。他向英国媾和，但被拒绝。

英国人费劲巴拉地这么大老远地过来，咋可能就这么算了呢？人家国王乔治二世都御驾亲征了。对于他来说，这也是应该的，保卫老家汉诺威嘛。

乾隆八年，公元1743年6月27日，英王乔治二世亲率四万大军深入德意志内陆追击查理七世，在德廷根遭遇六万法军伏击。

您说英王这回是不是要完蛋了？本来也是要完蛋，又是挨伏击，又是以少打多，那肯定得完蛋。

可是呢，法军指挥官的操作失误把这一切玩儿砸了。他们以为英军已经全部进入埋伏圈，就下达了出击命令。而实际上，大部分英军都还没进去……

法国人呼啦啦地冲出来，和自己人撞在一起。英国人吓了一跳之后，开始整队进攻。这是一场苦战，时年六十岁的英王乔治二世在失去战马后，依旧步行挥剑，大声指挥战斗。最终，在他的鼓舞下，英军啃下了这场硬仗。在伦敦的宫廷里无所事事多年的英国国王虽然从来没有如此危险过，但也从来没有如此快乐过。

这是英国国王最后一次亲临前线指挥作战。

德廷根会战之后不久，法国文豪伏尔泰在荷兰见到曾经参战的英国将领斯泰尔勋爵。斯泰尔勋爵对他评论这次会战说："我认为法国人犯了一个大错，而我们犯了两个大错。你们法国人错在不善于等待，我们英国人的错，则首先是把自身置于明摆着会完蛋的境地，其次是不善于乘势追击，扩大战果！"

的确，英军事后没有追击法军。他们只是来帮忙的，没有必要把事情做绝。想要互相掐死对方的是法国和奥地利，英国犯不着那样子。

此后，奥地利、英国、荷兰方面的战事进展顺利。到乾隆九年，公元1744年夏，奥地利收复了全部失地，北线奥军已经打到阿尔萨斯，南线奥军也驱逐了西班牙的势力，控制了意大利北部。

奥地利在南北两线都已经杀到了法国门口。

法兰西要是再不抖抖虎威，这原本是要打别人的一巴掌眼看就要落回到自己的脸上了。

不过，法王路易十五这会儿真是打不起精神来，他正在生一场大病，病危通知书都下了好几次了。法国人只能把希望的目光投向柏林，那里有他们曾经的队友——普鲁士国王弗里德里希。虽然这个家伙前不久才刚刚背叛队友，可现在还能拉法国一把的，只有他了。

您看看地图吧，参战各方中只有普鲁士能轻易地将军队一下就摆到奥地利的腹心地区，得到西里西亚后尤其如此。

16

混乱

输赢

乾隆九年，公元1744年8月，弗里德里希心花怒放地来到柏林郊外，迎接到访普鲁士的法国外交使节、大文豪伏尔泰，他也是弗里德里希的精神偶像。

弗里德里希仰慕伟人的同时又炫耀自己，一直陪着伏尔泰在柏林各处巡游，带着这位尊贵的客人参观他新建的歌剧院，访问柏林大学，向伏尔泰讨教诗歌，还亲自为他吹奏笛子。

伏尔泰很是看得起这位国王，因为这位政坛中残酷无情、战场上厚颜无耻的君主，却居然能和他对谈各种高深玄虚的哲学概念，毫不露怯。

伏尔泰欣赏弗里德里希的那股毫无顾忌的痞子劲儿。大多数王室贵族的华服里都裹着一个痞子，但他们都有着欲盖弥彰的虚伪掩饰，从而令人厌恶。唯有本就玩世不恭的弗里德里希，从不遮掩自己的痞子灵魂，反倒让伏尔泰觉得可爱。

伏尔泰明白自己此行的任务——说服弗里德里希抛弃和特蕾莎的和约，重新帮助法国，在背后再狠狠地给奥地利一棒子。

但经过交流，伏尔泰发现这个年轻人对于什么时候什么地点有利可图这种问题有着无与伦比的敏锐嗅觉，根本不会被什么条约所约束。现在再跟奥地利翻一回脸，有可能得到什么好处，根本不用伏尔泰去提点。

这家伙啥都懂。

果然，8月15日，弗里德里希灵蛇吐信，再次突然亮出杀机，出兵攻打奥地利。当然，和前几次一样，弗里德里希没有为自己突然撕毁条约寻找任何借口。

9月中旬，趁着法奥两军还在另一边激战，普军攻占布拉格，维也纳再次告急。

不过这次，强势反弹中的奥地利可不是那么好欺负的了，奥军火速脱离法国前线，回援布拉格。同时，特蕾莎再次去匈牙利请来七万援军，计划前后夹击普军。

习惯了背叛别人的弗里德里希这次也被别人背叛了一回。处在普军正后方的萨克森公爵突然宣布加入奥地利一方作战的消息传来，弗里德里希感到背心发凉。

萨克森公爵利奥波德三世还兼任着波兰国王，他的领地当然也就分为两部分，萨克森就在入侵奥地利的普军背后，而波兰，您知道，在普鲁士本土的背后。

遭到三路合围的弗里德里希只得在他那悍勇军队的全力护卫下，狼狈撤回柏林。弗里德里希总算输了一回。

不论普奥两方输赢如何，法国都能得到她最需要的喘息时间。等到得胜的奥地利军队主力再次来到法国边境时，已是乾隆十年，公元1745年的1月。

不知不觉间，这场战争已进行了五年，大家都快玩儿疲了。从这年一开始，奥地利、英国-汉诺威、荷兰、波兰-萨克森就公开签订同盟条约，要求参战各方恢复1739年战前的边界，这当然主要针对的是普鲁士。战争打来打去五年多了，边界出现明显变化的，只有他普鲁士一家。

现在，除了要保住西里西亚的普鲁士和要夺回皇位继承权的奥地利，其他国家越打越不明白自己到底在打个什么玩意儿。

17
输
赢

这一年年初，法国拥立的神圣罗马帝国皇帝、巴伐利亚公爵查理七世病逝，他在遗嘱中对自己受法国人挑唆，对皇位产生非分之想而为欧洲带来的灾难表示忏悔，命令他的继承人带领巴伐利亚退出战争，与奥地利讲和，并将皇位还给特蕾莎。

这一事件让奥地利以为法国人的意志将彻底瓦解，于是奥地利人再次挥动战鞭，向法国本土逼近。但是奥地利人忘了，现在法国人是保家卫国的一方，他们现在拥有当年让奥地利人绝处逢生的那种意志力；而且他们的国王路易十五也大难不死地从病危中活过来了。

5月，法奥双方在边境小镇丰特努瓦爆发大会战。法军得胜之后趁势进击，将奥地利军队推离法国本土。

接下来，奥地利又回过头去跟普鲁士抢西里西亚。可是，特蕾莎又输给了弗里德里希。6月3日夜，普军先下手为强，故伎重施突袭奥军主力并得手。此后直到年底，普奥两军又交手数次，普军每次都技高一筹，奥军一筹莫展。

1745年的圣诞节，普奥两国再次和谈，特蕾莎这次只好彻底放弃西里西亚，弗里德里希也正式承认特蕾莎继承奥地利公爵、匈牙利国王、波西米亚国王的权利。至于神圣罗马帝国的皇位，双方议定由特蕾莎的丈夫弗兰茨来继承，这当然只是个形式。

如此一来，战争的两大主角各取所需，完全没有再打下去的必要。至此，这场战争的主要部分已经结束。虽然战争正式结束还要等到三年之后，这三年里还会有一些大会战出现，不过那只是英法不甘心接受这种没有结果的结果而做出的一点挣扎罢了，最终也没能改变什么。

这场战争，普鲁士是最大的赢家。特蕾莎也凭借她的坚毅，最大程度地发挥出奥地利的实力，捍卫了哈布斯堡家族的尊严。这么看的话，她也不算输。

曾经天真过的特蕾莎在他的对手弗里德里希身上学到了很多，她甚至对这个未曾谋面的男人产生了超越敌我的情愫。毕竟不谙世事、循规蹈矩的女生的确非常容易迷恋上桀骜不驯、恣意洒脱的男生，那是一种乖乖女前所未见的生命张力。

他们虽然未能拥有姻缘，但年龄相仿和地位接近，以及各自国家之间的恩怨纠葛，注定他们会在另一个意义上相伴一生。

说到姻缘，乾隆十年，公元1745年还真有一段姻缘的产生随着历史的发展而显得愈发意义非凡。普鲁士境内什切青（今属波兰）的一个小领主安哈尔特·采尔勃斯特公爵的女儿索菲亚远嫁俄罗斯，成了俄国皇太子彼得的太子妃。

那年二十岁的索菲亚为讨婆家欢心，毅然抛弃自己原来的新教信仰，改宗俄国的东正教，还给自己改了一个俄国名字：叶卡捷琳娜。

这个名字，您有印象吗？

……

枪膛冷却，放眼一地鸡毛，曾经最为狂热的法国人陷入彷徨，开始责问自己的国王慷慨地为这场战争付出如此多的生命，抛撒数不清的财富，是为了啥，不过几个皇室贵族之间的私事，凭什么要拉着我们来此卖命？就没人能管管这些无聊的贵族吗？

这场乱局也让悲天悯人的法国哲学家孟德斯鸠先生感到紧迫，他加快了自己思考和写作的节奏，一部名叫《论法的精神》的巨著已接近完成。

英国人也在思考，而且想得更加实际。他们在想，如果不理会这场争端，那些如今可怜地抛尸欧陆的将士们就一定能到更广阔的世界去打拼，那样的话，英国所得到的会不会更多更值得？

奥地利人不思考，他们只喜欢交响乐。

普鲁士人倒是高兴得很，弗里德里希在普鲁士国内已经得到"大帝"的尊称，有许多人对他的崇敬渐渐变得不需要经过任何批判和反思。

同时，普鲁士又是一个复杂的国家，这个国家有的是甘于盲从的人，但也从来不缺乏独立思考的人。弗里德里希自己就是普鲁士人复杂性格的最佳缩影。他热衷于政治欺诈和军事掠夺，同时也热爱精致文艺和深邃哲思。

理性主义的萌芽和军国主义的梦魇同时在弗里德里希大帝的翼护下发展壮大。

战争开始的1740年，一个叫伊曼努尔·康德的十六岁学生进入普鲁士的柯尼斯堡大学读书。战争结束的1748年，他毕业了。

那时的法语多了一个有趣的成语：Travailler pour le roi de Prusse。直译是"为普鲁士国王工作"，意译则是"白忙活一场"。这当然是法国人挖苦他们的国王，也是在揶揄他们自己。

那怎样才算没白忙活一场呢？

百年

乾隆十年，公元1745年。对于紫禁城里的乾隆帝来说，这个年头颇有些特别的意义。当然，这些意义与欧洲无关，整个帝国都没人知道万里之外的欧洲这些年的闹腾。

乾隆帝登基继位整整十年了。事逢整数，人们总是特别重视。人们把它作为一个特殊的提醒，或是庆贺，或是追思，或是反省，竭力地为这个时间节点赋予特殊的意义，而不愿任其白白过去。

登基十年，乾隆帝的个体生命和他的整个帝国一起进入鼎盛时期。继位初时曾令他寝食难安的人地矛盾问题，到现在不仅没有激化，反而似乎已经化于无形。大清帝国依然延续着强劲的上扬势头。

这里面当然有他的一份不小的功劳。在危机感的催逼下，乾隆帝在延续父祖两代先帝坚持终生勤政的基础上，重新定义了"励精图治"这个几乎被用滥的词语的意义。

与同样勤政，但略显应付拖延的康熙帝相比，乾隆初政多了一分积极主动；和同样富于行动力，但偏于急躁蛮干的雍正帝相比，乾隆初政多了一分精准有效。

果断地终止了催逼地方政府垦荒的政策后，乾隆帝将发现人地矛盾解决新方案的希望寄予基层地方政府官员，他大幅度地扩大地方政府的职责范围，将"农事考课"强行列入决定官员前途的考核。

自古以来，中国的县太爷们的日常基本任务就两样：刑名和钱谷。刑名就是判案子，就是电视剧里"升~堂~！威~武~！"那一套东西。钱谷呢，就是找老百姓收税。

农业具体细节上的事情，例如农民每年种什么、不种什么、什么时候种、什么时候收这些事情，本来老百姓自己会去搞，政府一般不管。但从乾隆朝开始，这些事儿他们不光得管，而且按照皇帝的要求，还要管得很仔细、很认真才行。

从那时候起，县官下乡成了基本任务。乾隆帝要求县太爷们每年至少下乡两次，春种秋收时必须亲履田间，县太爷必须熟知辖区内的农田播种的各种细节情况。

多亏雍正帝纪律整顿的余威尚在。对于乾隆帝的新要求，全国官场一时还不敢敷衍，县太爷们果真大力关心起庄稼苗儿。

开垦这招被皇帝封印后无利可图，要在农业上做点成绩，只能发挥既有耕地的产能。

乾隆帝没有规定"以粮为纲"，没有给各地下达只能种水稻、小麦的傻乎乎的硬指标，给各地官员们留下了各显神通的机会。栽谷种麦是农民千百年来的惯性，几乎不用官员操心，官员们要做的是在稻麦之外引进或推广一种适合本地种植的经济作物。

这时，科举制度发挥出一个意想不到的作用。各地县官们大多出身民间，田间地头的事情，他们还是懂的，真要他们管起农事，也不至于胡乱瞎指挥。科举考试中，东部农业发达的省份优势很大，考中的人也更多，加上官员任职回避本土乡的原则，考中科举的东部精英们被派往全国各地，带着家乡的先进农业技术，他们大展拳脚。

桑蚕大家都知道，是中国人衣料的重要来源之一，桑蚕的重要性不用本书多说了吧。但桑蚕的养殖成本高，需要长时间的技术累积。长期以来，中国的种桑养蚕区域大致固定，例如吴越、湖湘、巴蜀这些地方。在当时的生产水平的限制下，其他地方要在短时间内大规模地种桑养蚕，基本上不可能。

乾隆初年，一批山东籍官员在皇帝的督促下，将家乡的不需要用精贵的桑叶喂养，只吃成本更低的栎树叶子，饲养过程近乎野放的柞蚕带到西南山区。这竟然在短时间内，为那里的有地农民找到了一条新的"致富门路"，那里的土地也多了一个用处。几年下来，贵州遵义出产的柞蚕丝绸，竟能跟传统老字号吴丝蜀锦在全国市场上一争高下。

棉花早在南北朝就已经传入中国，但一直流传不广，局限在东南沿海一带。明朝初年，政府曾经强制全国种棉，但一阵风似的运动过后，棉花的推广不见动静。

这次江浙籍的官员们再次带着家乡的棉花大力向内地推广，总算是恰逢其时，空前的人口压力使得丝绸和麻布再也裹不完中国人的身躯，人们不再挑三拣四，迫不及待地穿上之前不愿尝试的棉衣。解决裹体之需的同时，也再度开发了原来闲置的土地的价值。

还有一点，棉花实际上并不适合东南地区的土壤气候，反而是曾经长期不愿意接受它的内地更适合它的生长。此次种植扩张，及时为棉花在中国找到了最好的舞台。

除此之外，官员们也在各地奋力寻找各种有利可图的作物加以推广，例如烟草、茶叶、甘蔗、油菜甚至花卉等等。

几年来，乾隆帝收到的各地奏折中，说这种作物"一亩可收稻田数亩之利"，那种作物"获利过稻麦三倍"，这个"不过一月之劳，工省而获利甚速"，那个"利厚而种植易"……诸如此类的表述层出不穷。

对于这一切，乾隆帝总是及时地给予认真的督促和实质性的鼓励。

"利"，这个字眼被这些个个都背得《论语》里那句"子罕言利"的官员们反复提及，而且往往被用来与稻谷的获利相比较。这都说明乾隆初期的农政目标追求的不是简单的规模而是实际效率，希望达到一种"地尽其利"的理想状态，以此来应对本朝所面对的空前的人口压力。

在乾隆帝带领他的政府努力担当的同时，我们已在前文讲过，很多像陈世元这样的民间人士也在积极行动，推广来自新大陆的高产农作物。虽然他们的行动在乾隆初年还没有进入政府的视野之内，但政府与民众不约而同的合力，使得中国社会总收入的增长速度暂时超过了人口增长的速度，也把中国的时运拉离危机边缘，带向一个还算不错的境遇。

当然，按照我们长期以来自我感觉良好的习惯，每个还算不错的时代，我们都会慷慨地称之为"盛世"。

公元1745年，乾隆十年的大清皇帝已经明显地感觉到盛世来临。

这一年，乾隆帝宣布普免天下钱粮，也就是免去那一年全国人民的国税负担。这不是一件容易做到的事情，首先，你要免得起，得有钱才行。乾隆十年，国库存银约有四千万两，比十年前乾隆帝继位时多出一千六百万两。第二是你得愿意免，这个恐怕比第一点还难。乾隆帝此举当然是想收买全国人心，但是收买人心的话谁都会说，舍得拿出真金白银来收买人心的人其实不多。

掐指一算，那年恰是满洲入关后的第一百个年头。以目前的局势来看，他的帝国肯定会在国泰民安的环境下，安然度过这个极具深意的时间节点。

乾隆帝很是在意这个节点，因为前朝太祖朱元璋说过一句话："胡人无百年之运。"意思是少数民族统治中原都过不了一百年。

这句话从此作古。

十年连续不断的案牍劳形让乾隆帝感到些许疲惫，他每年只有三天假：过年一天，母亲生日和自己的生日各一天。十年来他完整的休息日加起来也不过三十天。

虽然大兴农政这件事还是让他有了一点成就感，但那显然远远不够。就像一个全职太太做家务一样，每天都得做，每天都累得不行，可她却很难把这些当成荣誉来确立自己在家中的地位。

他期待着用一场金戈铁马来滋养自己那日渐干涸的英雄梦。

公元1745年，乾隆十年的年初这段时间，每天看到呈上来需要他亲自批复的那堆奏折，皇帝都默默地希望当中有来自四川藏区，关于去年发生的那起重大恶性刑事案件的报告。

瞻对

报告来了，乾隆帝终于在四川巡抚的奏折中，找到了他想要的那句话："查打箭炉至西藏，番蛮种类甚多，而剽悍尤甚者，莫如瞻对等部落，每以劫夺为生。"

意思是说奴才们经过认真调查，发现从康定（打箭炉）到西藏的这一路上，野蛮部落有很多，其中最剽悍的是"瞻对"那地方的部落，那些人都是专业强盗，靠打劫吃饭。

乾隆帝调查这些个事做什么呢？

原来去年时，一队从西藏换防回内地的政府军三十六人，在川藏大道上的理塘境内遭遇了强盗。可怜堂堂大清朝将士，居然窝窝囊囊地被这帮康巴汉子扒了个精光……

打狗也得看主人啊。消息传到北京，对每日反复无聊的文件批复渐感麻木的乾隆帝龙躯一震：娘的，正闲得慌呢，终于有人惹上门来了。

震怒且手痒的乾隆帝令四川方面寻找抢劫犯，发誓要给大清帝国讨回颜面。等了几个月，四川那边终于给出前文中的说法，认为那起案子很有可能是瞻对人干的。

理由很简单，他们平日里最闹腾。

乾隆帝有意忽略调查中明显的证据不足，直接将整个瞻对判为罪犯，傲慢地准备来一场砍瓜切菜式的轻松处罚。

他太想打仗了，不然拿什么来刺激一下自己疲惫的神经？

不过在此之前，他还必须假模假式地先礼后兵一番，才能站稳道德制高点。抢劫犯具体是哪些人，四川那边也没说清楚，当然也说不清楚。乾隆帝也就不管三七二十一，命令四川方面审问瞻对土司，勒令他们"交出人犯"。

瞻对，一个从汉语角度看不出有什么明显寓意的地名，是藏语的音译，现为四川省甘孜藏族自治州的新龙县，地处辽阔甘孜的地理中心，辖地9182平方公里，相当于内地好几个县的面积。人口有5万多，还没有内地一个街道的人口多。

自驾或者骑行过川藏线的读者们，你们不用努力回忆，你们大部分人都没有到过这个地方，她不在川藏北线上，也不在南线上，而是在两线之间。去往那里的路线一般是从川藏北线上的甘孜县城里的一个不起眼的路口南下，经过大约一百公里到达新龙。

这一百公里可不简单，一边是高不可攀的沙鲁里山，一边是深不见底的雅砻江。即使在今天已经铺好柏油路的情况下，走完这一百公里都需要三个小时左右，何况清朝？

乾隆十年时，瞻对全境分为上中下三个部落，各自的头人都在朝廷那里领了一颗从四品宣抚司印信，这个印信任由他们代代世袭。上中下三个瞻对名义上都是大清朝的土司。

土司制度是中原王朝对那些实力明显不如自己，但自己却怎么也打不过的少数民族部落采取的一种得过且过的敷衍方法。为什么这么说？很简单，要是能驾驭得了他们，还会让他们世袭官职吗？

接到朝廷问罪的诏书后，瞻对土司一致采取对抗态度，尤其是下瞻对的土司班滚，态度尤其激烈。从他们的角度来看，拒绝认罪并不是无理取闹。抢劫朝廷军队的那些人，是些职业抢劫犯，土司也管不了他们，要是他们不开心，可能连土司家也会给抢了。为了这些人犯的事，北京的大皇帝却要向自己问罪，瞻对土司完全不理解这个牛头不对马嘴的逻辑。

康巴汉子没有你一句我一句地吵架这种行为方式，一言不合便是拔刀相向，哪怕对方是北京的大皇帝，也是这般。

乾隆十年三月，在阅览了四川方面讲述瞻对土司蛮横抵赖情况的报告之后，乾隆帝终于写下他其实早就想写出来的批复："以此观之，竟有不得不示以兵威者！"

打吧！朕还就怕你不打呢！在文山会海里憋了整整十年的乾隆帝终于可以风风火火地开始他亲自决策执行的第一场战争。

呃……其实还没有开始。要去那么一个山高谷深的地方打仗不是一件容易的事，一切还得从长计议。

四月，中央和地方的相关各部门开始准备这次战事，从作战部队的组成，到统兵将领的拣选，从作战方略的制定，到钱粮后勤的预备，杂七杂八的事情件件都要皇帝亲自过目之后拍板决定。

有哪些事情需要"总会计师"乾隆帝决定呢？四川巡抚在一次奏报中列出了部分后勤方面的事项："除应支月费、口粮、骑驮等项照例支给外，其将备弁兵借支制备军装，土兵按名给发安家坐粮及加赏银两，并汉土各兵之盐菜、口粮、茶叶、羊折，官兵、跟役、通事、译字、斗级、仓夫人等应支口粮、工食等项。"

连盐菜也要皇帝来管……

什么叫独裁？就是不管大事小事，所有的事情别人都不能裁，只有自己能裁，累死都得自己裁！

以为战端一开就能威风凛凛地成为战事总指挥的乾隆帝，失望地发现自己不过成了个会计师，每天都得加班加点地统筹核算各处报上来的战斗开销。

拉拉扯扯、婆婆妈妈地拖了小半年，朝廷总算凑齐一万四千人马、军费三十七万两白银，四川方面却还是没有报告开始进军的消息，还是在东拉西扯各种鸡毛蒜皮。

朕顶你个肺！

乾隆帝怒了。七月十四日，再一次阅览四川呈上来的战备琐事报告之后，乾隆帝终于忍不住批了一句："兵贵神速，岂有贼已发兵阻挡，而汝等尚无出师之期之理？！"

打仗打的就是一个"快"字！朕听说他们瞻对那边都已经准备好迎接你们了，你们还没定下来几时出兵？这怎么个意思？

四川方面这才不敢再拖延，驻节西安的川陕总督庆复入川靠前指挥，一万四千人兵分三路，顶着强烈的高原反应翻山越岭地往瞻对去了。

十月下旬，清军初战告捷，上瞻对土司献寨投降。乾隆帝听说之后，胃口更大了，他在原来要求瞻对方面交出抢劫犯外，进一步提出要收缴瞻对土地，迁移瞻对人口的征服性作战目标。

清军只好继续向雅砻江峡谷深处的下瞻对进发。和朝廷大军一起挺进到此的，还有裹挟着无数冰刀雪剑的高原寒风。

之后的几个月，乾隆帝不断收到前线捷报，今天说东路军攻下了瞻对的几个寨子，明天是南路军拿下了瞻对的十几个寨子，后天，二十几个……随后又是前线伸手向他要人要钱要粮食的报告。

看在他们攻下那么多寨子的分上，乾隆帝并不吝啬，大笔一挥，前线要多少就给多少。

时间久了，乾隆会计师发现有些地方对不上账。战前四川方面递上来的情报说，上下瞻对各二十几处寨子，这样拢共加起来撑死也不过五六十处。且上瞻对已经投降，哪还有那么多寨子要去打？按照各处战报汇总，现在都已经足够把下瞻对干干净净地血洗好几遍了，怎么还在不停地要钱要粮？

乾隆帝开始怀疑。

而当时战场的实际情况是，一万多大军在狭窄的雅砻江峡谷中完全施展不开，加上冬季来临，大雪封山，后勤补给运不过来，饿着肚子、蜷在风雪中的清军将士还得随时提防身边的每一处山石树木，在那后面有随时可能向他射来索命的冷箭。刁狠非凡的瞻对人利用险恶地形从容不迫地与清军周旋。

客观地说，在这样的情况下，清军没全军覆没就已算战斗力还不错了，他们好歹还挺过了一个高海拔的冬天。拿这次战争的结果来嘲笑清军战斗力的人，笔者只能劝他们有空去四川省甘孜州新龙县实地看看吧。

战士们并不可笑，可笑的是指挥他们的那些官僚。

例如战报上说攻下了那么多寨子，清军官僚很有可能是把随便捣毁的当地民房也算作寨子了，不然凑不足那个数。

至于补给问题，饥寒交迫的清军很有可能"就地取材"了。这样的话，他们陷入瞻对民众的抵抗战争中也就不足为奇了。

这场烂仗拖到第二年。乾隆十一年，公元1746年的春天，高原春迟，冰封大地上的清军依然没有什么进展。乾隆帝愈发看出了其中端倪。这一年年初，川陕总督庆复的两份"捷报"虽时间不同，却都报告说清军攻陷了兆乌石、甲纳沟等寨。

那是什么鸟寨子？用得着在短时间内连续攻陷两次？

显然是扯谎太多的庆复已经把自己都扯晕了，对不上自己的口径。但乾隆帝没有立即揭穿这一切。毕竟战时还是要以稳定军心为重，毕竟要赢下自己的第一战还得靠他，毕竟自己号称人才济济的官员储备其实非常单薄，所以他也只能以更加严厉的措辞催逼前线将领继续进军而已。

接下来发生的事情让乾隆帝对自己当时的克制感到庆幸。

四月十四日，前线终于报告攻陷了下瞻对土司班滚的老巢如朗寨。乾隆帝一下子又忘乎所以，命令清军继续追击，务必要活捉班滚，押来北京受审。

前线的反应很快，没多久就传来班滚在乱军中被烧死的消息。这下子，瞻对的事情可以就此以胜利做个了结。然而——

烧死了？这么恰好就烧死了？

已经对前线的将领们产生了合理怀疑的乾隆帝对这个结论表示质疑："据报烧死情形，尚有可疑之处。班滚系众酋头目，危急之际，未必即坐以待毙。其潜逃藏匿，自必有之事。即使烧毙，想其形迹亦必与众人不同，断无俱成灰烬，不可辨识之理！"

对于报告里说的班滚烧死现场的情况，朕觉得很可疑。你说他班滚好歹也是个地头蛇，遇到危险真的就一点办法都没有吗？就那样束手待毙地被慢慢烧死？朕估计他多半是跑了。就算是被烧死了，人家一个穿金戴银的土司被烧死，尸首上总得留点什么吧？怎么会像他们说的那样全成了灰，什么都看不出来？

但乾隆帝没有深究。他和他的整个帝国，需要的是一场胜利，而不是什么真相。毕竟这是他第一次用兵，毕竟这场烂仗已经消耗了近百万两军费，超出预算两倍有余。

该歇口气了。

乾隆帝只好摁下心中的所有质疑，假装高高兴兴地宣布此战胜利，皮笑肉不笑地重赏此战的各级有功人员，装作没心没肺地组织大家庆祝一番。

这事儿并没完。

乾隆帝狂攻瞻对，与其说是一场战争，不如说是大清帝国为川西高原上大大小小数十位土司现场直播了一部政治教育片。然而，被乾隆帝预设为看片者的吃瓜群众中，有一个人并没有认真地看这部政教片。

或者说，他其实看得最认真，对其中的精神领会得最深入。

金川

"阿扣——阿扣——"

就在乾隆帝努力演戏，吃瓜群众认真看戏的时候，在离瞻对不太远的小金川土司的官寨里，却发出了这样一种莫名其妙的杂音。

"阿扣，我哥走远啦……"尽管已经尽量地压低了自己的音量，良尔吉的嗓音依然透着急不可耐的淫邪。他是小金川土司泽旺的弟弟。小金川，今四川省阿坝藏族羌族自治州的小金县，是嘉绒藏族世代居住的地方。

"上来吧，窝囊废。"随着楼上阿扣的一声娇嗔，良尔吉赶紧扯起宽大碍事的藏袍，连跑带爬地上楼去。

阿扣，小金川土司泽旺的妻子，良尔吉的嫂子，一位从强邻大金川嫁过来的俏丽女人。大金川，今四川省阿坝藏族羌族自治州的金川县，大金川土司莎罗奔是阿扣的父亲。

冲到阿扣的床前，良尔吉激动得面红耳赤、气喘如牛，却见阿扣衣着严整地端坐于床边，良尔吉顿觉扫兴。

"你哥的土司印信呢？"阿扣俏眉挺立，杏眼圆瞪，嗔问良尔吉。

兴头被扫的良尔吉无奈地提起腰带，顺手操起座上的一瓶酥油茶，狠狠地灌了几口，懒洋洋地回答一句："急什么，这不是还没空下手嘛……"

"没空？你在忙什么？这儿有什么要你去忙的？"阿扣不依不饶，"我爸那边说了，眼下大皇帝和成都那边的总督巡抚们都正在跟瞻对过不去，其他事他们根本忙不过来。不趁着这时候下手，你还等到什么时候？你莫忘了，只要印信到手，整个小金川就都是你的了，我也是……"

良尔吉挑起眼皮勾了阿扣一眼。唉，这女人真是看不得。他赶紧又灌了几口酥油茶。

"说得简单，那要是瞻对那边的事情了结了呢？朝廷不是就能来收拾你爸了吗？那时怎么应付？"良尔吉反问。

"哼？那又怎样？"阿扣一脸不屑，"你没看见朝廷拿瞻对一点儿办法都没有？而且还不是整个瞻对，只是一个所有老幼妇孺都算在内也不过万人的下瞻对！告诉你吧，那边的事情确实很快就会了结，班滚已经跟官军那边约好了停战条件：班滚让出一个寨子给他们烧，官军就会报告大皇帝说攻占了下瞻对，烧死了班滚，然后班滚三年之内不许出头，等这阵子过了再出来混。据说，为了让班滚同意这个条件，总督庆复可是从军饷里划出了不少银子给他呢！事情已经定好，等明年四月开春，他们就要实行了。他小小一个瞻对都能这样，我金川的实力可比瞻对强多了呢。"

"哦？"良尔吉终于打起了精神，"北京那位大皇帝也这么好糊弄？"

"你以为呢？"阿扣继续催促，"赶紧的吧！我们俩的事来日方长！"

没几天，朝廷颁发给泽旺的小金川土司印信真的到了良尔吉的手里。良尔吉把它交给阿扣，阿扣又给了她爸爸——大金川土司莎罗奔。莎罗奔立马带着大队人马杀到小金川，轻松控制了该地，将他那可怜的女婿泽旺扣押，解除他和阿扣的婚约，再将阿扣正式许给了良尔吉。

良尔吉终于不用偷偷摸摸的了。

这一切都没有给朝廷打过招呼。但毕竟事情闹得很大，靠着大家口口相传，四川政府也知道了这事。那时候，瞻对的事情还没结束，哪里腾得出手来管金川！四川政府只是象征性地"勒令"莎罗奔释放泽旺。

莎罗奔回信说放了。

也不管他放没放，暂时也只能这样。麻木的官僚们没有采取进一步的行动，他们将情况汇总之后报告给皇帝，之后就慢慢等待皇帝的定夺。他们没有意识到，这一次莎罗奔的行动是完整地吞并另一个土司，这是带有战略野心的征服性扩张，已经和往常土司们那种无聊仇杀有些不同。

乾隆帝恐怕是最后才知道这件事的人，刚被瞻对折腾一番的他也打不起什么精神，批复四川方面的报告说："苗蛮易动难驯，自其天性。如但小小攻杀，事出偶然，即当任其自行消释，不必遂兴问罪之师。"

意思很简单，就是让他们闹去，我们不管。

有两点值得注意，一是乾隆帝也还是认为莎罗奔的征服行动只是土司们习惯性的"小小攻杀"，没有意识到莎罗奔此举有可能消解帝国多年来苦心经营的"以番制番"的土司体系。

另一点是乾隆帝轻蔑地将莎罗奔们称为"苗蛮"，他以为他们跟云贵地区的苗族是一族的，尚不明白他们也是藏族的一支。帝国对于域外之事的无知，这一点我们比较明白，而对于自己边疆地区的民族也如此无知，这就让人有些着急了。

这是有原因的。

相比以往各个王朝，清王朝关心青藏高原的程度明显高出一筹。他们需要利用藏传佛教来约束蒙古各部，保持北方的安定。为此，从皇太极开始，清王朝就用心经营西藏。到乾隆初年，清王朝对于西藏腹地的控制已经相当可观。

但是，清王朝这种功利性极强的政策使其只能够控制西藏的核心区域，却顾不了广袤辽阔的藏文化的边缘地带。清王朝有明显控制力的只是卫藏地区，也就是拉萨和日喀则一带，而在更为广袤的康巴、安多、嘉绒地区，以及最为遥远的阿里地区，清王朝没有专门驻军与施政，并没有多少存在感。

清王朝也只是笼络西藏的上层领袖，顾不了为数众多的中下层，与中央政府来往甚密的只是几位大活佛，普通藏族人一生很少有机会接触到内地的事物与思想。

康熙末年，蒙古准噶尔部远程突袭拉萨得手（清朝与准噶尔之间的恩怨是一部大戏，我们以后再细聊）。康熙帝在平乱的过程中发现原先由青海入藏的通道已经独木难支，才正式开辟由四川入藏的军用通道，沿途开始设立有军队驻防的兵站，由此引发一连串的权力介入。

从这时候起，清王朝的实际统治力才算代表中国主权，正式伸进了川西高原。

虽然现在讲到川西高原的历史沿革时，我们常说那里在汉朝的时候属于哪个郡，在隋朝时又属于哪个州，似乎中央政府在那里一直有着持续不断的实际控制力。其实并非如此，您先翻开地图找到川西高原的位置，然后可以认真想想，历史上哪朝哪代在这个地方有过像样的军政行动？没有的话，又能控制什么？

自古以来，只有唐王朝曾经在川西高原边缘有过短暂的实际统治，后来又有元朝军事干涉过川西高原。除此之外，川西高原长时间游离于分离自立的边缘。

到了清朝，中央政府才开始密切接触川西高原。有了接触，才有此后的一切可能，包括发生冲突的可能。正是由于清王朝将川西高原纳入视野，这里才成为一个多事之地。其实这里一直就事多，只是以前大家不知道而已。

乾隆初年时，这样的接触还时间不长。要准确地掌握当地的情况，清王朝还得多交点儿学费。

回到正题，莎罗奔眼见小金川到手朝廷也没什么反应，便放心大胆地再次扩张。瞻对战事结束，朝廷军队撤离后，莎罗奔顺着大渡河南下，攻击如今四川康定境内的明正土司领地。

明正土司跟清朝朝廷的关系可不一般，早在满洲入关前的1643年，这里的土司就火急火燎地抛弃了明朝，跑到那时还在沈阳的大清朝廷去宣了誓，效了忠。因此在藏区各土司中，明正土司的地位非同寻常。

这次明正土司被莎罗奔打得叫妈，跑去成都向四川政府求援。乖儿子挨打，四川政府坐不住了。毕竟丢了康定就等于丢了整条川藏大道，丢了大道也就等于丢了乌纱帽嘛，四川政府只好组织千把人去援救明正土司。

打胜自然好，打败，也正好可以像明正土司那样叫妈，请求乾隆帝出来收拾局面。

果然，他们败了。死伤六百余人，包括一个正六品。

事态的发展似乎都在四川官僚们的掌握之中，接到败报的乾隆帝果然震怒。在瞻对战事平息还不到一周年的公元1747年，乾隆十二年三月，乾隆帝决定再次兴兵。

和上次用兵瞻对一样，乾隆帝的战略决心依然是一举踏平金川，犁庭扫穴。为避免瞻对那样的苦战，乾隆帝集中了三万兵力参战，是上次的两倍多。

瞻对之后，乾隆帝对四川的那伙儿官僚失去了信心。虽然尚无真凭实据，但他已经肯定庆复等人有些见不得人的大事瞒着他，因此这次大会战不能再让他们指挥。

他要找个信得过的人。他以为金川土司是"苗蛮"，而正好他手里就有这么一个苗族问题专家——时任云贵总督张广泗。

张广泗，雍正年间成长起来的耀眼将星。他是雍正帝在云贵地区实行的"改土归流"政策的坚定执行者，以血腥强硬的手段驱压贵州境内各少数民族，为汉人大规模迁入腾出空间。就是在张广泗的治下，贵州境内的汉族人口开始占据上风。

雍正帝对他大力栽培，还将他短暂地调动到与准噶尔对峙的西北战线镀金，在他回到贵州之后立即任其为云贵总督。乾隆帝时期，已经结束了密集军事行动的张广泗在贵州大力发展经济，成绩不错，被乾隆帝评价为"西南保障"。

这次治理金川"苗蛮"，乾隆帝自然而然地觉得张广泗就是那副对症的药，放心大胆地把三万大军的指挥权交给了他。

此外，乾隆帝还秘密地交给张广泗另一个任务：调查瞻对战役的真相。

志得意满的张广泗接到圣旨后一刻都没有停留，日夜兼程地往前线赶去。就算是那座据说是让人来了就不想走的成都城，也没能多留张广泗片刻，他匆匆路过之后就径直往汶川前进，他的军队在那里集结。

川陕总督庆复在那里等他。看着这位被高原阳光晒得黢黑的同僚，张广泗在心中可怜他，蔑视他。估计要不了多久，他的位置就会是自己的。在封疆大吏中，云贵总督可能是存在感最低的一个，官运亨通的张广泗自然不会满足于目前的地位。

或许不只是川陕总督，就连北京城里大学士的位置也近在眼前呢。张广泗心中的志气忽然间直入云霄。

果然，命令张广泗就地接任川陕总督的圣旨很快来到。这下子，张广泗统帅三军就名正言顺了。

进入川西高原，不同于贵州山区和四川盆地的那种整天阴云密布的压抑，高原的天空甚是明朗湛蓝。张广泗觉得这般景色配上自己的凌云壮志，刚刚好。

忽然，他看到远处的山尖上有一种奇怪的黑乎乎的建筑物，像佛塔，但轮廓更加简洁，或者像碑，但身形更加挺拔。它们大多在悬崖边上孤兀地拔地而起，直指苍穹。那气势似乎比自己心中的志气还要高出很多。

"那是什么？"张广泗问向导。

"碉楼，张大人，那是当地人的碉楼。"向导回答。

碉楼，一种触目惊心的建筑物……

21 败局

臣自入番境，经由各地，所见尺寸皆山，陡峻无比。隘口处所则设有碉楼，累石如小城，中峙一最高者，状如浮屠，或八九丈、十余丈，甚至有十五六丈者，四围高下皆有小孔，以资瞭望，以施枪炮。险要尤甚之处，设碉倍加坚固，名曰战碉。此凡属番境皆然，而金川地势尤险，碉楼更多……

这是张广泗在进入高原后给乾隆帝的一篇战前分析报告的节选。他描写了对碉楼的初步印象，提醒乾隆帝别把事情想得太简单，赶紧再弄点儿人手钱粮过来。

乾隆帝明白他的意思，慷慨地再给了张广泗一万多兵力，将参战总兵力增加至五万有余。大小金川连同老人妇女儿童在内加起来都没有这么多人。

另一方面，张广泗对瞻对战役的调查也有了结果。实际上根本就不用费力调查，在川西高原上随便碰上个小孩一问就知道，北京城里的大皇帝被班滚结结实实地耍了一通。

公元1747年，乾隆十二年十月，张广泗于两个月前完成的调查报告送到了北京。看完这东西，乾隆帝的那张大长脸一直红到了耳根子。

清军的确根本就没有攻下过班滚的老巢，也的确是和班滚做了个交易，烧了班滚让出的一个普通寨子之后谎报胜利。班滚也没死，跑到其他地方去躲了一阵子。不过他压根儿就没遵守什么"三年不许出头"的约定，这才一年多不到呢，就回到瞻对继续大摇大摆地做他的地头蛇了。一切照旧，只不过少了一个土司的头衔而已。

乾隆帝差点儿就没压住火。但这把火并不是因为瞻对事件真相大白，那其实是他预料之中的事情，他的怒火是因为这种丢人现眼的事情，张广泗竟然不用私密的奏折向他悄悄地汇报，把处置的主动权留给他，而用的居然是在他看之前先发给内阁过目的题本！

如此一来，本就感到羞赧的乾隆帝更是陷入了尴尬境地，他必须立即给出处理意见，不然怎么下得来台？可是瞻对战事结束才一年半的时间，庆复等"有功之臣"加官进爵的奖赏也才落实不久，现在就翻案处理，岂不是让天下人看了笑话？

张广泗啊，张广泗，还说你是"西南保障"呢，你也忒不会办事了吧。思量再三，乾隆帝回复张广泗，明确提醒他"不必稍露风声"，意思是瞻对战役的调查到此为止。之后乾隆帝处理了几个无关紧要的人物，算是草草了事。

说真话，也得看对方能否接受得了真话才行啊。

在那个时代，国家颜面集中体现为皇帝个人的英明形象。它有着非常实际的作用：在政治体制和法律制度尚未统一的条件下，要同时扮演满人的族长、汉人的帝王、蒙古人的大汗、藏人的活佛等多重角色，顺利地将多个民族维系在清王朝的旗下，皇帝个人没点儿威望是不可能做到的。尤其是汉人还时不时投来冷眼与讥诮，清王朝统治者之于国家颜面的敏感程度也就可想而知。

皇帝必须战无不胜、算无遗策。至少看起来得像那么回事儿。

张广泗贸然将丑事抖搂出来，乾隆帝心中顿生怨恨。不过，眼下是用人之际，而且人家的报告也合乎台面上的程序，乾隆帝只能暗自记下这笔账。要是张广泗顺利平了金川，为自己赢回颜面，这事儿也就算了；如若不然……

瞻对调查完结之后，张广泗开始向金川进军，五万大军兵分三路，每路又再细分若干，洋洋洒洒地往大小金川包抄而去。初战顺利，他们迅速收复了小金川，俘获了良尔吉和阿扣这对野鸳鸯。尔后部队开始合围大金川。

不过，他似乎没有跟指挥过瞻对战役的官僚们做过经验交流，那些人可能也没有主动提醒过他。他犯了跟上次瞻对战役一样的错误，在即将入冬的季节还傻了吧唧地往高原挺进。

此刻，只有远在北京城里的乾隆帝真正关心张广泗的成败，千里传谕张广泗，提醒他瞻对之役的教训，建议他等过了冬天再进军。而张广泗却把这个建议当作完成此番任务的最低标准。

自信爆棚的张广泗当然不愿意得到及格分就算了，要想让自己的仕途直通北京，他觉得这次必须超额完成任务。为此，他没有理会乾隆帝的关切，径直挺进高原。

面对张广泗的出招，莎罗奔的反应很快。他迅速将主力回缩，钻进碉楼里与张广泗对战。

张广泗在给乾隆帝的战前汇报中，提出了几个攻击碉楼的初步设想，现在他挨个儿把这些设想付诸实践。

我们看看他是怎么弄的吧。

首先是"或穴地道，以轰地雷"。就是挖地道，往碉楼的下方挖，等靠近了就用地雷炸垮碉楼。张广泗一试方知，这纯属天方夜谭。碉楼设置在制高点的位置上，站于其上，方圆数里之内尽收眼底。挖地道？你刚拿起铲子，人家的冷箭就招呼来了。

就算运气好，趁人家的弓箭手打瞌睡时开始挖，最多挖上个十来下，清军的铲子就得扔。金川的山不是土山，是花岗岩结构的石头山。

好吧，第二招是"或挖墙孔，以施火炮"。就是先组织敢死队扛着大锤之类的东西杀到碉楼下面去，拼了老命把那碉楼撞出个洞来，然后再用火炮跟着来几炮，把洞口捅大些就可以攻克。

试了几次，敢死队的性命统统白送。

既然金川的山是石头山，金川的碉楼也自然是石头碉。而且垒砌的方式非常科学：它用石片（不是石块）横向堆砌，再辅以瓷土一般牢实的泥浆加固，整个墙壁厚达一米有余，外壁呈锯齿状上下排列。这种结构能有效地分散破坏力，外部连续冲击造成的裂缝几乎无法向墙壁的纵深发展。

只靠那个时代的人力和军事机械，就算人家不理你，任由你在下面撞着玩，也很难打个洞出来，何况人家还能在碉楼上居高临下地从容瞄准？莎罗奔的士兵们就像超市里拣选水果的悠闲妇女一般，想捏哪个官兵就捏哪个官兵。

那么，直接用炮打，行不行？

刚刚说了，碉楼的墙壁算是那个时代的绝强防御力，加上碉楼的战场控制力，炮兵无法靠近碉楼部署。在那个没有弹道学、炮火的瞄准只能依靠经验、炮弹也只是个圆形铁蛋子的年代，被逼到远处躲藏的土炮基本上打不着细长的碉楼，就算碰运气打上了，也不过稍稍帮碉楼抖了抖灰尘而已。

罢了！第三招！

"或围绝水道，以坐困之。"老子不跟你打了，围在你的碉楼下面，断绝你取水送粮的通道，老子困死你！

不打算了，金川士兵正好乐得个清闲。碉楼里面的空间很大，早就储藏了足够守碉士兵过冬的吃喝。相反，张广泗那边的士兵们却过着吃了上顿没下顿的日子。他们的补给要从千里之外的成都送来，路途艰难不说，一不留神挨上莎罗奔的一个突袭，就全完了；就算顺利送来，也已经被沿途经过的各级官僚之手打了不少折扣。

就连消耗战都玩不起。

张广泗这头黔驴，在无解的碉楼之下技穷了。

这并不可笑。咱们大部分人平生并未目睹过大规模杀戮，可千万别把电视电影里的那些东西当真，对实际战争中的各种技巧，咱们不过纸上谈兵而已，并不知道实际困难所在。其实对各种碉堡的攻坚即使放到现在，如果没有现代武器助阵，也依然是个巨大的难题。

张广泗好一番折腾无果后，高原的严冬即将来临，疲惫的清军愁眉苦脸地蜷缩在军营的时候，一大波金川士兵正在向他们悄然袭来。

莎罗奔出招了。

从乾隆十一年九月开始，金川士兵就鬼魅一般出现在各路清军的侧后方，一些原本已经投降了清军的金川土酋也适时地亮明了自己的卧底身份，带领金川人前来袭击。

十一月，金川军在马尔邦附近包围了清军张兴所部三千余人。在滴水成冰的时节，弹尽粮绝的张兴奋战至十二月也没有等到援军到来，他竟然想出一个绝妙的办法——交钱向敌军买路。

金川方面收了钱，为张兴让开一条路。结果只让人家走到前方不远处的一个山沟里，金川军就翻脸不认人了，他们突然发动袭击，将清军全灭。他们可能只是觉得原先包围清军的那个地方不便下手，想换个地方出手而已。

从此，清军像被推倒的多米诺骨牌一样接二连三地四处溃退。幸亏乾隆帝这次发来的兵够多，不然哪够人家金川军这种吃法。而面对敌方的主动出击，张广泗束手无策，清军进退维谷。

想要超额完成任务的张广泗被惨败打脸了，但事情还得继续做，他只好厚着脸皮找乾隆帝报销损失，并做出在明年"夏秋之间，定期竣事"的书面保证。

转眼年关已近，离他划定的最后期限还有小半年时间。张广泗本来也不是个信口开河的人，不出什么意外的话，他可能真有把握到期交账吧。

㉑ 败局

22 伤逝

乾隆帝的这个年不好过。

到这时候，川西高原上的那些破事儿已经折腾他整整两年了，现在不仅依然看不到一丁点儿圆满完结的希望，也没有丝毫假装体面地完成的可能。

对于自己所做的所有事，乾隆帝只允许产生上述这两种结果。最好是前者，实在不济，也要拼了老命去求个后者，没有其他选项。

然而，生活的剧本里写满了"其他"。

乾隆十二年的腊月二十九（这一年的农历没有腊月三十，所以这一天就是除夕），乾隆帝陪在已经哭得虚脱的皇后身边，苦睁着熬红的双眼，盯着前方小小的病榻，眼神空洞而绝望。

病榻上是个一岁零八个月的孩子——乾隆帝的第七子永琮，他的母亲富察氏乃是当朝皇后。不像宫斗剧里被皇帝嫌弃的黄脸婆式的皇后，他的母亲被父皇深深地爱着。由此，小皇子享受着一个帝王家的孩子能享受到的最多的爱。

永琮虽是第七子，但因为是皇后所出，在乾隆帝的心中，他就是自己的长子，就是自己的接班人。而且，小皇子的身上还有夫妻俩的另外一层寄托，他是皇后生下的第二个儿子，他们有过一个夭折的长子永琏。所以，夫妻俩一直把永琮当作永琏的回归，掏出全部的爱给永琮，似乎想去补偿没来得及给永琏的一切。

情深不寿。

永琮也是一位并不留恋人间的小天使，眼下这位小皇子在病魔的催促下，已经奄奄一息地要走了。乾隆帝与皇后相互支撑着坐在一边，等着会诊的太医给出最后的陈述。

虽然太医们的表情和肢体语言都已经告诉了夫妻俩答案，但他们还是想听到明确的结论。

一番交头接耳之后，太医们齐刷刷地跪在地上，瑟瑟发抖。皇后晕过去了，乾隆帝扶住妻子，示意小太监将皇后扶去休息。他没有歇斯底里地要太医们的命，回过神之后无力地说了声："知道了。"

人到中年的他，开始渐渐地明白生活里那些他无能为力的"其他"。

亥时三刻，深夜，小皇子不再呼吸。乾隆帝努力地控制住因为悲痛而抽搐的胸脯，不让自己哭出来。身边还有很多下人，他不能在他们的面前哭……

也许，做中国皇帝，最大的苦就是不可能有片刻真正独处的机会吧。

"皇上，要告诉皇后吗？"小太监胆怯地问。

"朕自己去。"受伤的皇帝此刻只能去皇后那里躲藏，皇后也同样需要他的肩膀。

几百米外的军机处里，一位值班的大学士拿起一份来自金川前线的奏折刚刚起身要去见皇帝。按照皇帝的要求，这种奏折不管什么时候收到都要立即呈送御前。但听到报丧的钟声，大学士踌躇了一会儿，又坐了回去。

在凄冷的寒风之中，乾隆十三年开始了。

爱子离世虽然令乾隆帝五内俱焚，但还是构不成皇帝翘班休息的充分理由。他甚至比往常更加热爱他的工作，因为只有这样才能将他的注意力从悲痛转移出去。

而那可怜的皇后，她的悲痛又能如何转移呢？这个贤惠懂事的女人

㉒
伤
逝

不但无处排解，还必须时时收敛自己的情感，才能维持与皇帝配得上的国母形象。

她曾经拥有强大的心灵，那让她成为一个几近完美的正宫皇后。而这颗心被捣碎之后，这个小女人渐渐撑不住了。

根据去年的安排，乾隆帝今年将出巡直隶、山东。刚刚遭遇丧子之痛的乾隆帝本想取消这个计划，但无奈直隶、山东两地已经做好了安排，不去也不好。尤其是皇太后一直想去登一登泰山，她又没有表示出一点儿要取消计划的意思，向来孝顺的乾隆帝自然不能违约。

只能去了，乾隆帝没有办法。但皇后就不用去了吧，乾隆帝担心妻子的身体吃不消长时间的舟车劳顿。

不过，皇后虽然情绪低落、身体虚弱，态度却依然非常坚决。她坚持要一起去，理由是既然皇太后出巡，做儿媳的不能不在身边伺候。皇后不仅没有怂恿乾隆帝违逆母亲，反而坚持着要参与其中。

乾隆帝也是需要面对家长里短的普通人，但因为皇后的存在，他是个幸运的普通人。皇后从来没有让皇帝在她和母亲之间左右为难过，因为她的生命里根本就没有她自己，皇帝就是她的一切。

心中闪过的一丝侥幸，使得乾隆帝最终决定带皇后一起出巡。也许让皇后出门散散心，躲一躲紫禁城里烦闷的空气，也是好事呢。

然而，命运无处可躲。

公元1748年，乾隆十三年三月十一日深夜，山东德州运河码头。皇帝出巡的队伍正慌张地登上船只，顾不得一点儿体面。船队的负责人前来询问乾隆帝船队的行进是要快点儿还是慢点儿。

这个简单的问题让本来行事果决的乾隆帝犯难。望着凤榻上昏迷的皇后，他不知所措。

如果慢点儿，两天前在登完泰山之后就突然人事不省的皇后能不能撑到北京？如果快点儿，颠簸摇晃的船只会不会加剧皇后的病情？

"皇上，娘娘醒了！"太监报告。这让乾隆帝从纠结中解脱出来，三步并作两步地坐到了皇后的枕边。

"你怎么来了？臣妾没事……"只说了这么一句话，皇后又昏迷过去。皇帝终于从惊惶中坚定起来，他命令船就停在码头，先把皇后抢救过来再说。

但已经晚了。

一切都像三个月前那一幕的重演，只是皇帝的肩头无人依偎，皇帝的心也无处依偎。

亥时，又是亥时。

㉓ 发泄

一头受伤的孤狼，人人忙着躲它，它却偏要四处寻人去咬。

皇后驾崩，大清国里谁都知道这不是小事。可是面对这种大事，大家该怎么表示，却有些迷惘。朝廷上一次遭遇当朝皇后逝世还是十七年前雍正的皇后逝世，但那位皇后并不受宠，那些经验明显不能套用到这次来。再往上就得追溯到康熙年间咯，那些事得多老的老人才知道啊。

所有人都还正在思虑，乾隆帝这头没人管的孤狼就急不可耐地开始咬人。首当其冲的是他那不受宠的长子永璜。这位二十岁的皇子前来北京郊外迎丧。毕竟不是自己的生母，永璜并没有哭天抢地，外加情商不够，他也没有想到自己该装出那副样子。

乾隆帝当场爆发，对着儿子一顿臭骂之后还意犹未尽，回宫之后又亲笔写下上谕，下发各处公开斥责永璜。永璜的老师也躺枪挨了处分，被扣掉一年的工资。

之后是乾隆帝的弟弟弘昼、大学士来保、侍郎鄂容安也因为哭得不够惨，被扣去整整三年的工资。

这下大家倒是知道该怎么做了。可惜有些官员们却是越忙越出错。一个月后，乾隆帝亲自校对追封皇后的文书，这文书有满汉两版，汉文版是照着满文版翻译的。

"来人！把阿克敦给朕抓起来！交刑部！"乾隆帝读着读着突然把

那文书撕得稀烂，吼出这么一句话。

阿克敦时任刑部尚书，兼管翰林院，是这篇文书满汉翻译的负责人。但不知道这份文书他是否曾亲自过目，里面竟然把"皇妣"翻译成了"先太后"。

确实是个技术性失误。

刑部官员们已经明白皇帝这会儿惹不起，所以虽然阿克敦是自己的顶头上司，但也还是给他判了个"绞监候"。

绞刑，缓期执行。这够了吧？

不够！疯狂的乾隆帝指责刑部故意"宽纵"阿克敦，处罚了刑部的所有人，将各尚书侍郎全部革职留任，阿克敦加刑为"斩监候"。

满朝文武都已是惊弓之鸟，却依然满足不了乾隆帝的吹毛求疵。工部制作的皇后丧礼文书被乾隆帝认为不够精致，挨了全堂问罪；光禄寺官员筹办皇后葬礼上的供品、供桌，被乾隆帝认为不够整洁，被降级贬谪；礼部尚书经办的皇后葬礼程序被乾隆帝认为不够严谨，被连降三级。

在京的官员惨了，在外的也别偷笑。

一些外地官员在写折子慰问鳏夫乾隆帝时，假意说请求赴京来给皇后磕个头，上个香。这话乾隆帝还勉强愿意听，回复他们说不用了，忙你们的去。

但那些没这么说的官员就遭了殃，尤其是满族官员。乾隆帝臭骂他们这些没良心的为什么不说要来京哭丧？要不要你们来，那是我的事；但要不要表示，是你们的事！他降旨各省满族封疆大吏，只要是慰问信里没说上京哭丧的，全部降两级，取消军功记录。

之后几天，乾隆帝没找着人咬，又回过头来咬永璜，连带上三阿哥永璋。没有抓到人家新的把柄，乾隆帝竟然毫无由头地将谋取储君之位的罪名扯到这俩儿子身上，莫名其妙地宣称"此二人断不可承继大统"。他甚至恶毒地说："朕以父子之情，不忍杀伊等（你们），伊等当知保全之恩，安分度日！"

至于吗？

总算挨到了七月间，皇后之丧已过百日，大家想想也该松口气了。不想那鳏夫还要无理取闹，忽然宣布要把山东、奉天的两个官员拉到刑部大狱里去问罪，理由是那俩家伙居然敢在皇后之丧百日期间去剃头！

大家也知道清朝人那发型不经常剃不行，发型会乱。但是呢，民俗专家乾隆帝说按照满洲风俗，帝后之丧百日之内不准剃头，你敢剃头，朕就把你的头整个给剃了！

不懂满洲风俗的汉族官员们纷纷去请教满族同僚有没有这种风俗，可那些同样被吓得半死的满族官员们也是一脸蒙，这哪儿来的风俗啊？

的确没这回事，乾隆帝纯属无理取闹。最后发现丧期剃头的大小官员太多，他才松了口，将那二人改成革职，但还是不依不饶。两江总督尹继善虽然碰巧没有剃头，但也莫名其妙地挨了通报批评，理由是"知情不报"，被乾隆帝骂成"好名无耻之徒"。

刚接替阿克敦任刑部尚书没几天的盛安因为没有把最早发现剃头的那俩官员判成"斩立决"，害得乾隆帝这次想杀人没杀成，反而被乾隆帝判成了"斩监候"。

直到下半年，孤狼还在四处找人咬，没有要停下的意思。四处惊惶躲藏的官员们也慢慢地感觉到，皇帝的疯狂除了发泄丧妻之痛外，慢慢地多了点儿别的意思。

如果北京城里那些当官的只不过为了些莫名其妙的事情就会被皇帝找茬儿，那么此时依然在金川赛场上大比分落后的张广泗呢？

至少已经有两件事让乾隆帝对张广泗耿耿于怀。张广泗公开报告瞻对的丑事，以及他去年不听自己的建议，愣是要在冬天杀上高原去，结果吃了大败仗。

极度恶劣的情绪让乾隆帝变得爱钻牛角尖，现在他认定这两件事足以证明张广泗对他的藐视。藐视皇帝的人，皇帝自然要办他，而且要把他办得心服口服。

不过，办张广泗，可就不能像收拾北京城里的那些人一样简单粗暴了。张广泗现在手上做着的事情，事关乾隆帝自己的脸面，不能胡来。

乾隆帝没有忘记张广泗做出的在今年夏秋时节完成任务的承诺，快到验收的时候了。

要办人，也要办事情，这很麻烦。乾隆帝总不能自己跑去金川办这些吧，他要找一个靠谱的人替自己办，让他去金川按照自己的意志给张广泗做个示范，好让他心服口服地被收拾掉。

思来想去，乾隆帝点了讷亲的将，任命此人为"经略"，去金川执行自己的计划。

讷亲，时任首席军机大臣。这个地位是他做了大半辈子机关行政事

115

务工作辛苦熬出来的。他办事很勤快，做官也很清廉，甚至清廉得有些虚浮。他在家门口养了一头巨型狗，据他自己说是用来咬那些求他办事的人。三年前首席军机大臣鄂尔泰去世，他越过了更有资历的张廷玉而成功接任，说明乾隆帝对他非常信任。

为什么这么信任？

要在机关行政事务工作里混出头，唯一的秘诀就是认真领会领导的意图并原封不动地加以执行，做对了，把功劳献给领导，做错了，把责任揽给自己，也就是要听话乖巧。正是讷亲多年的听话乖巧，为他赢得了首席军机大臣的位置，也让乾隆帝在这个关键时刻第一时间想到由他去金川贯彻自己的意志。

讷亲将代表乾隆帝的意志前往金川。另外，考虑到讷亲不懂军事，乾隆帝还起用在家赋闲多年的老将岳钟琪，做讷亲的军事助理。

如果张广泗还读不出任命讷亲的言下之意的话，那么岳钟琪的到来就算是乾隆帝把意思挑明了。岳钟琪为什么在家赋闲多年呢？就是因为多年前张广泗告过他的刁状，差点儿让雍正帝杀了他。现在让他来金川跟张广泗共事，您说是什么意思呢？

公元1748年，乾隆十三年六月三日，讷亲一行与张广泗会合。交谈间，讷亲动辄抬出皇帝的旨意堵张广泗的嘴，岳钟琪则从头到尾对张广泗白眼相加。这惹得张广泗这头贵州犟驴犯了浑，第二天就丢下两人不管，跑到前线军营去了。

讷亲不依不饶，也跟去了前线。他再次对张广泗强调乾隆帝要求尽快取胜完事的意旨，命令张广泗立即发动总攻。

瞥了一眼趾高气扬的讷亲，张广泗觉得有必要让他见识一下金川军的能耐。这种混了一辈子办公室的书呆子，不让他出点儿丑，他是不知道天高地厚的。

"好啊！"张广泗阴阳怪气地说，"您行，您上吧。"

上就上。

讷亲自我感觉当仁不让，坐进中军帐就开始按照乾隆帝的意图部署进攻，集中一万余兵力猛攻金川的重要据点刮耳崖。他想，以雷霆万钧之势劈开金川的大门，迅速扫荡金川贼寇之后就可以凯旋了……

但结果是金川军以雷霆万钧之势痛快地回击清军的攻势，他们只用了十几天时间，就让参战清军死伤大半，四川总兵、参将阵亡，副将差点儿阵亡。

"怎么样？讷大人，打仗好玩吗？"张广泗摇头晃脑地问。虽然败了，但他很是得意，因为这回出丑的是讷亲。

可让讷亲出丑就是让皇帝出丑，老张，懂吗？

讷亲的腿被金川军吓得只顾打颤，腰杆也因为惨败而直不起来，胸膛里堵着张广泗给他受的气，他整个人都瘫了，晕眩的脑子里早就忘了乾隆帝让他来干什么。

看完讷亲的败报，乾隆帝的脸羞红了。讷亲的确是执行了自己速战速决的要求，结果非但没给张广泗做成什么示范，反而成了张广泗的笑柄。

隔着千里万里，乾隆帝似乎都能感到张广泗心里那放肆的笑。

这黑锅朕不背！这不是朕战略的问题，这是讷亲临场指挥的问题！乾隆帝只能如此为自己开脱。

过了几天，乾隆帝发现张广泗并没有按照惯例，为这次败仗给自己打报告解释情况。他觉得没什么好说的吗？看样子他真是在一旁看笑话。想到这里，乾隆帝的拳头攥紧了。

就在这时候，羞恼的乾隆帝知道了有几个官员在皇后丧期剃头发的事情，一时无处发泄的他立马发明了"帝后之丧百日不剃发"的民俗，也就有了上文的那场闹剧。

闰七月间，乾隆帝收到讷亲的任务保证书。讷亲说完成任务"最迟不逾秋令"。眼看马上入秋，他的意思是完成任务就是这两天。没过几天，乾隆帝又收到了一封讷亲的报告。这份报告的内容跟前一份截然不同，讷亲再也没提什么秋天完事的事情，而是跟乾隆帝分析了一大摊道理之后说："若俟二三年后，再调兵乘困进捣，自必一举成功。"

去你的，一口气就想赖到两三年后，算了吧，别给朕丢人了，滚回来吧。乾隆帝下达了令讷亲回京的命令。

圣旨下达之后，乾隆帝又开始想象张广泗看到讷亲回京时脸上挂出的表情，恨得牙痒痒。

还不等圣旨到达前线，前线又送来败报一份：闰七月下旬，攻碉失败的清军遭到反击，几十个金川兵从山上猛冲出来袭击清军侧翼，这么点儿事居然就吓得清军屁滚尿流，三千人马立时乌泱泱地一哄而散，发生了严重的踩踏事件，莫名其妙地死了好几百。

"闻之骇听。"已经无力吐槽的乾隆帝以这四个字草草结束了自己在败报上的批复。这下子，他本来必胜的决心动摇了。这金川，到底是个什么鬼？乾隆帝决定要直接质问张广泗，他命令张广泗跟讷亲一起来北京"面授机宜"。

没等这道命令到达前线，前线败报又来了，说是金川兵二三十来人夜袭清军大营，杀伤军士之后还抢走了几门大炮。

二三十来个人就敢袭击大营？杀了人还把炮搬走？炮很重，要一下子搬走好几门，二三十来人的话肯定得收起武器用尽全力才能弄走，就趁这种机会也没人敢去砍他们几刀，就让他们大大咧咧地搬走了？

张广泗、讷亲！！！

金川看来真的是打不下来了。让乾隆帝的雄心委顿的是他那不断在为金川买单的钱包。这场并没有宏大战略目标的小规模战争，竟不知不觉耗去了白银近两千万两，几是国库总额的一半。且根据四川方面估计，要想把战事延至明年，各种费用林林总总加起来还要近一千万两白银。

乾隆帝不是不知道打一场战争该是个什么价位，这张收银条明显超标了，目前投入的兵力还只是瞻对战役的三四倍，可军费却已经稀里糊涂地达到了瞻对战役的十几倍。发生了什么，乾隆帝心里大概也知道，无非是从中央到地方一层层的官员都把军费掏了些带走，再把其他一些毫不相干的死账烂账扔了进来，金川成了个深不见底的窟窿。

烦乱至极的乾隆帝无心无力再来审核这些账目，那势必又是一场能把自己逼疯的大案。

大量军队云集四川，大规模采办军粮使得川西一带米价飞涨，诱得湖广米商抛弃传统的江浙市场转而运米入川，致使东南粮米告急、人心浮动……既然是个统一的大帝国，哪里的事不是牵一发而动全身的呢？

"把球给我，我要回家！"就像一个在野球场上被打哭的孩子一样，窘迫的乾隆帝决定降低战略目标，不再期望踏平金川，体面收场成了最现实的考虑。

都打成这样了，还面授什么机宜？九月二十九日，乾隆帝命令将张广泗、讷亲这俩混球绑回北京来受审，前线战事暂由岳钟琪指挥。

一年前来到金川时，张广泗就预感自己很快就会去北京。这下果然应验了，只不过没想到去北京的方式会如此窝囊。

㉔ 尴尬

公元1748年，乾隆十三年九月二十八日，也就是命令逮捕张广泗的前一天。乾隆帝任命他的小舅子、刚刚去世的富察皇后的亲弟弟傅恒代理川陕总督，统领金川军务。

大家一开始还看不明白皇帝的意思。皇后刚刚逝世半年，就把她那还不到三十岁，从没带过兵的亲弟弟送到根本看不到什么胜利希望的前线去，也去吃上几场败仗，然后像张广泗、讷亲那样被拉回来问罪？

大家以为这是乾隆帝丧妻之疯的又一次发作，都在为傅恒默哀。

实际上不是这样。任命之后，并没有让傅恒马上出发，乾隆帝还在给他更多的加持。傅恒的正式职务还在不停地变更，受命代理川陕总督的第二天，他又得到了讷亲被撸掉的经略头衔。十月六日，又由协办大学士升为大学士，正式编制解决了。九日，最终确定为保和殿大学士兼户部尚书。

最后一个任命发出后，大家总算看明白了，傅恒是一定会平安回家的，户部还等着他去上班呢。

乾隆帝这个姐夫还细心地为小舅子准备了出差的行李。他在全国范围内为小舅子抽调了三万五千兵马，加上原有的，合计差不多六万人。再给他筹了四百万两军费，这些钱只负责前线军队的吃喝，买装备的钱，姐夫再另外给了一大笔，让小舅子拿去在前线就地铸造大炮若干。

姐夫还怕不够，又从京城抽调高级火炮给小舅子送去前线。姐夫还想得非常周到，怕那些兵痞不服他的小舅子，他还自掏腰包给了小舅子十万两银子，让他去前线给大家发红包。

满满的都是爱啊。正在被押解回京途中的张广泗要是知道了这些，可能会想要是我有这待遇，一定能怎么怎么着……

谁叫你把金川搞成了个无底洞呢？乾隆帝现在无非是想一次性买断这张还在不断翻滚的账单而已。

磨蹭到十一月，傅恒才从京城出发。送走了小舅子，乾隆帝也等来了张广泗、讷亲。张广泗这人虽然灰头土脸，但眼神依然桀骜。这让乾隆帝十分不悦。讷亲倒是被唬得快尿了，可那副样子也不过让乾隆帝更加鄙视而已。

乾隆帝亲自提审张广泗，质问他为什么打出这般烂仗。张广泗心中不服，把这些质问挨个儿给顶了回去。不管是凭着嘴尖舌利还是仗着事实如此，反正乾隆帝扔过去的黑锅，张广泗是一个也不背。

你不背！朕背？还蹬鼻子上脸了，去死！于是张广泗死了。十二月十二日，曾经前途无量的"西南保障"被拖到菜市口去砍了脑袋。

讷亲更惨，因为他让乾隆帝丢人也丢得更惨。处理张广泗时，乾隆帝还必须考虑汉族臣民们的感受而必须走正规程序，最后用正常的刑罚处死；对于讷亲这个满族自家人，乾隆帝完全不用考虑那么多。

他没有亲审讷亲，也没有走司法程序，更没有直接把讷亲拉去菜市口，而是让他回金川，且非要他带着他家祖上开国功臣遏必隆的佩刀一起回去。回去干什么？乾隆帝勒令讷亲在金川军前用祖上的宝刀当众抹自己的脖子。

刻薄而精巧的羞辱。

十二月十八日，傅恒抵达金川前线，立即开始根据姐夫的要求，寻机与金川讲和。乾隆十四年正月初一，乾隆帝正式宣布："今朕已洞悉局势，决定收局！"

有了圣旨，傅恒那边就更好办事了。二月初五，讲和成功，大金川归还占据其他土司的地盘，朝廷也赦免了大金川的罪状。大金川土司莎罗奔亲赴傅恒军营出席和约签字仪式。

傅恒这小舅子很懂得如何去对姐夫的胃口，只需要把讲和说成是受降，再编些矫情的故事，添油加醋地遮掩一番就行。金川战事就这么稀里糊涂地结束了。

怜悯张广泗的人会觉得，如果皇帝想要的只是这种结局，那张广泗又何尝不能做到？实际上，乾隆帝对张广泗的恨意，早已超越金川战事本身，他不会给张广泗体面收场、逃出生天的机会。

这真是一场糊涂仗。来来回回打了两年多，首席军机大臣、新晋川陕总督，还有其他什么总兵、参将等朝廷大员以及数千士兵都把性命丢在这场仗里，国库里两千万两纹银灰飞烟灭。而到了最后，战前乾隆帝赌咒发誓要活捉来北京明正典刑的莎罗奔依然逍遥自在，金川的碉楼依然傲对苍穹。乾隆帝想对金川以及川西高原秀一秀肌肉，却秀砸了，秀出的竟是一身赘肉。

但这一身肥膘也还是暂时吓住了川西高原，不论是瞻对的班滚还是大金川的莎罗奔都看到了，大清国在高寒地区坚持作战三年有余，虽无摧枯拉朽的大胜，但也没有遭到毁灭性的大败，清军总体的战斗力还行，后勤保障也勉强还算靠谱，再加上内地强大的物力支持，他们不暂时服气还真不行。

这样看来，此战也并非全无意义。

另外，将军事力量伸进川西高原的，史上只有唐朝和元朝，但唐朝只能在边缘活动，元朝则只是为了征服云南而借道川西，都没有对该地形成持久的影响力。这件事只有清朝舍得花功夫去做。

就像拿一万块钱买包盐，东西当然得买，只不过太贵而已。

傅恒无疑是这场战斗的唯一赢家，他赢在忠实领会并执行了姐夫的意图。从姐姐去世后发生的那一系列政治动荡，傅恒看出姐夫的注意力其实已经逐渐离开了战事本身的胜负；到派自己去金川的时候，姐夫的目的已经非常明显，他要借着这所有的机会完成高层政要的洗牌，彻底抛弃前朝旧人，全力起用新朝新人。

傅恒回京后，很快就升任首席军机大臣，跃居一人之下，万人之上。

即使金川战争结束了，即使皇后的丧事了结了，乾隆帝个人的战争依然没有结束。哪怕没有这些理由的遮掩，他依然要赤裸裸地找茬洗牌，而且要洗得干干净净、彻彻底底。

前朝旧人，最刺眼的代表无疑是时年七十有六的三朝老臣张廷玉。他是安徽桐城人，父亲张英曾在康熙朝官居大学士，著名典故"六尺巷"就出自张英。张廷玉在父亲打下的基础上努力发挥，成就更高，成为雍正皇帝最倚重的顾问和秘书，全程参与雍正朝所有重大事件的决策，深得雍正帝宠信。

雍正帝生前就公开宣布，张廷玉日后将得到"配享太庙"的至高荣誉。这是什么意思呢？就是说张廷玉死后的遗像可以挂到雍正帝遗像的旁边去，可以吃雍正帝吃剩的方块冷猪肉，这就是至高荣誉。

您别笑，辛亥革命之前，那是无数中国读书人的梦想。

张廷玉是清王朝第一位得此殊荣的汉族官僚，因此更显意义非凡。乾隆十四年正月，眼看金川战争体面结束了，皇帝的丧妻之痛也似慢慢稀释，年老体衰、已经获准五天才来上一次班的张廷玉觉得乾隆帝最近应该心情不错，于是决定写申请书请求退休回老家。

一年前，他就打过申请，但那时候正撞上乾隆帝情绪暴躁，没有得到批准，这次估计能成。

另外，还有一件事张廷玉心里怎么也放不下，先帝驾崩已经十多年了，他当年承诺自己配享太庙的事，乾隆帝以后还会兑现吗？毕竟自己在乾隆朝的地位已经远不如当年，毕竟那么多满人对他这个汉人配享太庙感到不服。

想着想着，他就犯了糊涂，在退休申请书里来了这么一句："恐身

㉕收局

123

后不得蒙荣，外间亦有此议论。……免冠呜咽，请一辞以为券。"

皇上啊，我怕我死后您忘了这茬儿，我在这里哭得稀里哗啦的，求您写个文书做保证吧。

无欲则刚，有欲则刚不起来。为了那块太庙里的冷猪肉，一生小心翼翼、如履薄冰的张廷玉竟然在职业生涯的最后一刻要挟皇帝给他写个保证书。

乾隆帝果然心情不错，虽然对张廷玉的要挟感到不满，但依然回复确认了先皇遗命，会让他死后去太庙吃冷猪肉。张廷玉获知后感激涕零，让他的大儿子进宫去面见皇帝叩头谢恩。

"嗯？他爹怎么不来！"乾隆帝终于找到突破口，要小题大做了。

"回皇上，来人说天寒地冻，张廷玉年老体弱……"

管你那么多！乾隆帝拒绝接见张廷玉的儿子，即刻命令军机处拟个圣旨，要张廷玉亲自回话解释。

结果呢，没等这道圣旨公开下发，第二天天还没亮，老迈的张廷玉就顶着寒风跪在宫门口的雪水坑里瑟瑟发抖，谢罪来了。

这本来很正常，人家儿子回家一说这么个情况，张廷玉明白过来就赶紧来谢罪，很符合逻辑。

但不符合乾隆帝找茬的逻辑，他一口咬定内阁有人给张廷玉通风报信，硬是把这个算成张廷玉的第三条罪状。前两条是逼自己做保证和不亲自前来谢恩。

当面臭骂这位老人之后，乾隆帝削去了他的伯爵封号，以大学士衔准予退休，配享太庙的待遇暂时保留，但要他等明年春天才能回家。乾隆帝还没玩儿够，他还要继续找茬，直到彻底碾压掉这个老头的所有尊严。

也碾压掉所有张廷玉的支持者的尊严。

第二年（乾隆十五年）春天，机会又来了。皇长子永璜逝世，永璜就是两年前皇后逝世后第一个挨枪子儿的悲催皇子。被乾隆帝公开责备之后，永瑢陷入严重的抑郁状态，现在死了，乾隆帝内心又因为愧疚而痛苦。于是，他又要发疯。

有了经验的大臣都知道怎么躲，可老迈昏聩的张廷玉这时候却"挺身而出"。因为按照去年说好的，他这时候该回老家了。

回什么家？！乾隆帝又翻脸了。没看见我这儿死了儿子吗？况且你张廷玉不还是永瑢的老师吗？这头七都还没过，你就要走？

"是谓尚有人心者乎？"这是乾隆帝驳回张廷玉回家请求的原话。

又是一通臭骂之后，乾隆帝扔给张廷玉一份当时配享太庙的功臣名单和传记，要张廷玉读一读。这下张廷玉明白了，皇帝要没收他最后的尊严，而且还不会亲自动手，还要他在表示羞愧之后，自己拱手退回。

这位荣兼两代、劳苦三朝、年近八旬的老人最后不得不再次屈膝表态："臣既无开疆汗马之功，复无经国赞襄之益，年衰识瞀，衍咎自滋，伏乞罢臣配享，并治臣罪……"

好！你自己说的，朕等的就是你这句话。乾隆帝打着大学士九卿公议的招牌，修改先帝遗诏，撤销了张廷玉配享太庙的资格。半年后，又借其他案件罚款张廷玉白银一万五千两，追回包括自己在内的三朝皇帝给张家的所有赏赐，最后还抄了张家。

至此，张廷玉彻底倒台，倒得十分窝囊，落魄不堪。

也许，直到这个时候，张廷玉才明白他就是一个普通的奴才，可以任由皇帝玩弄、羞辱的奴才，哪怕他拥有"三朝元老"这些虚幻的名衔。

㉕ 收局

如果遥远的英国国王乔治二世知道他那远在东亚的"同行"能如此这般随心所欲地惩罚、罢免、处死、羞辱属下的任何一位大臣，他一定会眼红得发狂。

乾隆十一年，公元1746年，英王乔治二世否决了时任首相亨利·配兰的一项提案。结果呢，配兰这老犟驴竟敢跟国王赌气，辞职回家不干了。

怕你？乔治二世的气也顶上来了。配兰辞职当天，他就自行任命巴斯伯爵为新任首相。

内阁其他成员集体抵制英王任命的这位新首相，都罢工不上班，巴斯伯爵无奈只好辞职。这距离他接到任命还不到48小时，因此在江湖上得名"48小时首相"。

在内阁的逼迫下，乔治二世不得不请回亨利·配兰，重新授予他任命书。那一刻，英王的脸面被扒得啊……

别说遥远的乾隆帝要是知道这事，肯定得笑喷，就算是近在咫尺的法国国王路易十五，隔着英吉利海峡也似乎能听到他的狂笑。

当国王当成那样，也真是够了。

的确，没人敢跟路易十五在法国这么玩。虽然比起东方乾隆帝的能耐还差得远，但在整个欧洲，法王对国家的控制程度已大到首屈一指。

这项功劳可以勉强地暂时归功于路易十五的前任——他的曾祖父、

126

"太阳王"路易十四。"朕即国家"是他说过最牛的一句话，在他超长待机的君主生涯里，他也基本上做到了这一点。

公元1715年，康熙五十四年，在好几位继承人都熬不过路易十四死掉之后，他五岁的小曾孙捡到了这顶欧洲最具分量的王冠，这就是路易十五。

只比乾隆帝大一岁的路易十五，走上人生巅峰却要比乾隆帝早二十年。但他却没有乾隆帝那样高位求进，将祖业再往上带一个层次的志气，他只想让一切都停留在曾祖父的时代。的确，曾祖父时代的一切都值得他留恋。

气候温润、土地开阔的法兰西有欧洲最好的农业，封建庄园制也在这里得到了全欧最好的施展空间。大小领主和天主教会划定的地垄沟把法兰西剪成无数小碎片，农民们终其一生都在那些小碎片里边兜兜转转，没有离开自己土地的冲动，土地就是他们生活的全部内容，伺候土地占据了法国农民一生中绝大部分的时间。

也会有些闲暇，那是丰收的恩赐。但天主教会见缝插针地为农民安排了各种必须参加的宗教活动，包括一些重大的宗教纪念日和平时的例行集会。这样一年到头，农民没有多少时间能自由支配。

至于空间，除了家、农田、教堂，农民去不了其他地方，也没有必要去其他地方。我们常说"走的人多了，就有了路"，那么相反，走的人少了，路也就没了。法国的领土虽然不大（以我们的角度来看），但交通却十分困难，除了巴黎到凡尔赛的皇室大道和几段在一千多年前由罗马人修筑的石夯大路，没有几处像样的好走的路，也没有多少人去关心这事。各自画地为牢的农民几乎可以老死不相来往，要道路交通有什么用？

法国的大小领主和神职人员们，包括法王在内，都非常热爱这样的局面，他们觉得这样安安静静的田园牧歌生活最接近天堂的样子。唯有如此，领主和神职人员才能掌控法兰西境内的所有时空，才能继续过他们的安稳日子。

正如法国历史学家丹尼尔·罗什的总结："传统社会的理想就是在空间上保持静止，在时间上参照过去。"也唯有如此，路易十五和那些住在凡尔赛宫里的贵族们才能永享太平富贵、无限繁华。

可是，那怎么可能？法国又不是中国。

不知不觉间，在法兰西的领土上不安分地来回穿梭的商人越来越多。他们的活动空间和时间完全不受传统社会的限制，金银的魅力鞭策他们四处兜售自己从世界各地弄来的花样玩意儿，为此他们竟然慢慢地通过包括贿赂官员在内的各种手段，渐次打通了法国各地的水陆交通。

当他们驾着大篷车来到偏僻村庄一声吆喝，哪怕村里正在做礼拜，教堂里的全村人也会立马扔下讲经讲得口干舌燥的教士不管，冲出来抢购自己梦想的世界商品。

中国的广彩瓷器、印度的精纺棉、东南亚的胡椒苏木、新大陆的烟草，以及荷兰的羊毛织品、英国的各种生活用品、俄国的毛皮、瑞士的钟表……对于法国无数小村庄的村民而言，商人的每次到来，就是世界博览会的开幕。

到路易十五的时代，奔忙的商人已经把凝固多年的法兰西时空一分为二，一半属于商人自己，生机勃勃，另一半依然属于传统，危机四伏。

法国的这一切变化其实来得并不突然，甚至已算迟到。商业势力在欧洲的崛起可以上溯到十二世纪的文艺复兴时期，商业不断催促欧洲人去探索世界，才有了后来新航线的开辟和新大陆的发现，这又反过来使商业势力如虎添翼。意大利、葡萄牙、西班牙、荷兰以及英国先后都在商业争夺中胜出并尝到甜头。

法国人虽然也战绩不错，但因为传统农业的牵绊，领主们更感兴趣的是近在眼前的欧洲土地，而不是茫远的海外仙山。法国从来未能在海外的争夺中使出全力与对手一战，从来没能为国内商人在世界贸易中提供足够的保护。

法兰西应该更好！望着隔壁脱贫致富的英国同行，法国商人们愤愤不平。他们逐渐发出声音，主张一种属于自己的未来的法国。

传统强加给他们的束缚是全面的，所以他们的抗议也是全面的，从政治到哲学，从经济到科学，无所不包。

他们也有一大批非常靠谱的盟友，例如那时的法国大文豪兼全民偶像伏尔泰先生，虽出身贵族，算是"体制内"的人，但这位先生一辈子的大部分收入都来自参与商业投资。

吃人家的嘴短嘛，伏尔泰一生真诚地歌颂贸易活动，主张贸易自由，进而主张个人的自由。他经常因为说得太过火而受到政府的敲打，做过逃犯，蹲过班房。

但这些都没有对他构成什么大的伤害，刚刚我们说了，人家伏尔泰是全民偶像，政府每次要收拾他，都会遭到大规模抗议，很多人都愿意庇护伏尔泰，把他藏起来，或者送出国。就算是被捕，在政府内，包括在监狱里，伏尔泰的粉丝也大有人在，对他都好着呢，在监狱里伏尔泰也能吃得胖胖的。他的高人气没有受到丝毫负面影响，甚至还起了反作用。

那年月的法兰西文人，没有过被政府拉去坐几天班房，还怎么在文艺界混？

有个问题不知道大家想过没有：就算是伏尔泰再怎么嘴大舌长，他的思想再怎么犀利敏锐，如果没有一定的媒介为他传播，谁又能知道他的才华？他又怎么能成为法兰西全民偶像呢？

您一定会说：写书，写完印给大家看嘛。问题就在这里，伏尔泰虽说有钱，但还没有富到能随随便便弄到印刷机和那么多纸张、铅字、油墨来给自己印书的程度；他虽说多才多艺，但也没有达到一个人就能玩转所有印刷工序的程度。

显然是有一群人在给他印书。印书的成本很大，就算是关系再铁，也不可能长期帮他这么玩儿。那么，这群帮伏尔泰印书的人，图个啥呢？

图财！

商人，是一帮通过满足他人的欲望来获利的人。人类的欲望有多少个种类，商人就能分成多少个门类。其中通过印书来满足人类的求知欲而获利的那帮人叫作出版商。

26

法国

在十八世纪前的欧洲，求知是些吃饱了没事干的贵族们的兴趣消遣，天主教士不屑于任何知识，《圣经》就是一切知识。而农民一辈子所需要的知识，则都由自己的父辈亲口告诉自己，其他的知识可有可无。

读书毫无意义，有上帝和爸爸在，就能够提供一切知识。曾经的法国人这么认为。在那时人们的生活中，除了地里的苗，就是教堂里的十字架。那些关于世界各地的风土人情的知识，关于在茫茫的大西洋中确定自己的确切位置的知识，关于印度洋季风规律的知识，关于俄文语法结构的知识，关于大清国南方的粤语的发音方法的知识，都有什么用？

然而，到了十八世纪，当一张无限开阔的商业蓝图在法国人的面前铺展开来时，人们发现光靠上帝和爸爸不行了。

商业的崛起真正使得知识由少数人的兴趣变成了多数人的欲望。人们乐于学习关于这个世界的所有知识，原因无非是学以致用，被知识武装起来的人能在商战中赢得更多，知识成为一件有实用价值的商品。"临渊羡鱼，不如退而结网"，法国人急欲寻求知识的帮助，以便自己也能早日跳下大西洋去平安地捞几条大鱼回来。

知识，不仅实用，而且稀缺。

任何有价值的稀缺商品，迟早会进入商人们的进货渠道，包括知识。出版事业虽然由来已久，但此前也不过是给教堂印刷《圣经》。十八世纪，人们对一切知识的渴求让出版商们第一次看到了自己事业的伟大前程。

图书，由此成为十八世纪的法国一桩钱途大好的生意。出版商们忙着去买下作者的稿件，跑各个政府部门以得到出版特许，各处筹措印书所需的各种物资，还要联络各地书店负责销售……

在那个已经躁动起来的法国，跟王室和教会过不去的书销路最好，若是言之成理，更是能够成为经典，为出版商带来极大的回报。所以，即使冒着明显的重大风险，还是有许多人热衷于做这一行，尤其是法国周边的瑞士、荷兰等地的出版商，他们在法王的魔爪之外，有恃无恐地帮助一些法国作家向法王狂扔粪球。

那些年，荷兰出版商先后弄出了伏尔泰的《哲学书简》、孟德斯鸠的《波斯人信札》《罗马盛衰原因论》等畅销书。这些书把法国的现行体制挨个儿嘲弄了一番，政府和教会在为此恼羞成怒的同时，却又无可奈何。《哲学书简》甚至被政府集中起来公开烧毁，不过没多大用，正版烧了，还有盗版。商人无孔不入，古今中外都是这样：进口生意赚钱的时候，走私就会猖獗；创意商品走俏的时候，山寨就会红火；知识产业兴起时，盗版自然也不会缺席。也许当时的作家和正版商人们对他们恨之入骨，但今天的我们却大可不必计较这些，毕竟没有他们为大家提供更廉价的书籍，启蒙运动的声势会大打折扣。

直到1748年奥地利王位继承战争彻底结束，法国兵临阿姆斯特丹城下，荷兰的出版商才被吓得暂时收了手。

不过，没有这边的荷兰，还有那边的瑞士呢。

就这样，作者忙着写，出版社忙着印，读者忙着读，政府忙着搜……大家都这么忙碌着，一个叫作"启蒙"的时代悄然来临了。

公元1748年，乾隆十三年，也就是乾隆帝为了皇子皇后之丧和金川战事不利而跟整个朝廷胡搅蛮缠的那一年。这年10月，瑞士日内瓦一家叫作"巴利奥父子"的出版社正在偷偷摸摸地把他们家刚刚印刷完成的数百册大书走私进入欧洲各地。

这真的是一部挺大的书，一整套分为六卷三十一章好几百个小节。名字也很长，对得起它的篇幅，叫作《论法的精神或论法律与各类政体、风俗、气候、宗教、商业等等之间应有的关系，附作者对罗马继承法、法兰西诸法以及封建法的最新研究》，简称《论法的精神》，作者署名是"一个没有娘亲就生下来的孩子"。

"巴利奥父子"出版社并不担心这个古怪的署名会影响这部书的销路，那是一个图书以内容取胜的时代，而这部书的全部内容都来自于一位久经考验、战无不胜的巨星级畅销书作者。

　　乾隆十三年，公元1748年的11月中旬的一个星期二，在法国巴黎圣奥雷诺街上的一座静雅小宅里，六十六岁的高贵女主人德·唐森夫人正在迎接前来参加她的沙龙聚会的宾客们。

　　女人，天生的社交动物，随着时代风尚的变化，女人们的社交形式各不相同。十八世纪的法国贵妇热衷于组织一种叫作"沙龙"的聚会，和如今中国大妈们热衷于组织广场舞相比，虽然给人的感受完全不同，但她们想要的其实也差不太多，无非是集体活动所带来的安全感、满足感乃至成就感。

　　沙龙，法语salon的音译，是指贵族豪宅里那气派非凡的会客厅。贵族家庭的男主人们忙于去名利场打拼，去风月场厮混，家里的会客厅常常就成了女主人们的地盘。社交动物们为了排解寂寞，就在会客厅里办起各种聚会。恰逢炫耀与获取知识是那时候最潮最时尚的事情，那时候高大上的沙龙聚会自然也把讨论知识作为主题。

　　但不管沙龙聚会要讨论的主题是多么玄妙高深，也毕竟是女人主办的聚会，女人们懂得如何细致体贴地款待宾客们的每种感官。在唐森夫人的会客厅，您能感受到的一切都温婉宜人。所有色彩都是轻暖的，白色是柔美的月白，黄色是恬静的鹅黄，蓝色是雅致的粉蓝……都是些善解人意的颜色，它们不会刺您的眼，您才能静下心来细细端详被这些颜色轻轻笼罩着的所有细节，才能看清楚物品陈设的精雕细琢、霓裳羽衣的巧夺天工。除此以外，还有舒缓的管弦乐牵引着咖啡的香气悠然飘来。

您会如何形容在这里邂逅的一切，是不是低调奢华有内涵？

攀比是人的天性，男人，尤其是所谓有文化的男人在这方面尚且羞羞答答、扭扭捏捏地不好意思说出来，而女人之间攀比反倒能毫无顾忌，一副一往无前的样子。

巴黎的贵妇人们争相举办沙龙，谁能请到更多更有分量的文人哲士，谁就是巴黎最为光彩夺目的交际花。为了赢得这份荣耀，沙龙女主人们争相使出三头六臂的功夫结交各路神仙，为自己的沙龙增光添彩。

时代风尚是一种令人感慨唏嘘的事物，它使得十八世纪的女人们热爱收集知识与思考。

当然，这也并不是说那时的女人们就不去收集奢侈品和前男友。唐森夫人就是当时所有的沙龙女主人中获得双丰收的佼佼者。早年间，这位来自小城格勒诺布尔的姑娘只身闯荡大巴黎，姣好的脸蛋为她招来无数的前男友与奢侈品。富有远见且能敏锐把握时代风尚的她把这一切转化成各种花花绿绿的人际关系，为自己的一生建立可持续发展的事业。

每当时代风尚发生突变的时候，两性关系总是首先遭遇解构。十八世纪的法国也是如此，人们认为婚姻不过是两个家庭建立联盟的手段，统治者的婚姻建立的是政治联盟，普通人的婚姻则是为了建立经济联盟，爱情在婚姻里倒是可有可无的。

唐森夫人没有建立婚姻，她不需要那种限制自由的玩意儿。这样不羁的女强人并不需要过于稳定的联盟，她拥有无数对她情愫尚在的前男友，她在教会里还有一个身居高位的亲弟弟。凭借这些，她不需要稳定的联盟，只需要一个稳定的自我。

办好每周二在自己家中举办的沙龙，就是她实现自我的最佳方式。对此她很有自信，因为伏尔泰、卢梭、狄德罗等超级巨星都是她家沙龙的常客，更因为另一位超级巨星几乎被她一人独占。

1748年11月中旬的这次沙龙聚会，唐森夫人就将独家朗读这位超级巨星的新作——《论法的精神》。

朗读超级巨星的作品，然后对作品展开讨论是沙龙聚会的重头戏，有如大片首映礼的意思。这天要朗读的作品虽然有个冗长的名字，虽然署名奇怪，虽然作者本人没能到场，但大家都知道能在唐森夫人的沙龙上办"首映礼"的，那可不是一般的作品。

夫人来到朗读的位置上坐定，沙龙里所有的交头接耳立刻停下，大家的注意力都聚集起来，等待夫人开启今天的思想盛宴。

"女士们，先生们，欢迎再次光临我的沙龙！希望今天的聚会能一如既往地轻松愉快。今天，我想和大家分享一部新书，书名简称《论法的精神》。作者是我的一位知音挚友，他告诉我说这是一部法学著作，为了这部著作，他前前后后准备了约二十年的时间，这部书两个月前才刚刚在日内瓦印刷完成，但因为一些原因，目前在整个法国，这部书还只有一本。喏，就在我的手上！好了，闲话不多说了，我们来读读看吧。"夫人的声音高而不亢，柔而不媚。

待到一篇简短的序言读完，有些听众已经猜到了这本书的作者是谁，趁着夫人休息的间歇，他们急切地求证："尊敬的夫人，冒昧地问一下这部书的作者。'一个没娘亲就生下来的孩子'是不是就是被您称为'小罗马人'的那位先生？"

夫人颇感自豪地点了点头。这让听众席爆发出一阵声势不小的惊呼，竟然是他?!

署名"一个没娘亲就生下来的孩子"的作者、被唐森夫人昵称为"小罗马人"的那位先生不是旁人，正是当时法国文艺圈的超级巨星之一孟德斯鸠男爵。二十多年前他因作品《波斯人信札》一炮走红，十多年前他又凭借力作《罗马盛衰原因论》再度夯实江湖地位，此书也让孟德斯鸠和德·唐森夫人结下了深厚友谊，这位比孟德斯鸠大了整整八岁的贵妇爱怜地给了孟德斯鸠"小罗马人"这个昵称。

然后，孟德斯鸠整整十来年都再也没有什么像样的新作品出版，大家以为他已江郎才尽。唐森夫人这一点头才让大家知道，原来这些年孟德斯鸠男爵一直在憋着一个叫作《论法的精神》的大招。

现在，这个大招随着夫人轻盈的朗读声被放出来了，像一汪看似宁静的湛蓝深潭，只消一个细微的缺口，就能立化为汪洋恣肆。

"从最广泛的意义来说，法是源于事物本性的必然关系……"正文的第一句话一经夫人读出，就让大家感觉有些匪夷所思。

"夫人，难道法律不应该是那些被一本正经地写在纸上，加盖国王或者主教印信的律令吗？孟德斯鸠先生说'法是一种关系'，这怎么讲？"有人提问。

"嗯，是的。但您看，这书名不是叫作《论法的精神》吗？这说明我的小罗马人这回要跟大家聊的不是那些具体的法律条文，而是法律的精神。"凭借对孟德斯鸠的了解，唐森夫人信心十足地代替挚友回答读者的问题。

"那么，法律的精神是什么？"

"精神自然是感觉之外的东西，我们能感觉到的法律就是您说的那些国王或者主教们的律令文书。这些律令文书都不是从虚空之中突然就掉下来的，它们背后都有一定的制定缘由和方法，所以法律和世间的各种事物都是有关系的。而这些关系单凭我们的感觉是捉摸不到的，必须通过观察和思考才能发现。我想这就是《论法的精神》将会展示的内容。"说完见大家暂时没有疑问，唐森夫人继续朗读下去。

通过聆听，大家明白了孟德斯鸠男爵的一些基本立场。他认为法律先于人类社会存在，法律就是上帝和被他创造出来的这个世界之间的关系，是他老人家创造和治理世界的方法，这叫作"自然法"。

人与人之间不要互相伤害、和平共处是自然法的第一条，吃饱肚子生存下去是第二条，第三条是男欢女爱、传宗接代。为了保证前三条自

27

沙龙

然法的落实，于是有了第四条自然法：人们要群居，结成社会一起生活下去。

建立社会之后呢？光靠自然法就不够用了。

人们就得自己弄点儿法律出来管理不同群体之间和同一个群体内部的关系，这叫作"人为法"，用来规定人与人之间具体细致的相互关系。

人为法中，首要的问题当然是谁来制定法律，以及他如何制定法律。这其实也就是权力的产生与运行的问题。孟德斯鸠认为，迄今为止，人类历史为这个问题给出了三个解决方案，即他认为的三种政体：共和、君主、专制。

一个国家的统治者如果只有一个，那么这个国家的政体就是君主制或专制制度。如果统治者不止一个人，是一群人在掌权的话，这个政体就是共和制。

那么，君主制和专制制度也有区别吗？在孟德斯鸠看来是有的。他认为，君主国的统治者虽然只有一个，但是这位统治者不能胡来，他必须依法治国，依法办事。而且这不能是一句空话，法律对统治者的限制必须强有力，法律的地位高于统治者。

如果法律的地位低于统治者，法律不过是统治者可有可无的工具和手段的话，那就不是君主国了，那就叫专制政体了。

"只有这三种政体，不多也不少吗？"又有人提问了。

"是的。您看，作者在书中说了'我有全部历史做后盾'。而在我看来，这地球上其他的地方我不清楚，至少在欧洲，从克里特文明以来的四千年里，我们的确只有这三种政体，不多也不少。"唐森夫人回答，之后继续朗读。

在孟德斯鸠看来，共和政体是美好的，除了人多手杂，把事情弄得一团糟，十万只脚一起走，速度却慢得像爬虫之外。在这种政体下，享有投票权的人民的地位是平等的，他们决定国家的一切事务，所有的官吏都是人民意志的执行者，享有投票权的人都能在这种政体下享受到平等自由的生活。

古希腊时代的雅典城邦就是这种共和政体的代表，虽然这种美好早已因为年代久远而显得十分朦胧。

那么，为什么如此美好的政体却没能千秋万代地延续下来呢？孟德斯鸠冷冰冰地指出：所有拥有权力的人，都倾向于滥用权力，而且不用到极限决不罢休。

请大家牢记住孟老师的这句话。

既然是所有拥有权力的人，这当中自然也包括共和政体中的那些民选官吏，他们同样热衷于滥用自己的权力。通过不断地玩弄诡计与强权，他们逐渐缩小享有民主的人群范围，把越来越多地人排除在权力之外。直到最后，权力的竞技场上剩下的那个唯一的活物宣告自己赢得了一切。

如果一个公民突然被赋予了过高的权力，共和政体就有可能变成君主政体……

好吧，君主政体就君主政体吧，孟德斯鸠说了君主政体也还是要依法治国，这也不算太坏，凑合过吧。但是，权力的野心并不会在摧毁共和后自动停止。作为共和政治群殴的最后的胜利者，他必须再进一步，亲手撕毁所有阻碍自己实现权力的事物，其中就包括法律。

当君主事必躬亲，把全国系于首都，把首都系于宫廷，把宫廷系于自己一身时，君主制就行将灭亡。

在孟德斯鸠的语境中，君主制的灭亡不是君主本人的灭亡，反而是他人生巅峰的来临，灭亡的不过是限制君主权力的一切事物。君主制灭亡后剩下的那具恶臭僵尸，就是孟德斯鸠所说的专制政体。

专制政体也是一个人单独执政的政体，但既无法律，又无规则，全凭其个人意愿和喜怒无常的心情处置一切。

古希腊为欧洲选择共和制政体作为文明的起点，这是一个美好的开始，然而，人们对权力的欲望却使得美好的共和制注定会经过君主制的过渡向专制独裁滑落。看起来，这个过程如同自然铁律一般无法逆转。

十八世纪的法国人很容易理解这种从君主政体到专制政体的变化，他们正在目睹这个过程的发生。"太阳王"路易十四的那句"朕即国家"依然在每个法国人的耳边回荡。从说出这句话开始，法王那章鱼般的触手就开始在法国到处乱摸，伸进越来越多王权原本不能触及的领域，引起越来越多的法国人的恐慌和抱怨。

那么，专制政体很不好吗？天下的大事小事都让一个人说了算，其他人落个清闲，不好吗？

孟德斯鸠是这么看的：在共和制政体下，执行权力的官员是在为大众争取利益，他们得到的回报也就是大众给与的道德评价，所以获得美德的赞誉是官员为共和制效力的动力，美德是共和政体的原则；而在君主制下，官员只为君主争利，君主以荣宠作为回报，争宠是官员们为君主制效力的动力，荣宠是君主政体的原则。

专制政体下呢，其他权力和法律都被取消，暴君是全国唯一一个拥有独立人格尊严的人，臣民的美德可以随时被他否认，官员的荣宠也可以随时被他收缴。除了对暴君畏惧之外，人们找不到任何为专制政体效力的理由。畏惧是专制的原则。

所以，孟德斯鸠说在专制政体下，人人都是奴隶。专制政体为维护暴君，会把人先培养成不良臣民，然后再把他们培养成奴隶。而专制政体下的人们对此却毫不自知，反而人人都指望自己能高人一头，地位卑微的人渴望着改变境遇，有朝一日能成为别人的主子。当然，有少数几个人做到了，但是从社会整体上看，专制政体还是一个悲剧。

吊诡的是，孟德斯鸠居然还发现这个悲剧表面上看起来竟然还和美好的共和政体是一样的：在共和政体下，人人平等；在专制政体下，也是人人平等。

当然，那只是表面，孟老师说了：在共和政体下之所以人人平等，是因为人就是一切；在专制政体下，之所以人人平等，是因为人一钱不值。

奴隶与奴隶之间，当然是平等的嘛。

书读到这里，唐森夫人的听众们感到不寒而栗。《论法的精神》所言的一切恰是除法王之外的几乎所有法国人心中无可名状的混乱与迷茫、焦虑和不安。由共和到专制的滑落貌似无法逆转，那么，难道每个法国人的未来都将只能是成为法王的奴隶？

沙龙的气氛顿时有些沉重，唐森夫人没有继续读下去，故意给大家留出消化回味的时间。

"但是……"有人发问，"按照孟老师的意思，我们法国现在应该还处在君主政体和专制政体两者交替的边缘，有向专制堕落的倾向，但不是毕竟还没有完全成为现实吗？在当今世界上，有没有一个如孟老师所说的那种典型的专制国家呢？"

"啊，这个孟老师认为是有的，不过说出来恐怕大家还不信呢！"德·唐森夫人故意小声地说，"是中国！大家看第八章的第二十一小节，题目叫'中华帝国'，最后一段里面就说了中国是一个以畏惧为原则的专制国家。"

"怎么会？"听众哗然。

十八世纪的欧洲已全面地了解了地球的大致样貌，见识过几乎所有大大小小的国家，强大的中国毫无疑问是对他们最有吸引力的存在之一，中国的瓷器是那时欧洲最顶尖的奢侈品，中国的茶叶也是那时欧洲精致生活的必要装备，中国的各种巧夺天工的工业品让欧洲贵妇们看花了眼，无数次地违背自己"再买就剁手"的誓言，千里迢迢地托人去广州为自己定制几件。

让欧洲人惊羡的不仅是来自中国的物件，还有中国的文化与哲学。那时，包括《论语》和《道德经》在内的许多华夏经典著作都有欧洲文字的翻译本，它们为中国在欧洲圈了不少粉丝，其中不乏像莱布尼茨这样的高端学术界人士。

在启蒙时代和工业革命的前夜，欧洲有过一次"中国热"。遥远中国的一切在欧洲人的眼里都是美好的，就连常来唐森夫人沙龙的另一位文坛巨星伏尔泰都是中国文化的铁粉，伏尔泰专门赞美过中国的政治制度，尤其是对科举制情有独钟。他的影响力巨大，大家也都乐于听从他的说法。而现在孟老师却突然说中国的政体是可怕的专制，这让大家感觉难以接受。

毕竟中国不是《论法的精神》要讨论的主要内容，孟德斯鸠给予中国的笔墨并不多，虽然说中了要害但还是有些单薄。面对听众的众多疑问，唐森夫人有些应付不过来。

"小姑娘，请原谅我的迟到！"一个沧桑平静的声音从门口传来。众人循声望去，只见一位老人站在沙龙门口。所有人立即停下讨论，起立向他致敬。唐森夫人也赶紧上前，殷勤备至地扶着老人来到为他留的主宾席落座。

"小姑娘，真不好意思，我迟到了，对不起呀。"只有九十一岁的科学家、哲学家丰特奈尔老先生才能这样称呼六十六岁的唐森夫人，

"但是，小姑娘，您做事也不地道啊，我已经好几次托人带信来请求您把《论法的精神》借给我看看，您都不答应。这是为什么呢？"

唐森夫人连忙解释："丰老先生，借书的事情咱先不急。您也知道，最近上面查走私书籍查得紧，现在全巴黎都还只有我这一本呢，您怎么也得容我先和大家分享一下再借您吧。另外，我们读到书中有关中国的部分，孟德斯鸠先生对中国的认识与伏尔泰先生非常不同，您说，我们该相信谁的呢？请您为大家指点。"

"嗯，不用看书我都知道孟德斯鸠那小子认为中国是一个处在专制暴君统治下的国家。"丰特奈尔说。

"啊！的确如此！您怎么知道？"

"因为我跟孟德斯鸠很熟啊。那小子关注中国可不是一天两天了，二十多年前他在游历欧洲各国的时候，就在意大利结识了很多位在中国传过教的天主教士，里面有一位名叫马特奥·里帕、中文名为'马国

贤'的神父。他还在那里读到过费迪南德·韦尔比斯特的著作。大家也知道，韦尔比斯特曾经在康熙大帝身边工作过很长时间，他也有个中文名字，叫'南怀仁'。在我们欧洲，恐怕没有人比他们更了解中国了。孟德斯鸠从他们那里寻求有关中国的知识，就是在条件允许的情况下，所能做到的最准确的观察了。单从观察政体来看的话，孟德斯鸠的说法应该更接近于真实的情况。伏尔泰那小子嘛，比起严谨的孟德斯鸠，他更算是个任性浪漫的文学家。"

"那么，丰特奈尔先生，中国不是孟老师的主要讨论对象，所以他的介绍有限，您能不能举出什么具体的事例来说明中国是一个专制国家呢？"人们依然不愿相信。

"正好，前不久我读到过一份在中国的传教士寄回来的书信，里面讲了很多眼下的中国正在发生着的事情，我给大家讲讲吧。"随后丰特奈尔先生讲述了乾隆帝发泄丧妻之痛时在朝廷里大发淫威的事。

满座愕然……原来在那个遥远帝国里，任何人的尊严都随时可能被他们的皇帝随意地羞辱。

"也就是说，如果我们法国的政体也必然堕落为专制制度的话，我们迟早也会陷入那样的危险之中？"大家纷纷惊问。

"是啊，孟德斯鸠有没有提出什么办法来摆脱这种困局呢？"就连百年沧桑尽收眼底的丰特奈尔先生也为这个问题所困惑，这也是他之所以如此急切地要读到《论法的精神》的原因。

"好了，大家终于回到正题上了，我们再继续读下去看看吧。"德·唐森夫人抓住时机，再次聚拢所有人的注意力，讲述《论法的精神》提出的解救法国危机的方法——

"如果人类没有创造出一种政体，即联邦共和国，它既有共和政体的所有内在优点，又有君主政体的对外力量，那么很可能，人类早已被迫生活在一人治国的政体之下了。"

言下之意，摆脱向专制堕落的办法是跳出三种政体的贫乏选择，创

27
沙龙

141

建一种新政体、一种称为"联邦共和国"的新政体。

当然，这只是形式。光是联合起来又能怎样？权力不还是存在吗？只要权力存在，掌权的人不还是会滥用权力吗？那又该怎么办呢？

说到这里，《论法的精神》这部鸿篇巨制最紧要的一句话出场了："为了防止滥用权力，必须通过事物的统筹协调，以权力制止权力。"

在孟德斯鸠眼中，人类社会向前发展是不可逆转的，权力既然已经产生，就不可能消亡，承认它的永恒存在是想办法限制住它的前提。

孟德斯鸠认为，能够限制权力的只有权力本身。为此，一个国家的各种权力就不能笼统地混为一体，更不能全部被一个人掌握。权力必须被分门别类，交给不同的人行使。

每个国家都有三种权力：立法权、适用万民法的执行权、适用公民法的执行权。

依据第一种权力，君主或执政官制定临时或永久的法律，修改或废除已有的法律；依据第二种权力，他们媾和或宣战，派出或接受使节，维持治安，防止外敌入侵；依据第三种权力，他们惩治罪行，裁决私人争执。人们把第二种权力称作行政权，把第三种权力称作司法权。

这就是"三权分立"思想的最早的完整表述。

用权力限制权力，这事儿从逻辑上看很靠谱。三权分立的国家该是个什么样子？我们法国能不能在什么时候试试看？

唐森夫人读得有些口干了，她不得不暂时停顿下来，吩咐为客人们端上茶点，请大家小憩片刻。

趁着这个间隙，客人中有一位叫普洛的巴黎大书店老板蹑手蹑脚地来到唐森夫人跟前，弯腰把脸凑到夫人耳边悄悄说道："夫人，您能帮我找到这部书的进货渠道吗？只要能搞到两百部，就能发财。或者您把您手上的这部书卖给我吧，您怎么开价都行，翻版很快就能印出来，肯定一抢而光，比那些不堪入目的书好卖多了！"

夫人笑而不语……

启蒙

很快，丰特奈尔老先生就不用再缠着唐森夫人借书了。《论法的精神》迅速引起了巴黎大小书商们的注意，为了赚钱而尽全力服务于读者的他们费尽周折地去和日内瓦的"巴利奥父子"出版社勾兑关系，终于在1749年（乾隆十四年）年初，为巴黎人民带来了三百部《论法的精神》，缓解了读者们的燃眉之急，还有更多的订单在不断追加。

那时候的巴黎，没读过几页《论法的精神》，咋好意思上街跟人打招呼？巴黎，欧洲时尚的风向标，巴黎人爱玩什么，欧洲人就都跟着玩。英国、意大利、西班牙、德意志，乃至东欧地区的出版商们也赶紧派人去和孟德斯鸠联系，要得到他的翻译授权。在那年的英国国会的辩论中，议员已经开始像引用古代经典一样引用《论法的精神》里的语句，来作为自己的论据。

法国的1749年，甚至整个欧洲的1749年都属于《论法的精神》。到这年年底，该书已有二十二个版本，遍布整个欧洲。

唯独法国政府方面对这股时尚的反应却令人有些意外地慢了半拍。或许是因为《论法的精神》的言辞谨慎婉转，再加上篇幅太长，法国监管思想的那些个部门一时间还没品出味儿来，没发现那书里有许多内容其实是在骂自己。

也可能是因为在那时的法国文艺界，爱惹事出风头的人实在太多了，人家暂时还顾不上孟德斯鸠这边呢。

1749年7月下旬，巴黎的酷热让唐森夫人病倒了，这害得她无力继续主持沙龙，也没有兴趣会见客人。不过，今天这位来访者不一般。接到侍女的报告之后，她不得不强撑病体穿戴整齐，在侍女的搀扶下移步会客厅迎接来访者，小心翼翼地生怕这位贵客感觉到一丁点儿的怠慢。

她知道，这位贵客若不是遇到了什么过不去的坎，绝对不会主动来找她。

来者名叫让·勒朗·达朗贝尔，是三十多年前唐森夫人与一位军官苟合落下的孽债。专心于攀龙附凤的唐森夫人不能给自己挂上一个拖油瓶，狠心地抛弃了他。最后还是他爹心软，把他抱到修道院门口的台阶上，让修道院的修女收养了他。

三十多年后，这个已经明白了自己身世的孩子成长为一位年轻有为的数学家、物理学家、天文学家，他踏进了高层社交圈，骄傲地俯视着生母的愧疚。

达朗贝尔此前从来没有光顾过生母的沙龙。这次儿子屈尊驾临，正满足了唐森夫人梦寐以求却又无处言说的期盼，虽然她也知道，他是无事不登三宝殿的。

"尊敬的夫人……"达朗贝尔的话语得体而冷漠，"我需要您的帮助。我的朋友，眼下也是我的同事狄德罗先生被警方抓进了监狱。我找了许多人但都无能为力，现在只有请求您动用您的人脉，帮忙把他救出来！"

"达朗贝尔先生……"唐森夫人真想叫一声儿子，"您别着急，您先给我讲讲事情的来龙去脉吧！"

对于唐森夫人所拥有的社会能量来说，办这种事并不算难，若是旁人来访，她完全可以不问详情就一口应承下来，她也并不关心那个什么狄德罗先生犯事的来龙去脉，她不过是想借机和儿子多说两句话，虽然她其实已经打定主意会帮儿子这一把。

达朗贝尔只好耐下性子准备做个解释："夫人，您应该也认识狄德罗先生……"

"不，我不认识，或者说，对他的印象很模糊。"唐森夫人看着儿子有些着急的样子，忽然想逗他一下。

"夫人，莫欺少年穷！狄德罗先生眼下的确不似伏尔泰、孟德斯鸠他们那般声名显赫，但这不过是因为他真正的杰作尚未完成而已。您放心，只要您这回帮了他，他就能完成他真正的杰作，那一定会让他和前面说的那两位先生平起平坐！"达朗贝尔焦急地说。

"哦？难道狄德罗先生三年前出版的《哲学思想录》和两个月前出版的《论盲人书简》都还算不上他真正的杰作？《哲学思想录》以天主教信仰者和无神论者的对话说明了争论上帝是否存在是毫无意义的，逼得巴黎法院恼羞成怒，判决此书违反宗教教义和公序良俗，把它集中起来当众烧了。两个月前新出版的《论盲人书简》更是标新立异，狄德罗先生说，既然上帝是万能的，那么即使是一位天生的盲人也能真切地感受到上帝的存在和他给予的恩宠，他就描写了天主教士向一位盲人传教，最终失败的故事。盲人提出的所有问题天主教士都无法回答，最后只好搪塞说：'许多事物超出人的理解能力，正因为这样才产生了信仰。'可那位盲人的回应却是：'您能不能在谈话里少点傲慢，多点哲学？'狄德罗先生通过这个故事想跟大家讲的是，上帝和基督教完全是不可理喻的玩意儿。这让体制内的人怎么活？政府和教会那边为此盯上了他。巴黎警局里有狄德罗先生的案卷，上面写的是：'狄德罗，此书作者，三十六岁，中等身材，称得上相貌堂堂。此人思想丰富，却极度危险！'警察在7月24日早晨逮捕了狄德罗先生，现在他被关押在近郊的樊尚监狱里。我说得对吗？"

唐森夫人长篇大论地讲出自己眼中的狄德罗，想向儿子证明自己不是他想的那种花瓶式的人物。

原来生母如此神通广大，连我都还不知道狄德罗被关在哪里呢。达朗贝尔心中惊讶，终于平生以来第一次仰望了自己的母亲。

唐森夫人接着说："达朗贝尔先生，放心吧，营救狄德罗先生的事我已有安排，出版物商贸总监约瑟夫先生那边我已派人去打点了。"

"谢谢夫人，这样的话，我就可以放心告辞了。"达朗贝尔口上这么说，心里想的却是"早知如此，我就不用到你这里来了"。不过，不得不承认，她也的确很……

"年轻人就是坐不住……"唐森夫人心中惆怅，起身向儿子道别。

巴黎需要唐森夫人去营救的文化人还有很多，唐森夫人格外关心狄德罗的原因其实是他正在和自己的儿子一起做一份大事业，救出狄德罗算是对儿子的一点儿补偿，或是对自己的一丝安慰。

狄德罗和达朗贝尔的大事业是从1747年10月16日开始的，出版商安德烈·布勒东聘请他俩为正副主编，负责组织翻译英国一部叫作《科学、艺术与工艺百科全书》的巨型丛书。不过这两位雄心勃勃的年轻人很快就认为这部写于二十年前的百科全书已经过时了，翻译过来也没什么价值，他们干脆说服了布勒东进行一次规模宏大的长期投资，另起炉灶，重新编著一部完全属于法国的《百科全书》。

这就是刚刚达朗贝尔说的"真正的杰作"。虽然在狄德罗被捕的时候，《百科全书》的绝大部分还只存在于二人的设想之中，尚未落实，但光是听听他俩的设想，人们就能体会到气吞山河的豪气。

他俩设想的《百科全书》，不是现在我们看到的那种儿童科普读物，而是要集结当时法国与整个欧洲所能了解到的所有学科里的全部知识。这怎么做到呢？狄德罗的想法朴实而宏伟，将法语里的所有名词按照字母顺序挨个儿详细解释一遍，不论是有关宗教世界的名词，还是有关农业生产的名词，都要详细解释。

其所设想的详细解释不是指普通工具书上的那种几句话的干瘪"豆腐块"说明，《百科全书》里每个名词的词条都是一篇情理并茂、篇幅很长的说明文。狄德罗和达朗贝尔想要做到的是把当时世界上所有被别有用心的人故意搞得神秘兮兮、迷迷糊糊，只能意会、不能言传的知识变得清晰明了。这是《百科全书》的最大意义，也是启蒙运动的最大意义。

凭借着一股关于理想的雄心，当然还有布勒东强有力的财力资助，他们不甘心去已有的书籍里搜索现成的文字，然后复制粘贴，也不愿意把《百科全书》简单地弄成一部读者在用的时候才会去翻一翻的参考工具书。他们要的是完全精心的原创，这样才能在每个词条之中汇入全新的具有时代精神的独立思考。《百科全书》将在总结历史的形式下，拥有启迪未来的魔力。

这不是狄德罗和达朗贝尔两个人就能做成的事。虽然二人相当博学，许多名词条目都可以由他们自己来写，狄德罗擅长文科，达朗贝尔则精于理科，但这还远远不够，他们心目中的《百科全书》如同一头嗷嗷待哺的幼年巨龙，光靠他们两人根本满足不了它的胃口。

他们必须向整个法国文化圈求助。在布勒东的资助下，狄德罗和达朗贝尔准备了丰厚的稿酬，向各专业的顶尖学者们征集词条解释。伏尔泰、孟德斯鸠等人都接到过他俩的约稿，并为《百科全书》提供了高质量的文章。在他俩的组织下，一个声名显赫、众星云集的非正式文艺团体——"百科全书派"正在形成。

《百科全书》是欧洲知识的一次总阅兵，狄德罗和达朗贝尔就是这次阅兵的正副总指挥。到狄德罗被捕时，《百科全书》才刚刚完成字母A的部分，还有海量的工作等着他去做，这怎能不令人焦急？

不光是达朗贝尔和唐森夫人在积极行动，整个法国的文艺圈子，包括出版界也都在为从监狱里捞出狄德罗而奔波。义愤当然是一个很重要的原因，除此之外，文艺圈的人等着狄德罗复出，好给他们派发稿酬，出版界的人也盼望着狄德罗恢复工作，尽快把书编完好卖钱呢。

但毕竟狄德罗那支恣意的鹅毛笔把法国的掌权者们戳得太痛，他们不想轻易松口放人，要营救出狄德罗还需要一些时间。

让-雅克·卢梭，狄德罗的一位穷困潦倒的挚友。他没法像狄德罗那些富有人脉的朋友们为他跑关系，只能一次次地去监狱里看望挚友，为他送去一份力所能及的安慰。

狄德罗被关押的地方是一座古堡。是的，就是那种在老派恐怖片里当背景的蝙蝠乱飞、乌鸦狂叫的古堡。这般凄惨光景让命途多舛的卢梭没法把挚友的未来往好处去想，他总感觉狄德罗这次是在劫难逃，每次看望狄德罗，他都是带着诀别的意思去的，总要先和狄德罗抱头痛哭一场再说别的。

1749年10月的一天，卢梭再次和狄德罗痛哭一场之后，跟挚友聊起在来的路上看到的一篇广告。那是第戎科学院的一篇有奖征文启事，征文的内容是对一个问题的回答，没有标准答案，答得好就有现金奖励。贫穷的卢梭自然不愿意放过把知识变现的机会，他记下了那个问题：艺术与科学的复兴是否对世俗净化做出了贡献？这个问题使他心有所动，他打算在征求好友的意见之后，就回家作答。

狄德罗热情地鼓励了他，跟他就这个问题交流了很长时间，直到典狱长实在不耐烦，把卢梭赶走为止。

回家的路上，灵感在卢梭的脑子里火花四溅，激情在他的胸中摇曳翻涌。忽明忽暗的心境迫使他停下脚步，仰卧在路边的一棵大树下，静静地感受自己心中那狂放的悲伤，虽然他并没有哭过。

任由手中的笔狂舞了一番之后，卢梭拿着他的文章《论科学与艺术》又去看望狄德罗。卢梭的思维向来冷酷阴郁，狄德罗是知道的。但即使如此，这篇文章读罢，狄德罗依然感到背心发凉。卢梭竟然给时下风头正劲的科学与艺术狠狠地泼下了一盆冷水！

那是一个科学奋飞、艺术绽放的时代，所有的欧洲人都陶醉于科学与艺术为他们带来的美好，都在期待着未来更多的美好。除了那些假正经的天主教士，谁会认为科学和艺术会有什么不好呢？可卢梭偏偏就敢质疑一切，哪怕是已经拥有无数脑残粉的科学和艺术。

每个人的自由意志都有可能为自己选择虚伪，这是卢梭冷峻思维的起点。先说一下这个自由意志，这是西方哲学中的一个重要理念，它存在于自身之中，同时又超越于自身。

这玩意儿说深了您会烦的。打个比方吧，人生如戏，我们自身的存在就像戏里的某个角色，而自由意志则是扮演这个角色的演员本身，它存在于角色之中，又超越于角色，它决定我们怎么看待自己的角色，如何扮演自己的角色。

有了自由意志这个理念，西方哲学语境下的"虚伪"也就好理解了。这里的虚伪没有强烈的贬义，每个人都需要一定的掩饰，扮演好一定的社会角色，才能融入到社会之中，社会的存在使得一定程度上的虚伪是必要的。

但卢梭警告大家，科学和艺术的发展会使这种虚伪超出自由意志的控制范围。科学和艺术就是人类用来掩饰自己，欺瞒他人的最强大的工具。科学与艺术是整个社会的装饰，它们的过度发展会使人的自由意志逐渐变得模糊无力，人的自由也会被抹杀。每个人都行尸走肉地把自己装扮得花枝招展、名不副实，还稀里糊涂地以此为傲。

这是什么意思？您看看您老婆（或者您自己）手机里的P图软件、公交站台上的整容套餐广告、北京798艺术区里那些假模假式的艺术家，就明白了。卢梭的结论比这还深刻冷酷得多，他警告道：我们的科学和艺术达到什么样的完善程度，我们的灵魂就败坏到什么程度。

那咋办呢？干脆我们不要科学和艺术，一股脑退回到原始社会可不可以呢？但西方人没有这种不现实的矫情的思维方式，一切都还得向前看，这些问题都得一边发展一边解决。

卢梭提醒人们，亲近自己的自由意志，才能清楚地发现自我的虚伪。这是人类摆脱不了的本性，唯有承认自己的虚伪，人们才有可能获得真正经得起考验的真诚。因为唯有承认它，我们才能认识它；唯有认识它，我们才能驾驭它；唯有驾驭它，我们才能利用虚伪的本性，主动地选择为自己表演出一场更好的人生，创造人类更好的未来。而不是浑浑噩噩地让虚伪征服自我，自我却做了虚伪的奴隶。那样的话，人们莫说彼此真诚，就连真诚地面对自己、反思自己都不可能，人们只会为了虚伪的各式时代风尚而劳碌一生，到死都不自知。

为此，卢梭呼唤真实的个体人格的觉醒，用情感的律动去润泽科学的呆板，用自我的真实去稀释艺术的浮夸。要做到这些，靠的是发现并肯定个体人格的高贵尊严，而不是被狂奔向前的科学和艺术拖死在前进的路上。

第戎科学院以海纳百川的胸怀接纳了卢梭的拷问，把这篇《论科学与艺术》评为征文的第一名。卢梭由此一鸣惊人，启蒙时代的又一颗巨星闪耀登场。

紧接着，11月3日，蹲了三个多月班房的狄德罗也在万众瞩目中出狱，回到了《百科全书》总编辑的岗位。法国毕竟还远远不是中国那样的专制国家，政府要不了狄德罗的命，也堵不住狄德罗的嘴。这样虎头蛇尾的轻率的逮捕行动，除了徒然增加狄德罗的知名度，表现出自己的腐败无能之外，没啥别的意义。

乾隆十四年，公元1749年，伏尔泰五十五岁，孟德斯鸠六十岁，启蒙运动在欧洲大陆的第一代旗手日渐老去，法国人开始担心即将失去自己的灯塔。而三十七岁的卢梭、三十六岁的狄德罗、三十二岁的达朗贝尔在这一年的横空出世证明了这种担心是多余的，伟人的薪火相传表明欧洲依然处于伟大的时代进程中。

未来还会更加伟大。

这一年，时年二十五岁的普鲁士学者伊曼努尔·康德出版了他的处女作——一篇有关自然科学的论文《论对活力的正确评价》，西方哲学界未来的王者从此走进了属于他的殿堂。

也是在这一年，未来的欧洲文坛霸主在美茵河畔的法兰克福降生了，家里为他起名叫约翰·沃尔夫冈·冯·歌德。

性灵

　　东方的大清国完全不用理会西方文艺界的这番热闹景象，毕竟欧亚大陆是如此地辽阔，以至于哪怕一边吵得炸锅，另一边也能自顾自地安静沉睡。

　　乾隆十四年，公元1749年的春节过后，也就是《论法的精神》在巴黎掀起读书热的那个时间，三十三岁的袁枚悄然搬进了他的新家——南京小仓山上的"随园"。

　　在这个静雅的小园子里，袁枚舒坦地睡了几场无梦无扰的好觉。他已经很久没有这样自在过了，虽然在醒来后，他依然要去思考自己去年年底的那个决定到底是对是错，要去追问到底是什么让他做出了那样一个无法回头的决定。这种追问就像在黑夜的丛林里搜寻一只黑猫，不知道拿什么找，也不知道去哪里找。

　　去年年底，袁枚在纠结了很长一段时间之后，终于决定辞去江宁县令的官职，从此做个闲云野鹤。对于偌大的大清国来说，这事儿不值一提；但对于袁枚自己来说，也许这辈子都不会再有比这更大的事了。

　　这是一个回不了头的选择，官场不是个想走就能走，想回又能回的地方，尤其是对于袁枚这样的小人物来说更是如此。这一辞职，就注定了这辈子都别想再做官。

　　在旁人面前，袁枚表现得十分洒脱，逢人问起时，他就慷慨地答说这是自己多年的夙愿，没有什么可惜的。但人们不难看出这话里的虚伪，一个三十出头的年轻人，能有什么大不了的多年夙愿，硬是要抛弃看起来一片大好的官场前程去实现呢？当然，大家都犯不着说破这一层，只是纷纷夸赞袁枚有当年陶渊明一般的风骨。

虚伪，毕竟不是大奸大恶。三十出头的年纪，要做成什么大事也许还远远不够，但要明白这个道理，已经绰绰有余。袁枚坦然地面对猪朋狗友们对自己的虚伪吹捧，并没有因此而鄙视、疏远他们。

包容别人对自己的虚伪，坦诚面对自己对自己的虚伪，这也是他值得我们现在来聊一聊的原因。

袁枚心里明白，自己的人生根本不能与陶渊明相比。陶渊明出身东晋贵族，按照那时的制度，陶渊明的官不是他自己想做，而是他必须履行的痛苦义务，因此，说辞官是他的夙愿，也还说得过去。

袁枚则不同，没人逼着他做官，拼命求一个做官的机会曾经是他的选择。如果袁枚稀里糊涂地真把自己跟陶渊明等同起来，那他怎么向自己交代前半生为了实现做官的目标而付出的一切？如果辞官真的是多年的夙愿，那么曾经日复一日地寒窗苦读，又为了什么？

人，总得有一个统一的人格才好，他不忍心作践曾经的自己。

可要想对得起自己曾经的努力，那辞官到底为啥？袁枚二十三岁高中进士，进入翰林院实习。二十六岁外放做官，短短七年里先后做过溧水、沭阳、江浦、江宁四县县令，个个都是江苏重镇。年纪轻轻的袁枚能够在这些地方被调来调去，至少说明朝廷还是认可他的能力的，有那么点儿要历练他的意思。

他的履历上也没有什么致命的劣迹，灰色收入当然是有的，但并不过分出格，也没有什么天灾人祸要他去背黑锅，没有什么外在的缘由逼迫他必须放弃。只要他愿意继续，他完全可以在江宁县衙门里县太爷的宝座上安然端坐，而且对于一个三十三岁的重镇县令来说，政坛的一切可能都还向他敞开着。

那么，他为什么不愿继续了呢？

他心思细腻，自幼如此。他乐于用心体验自己所处的环境，敏锐地感受自己心绪的起伏变幻，还能用精巧的文字将这一切流畅地表达出来。他是一个能隐约地观察到真实自己的人。

做官的确曾经是他的梦想，是曾经支撑起他所有奋斗的梦想。

袁枚二十三岁进入翰林院做庶吉士，这是帝国政坛高级后备人才库。在那个梦想照进现实的人生的伟大时刻，袁枚狂喜过。

只是想不到，正在慢慢地铺展成现实状态的梦想也会逐渐让他感到失望，甚至恶心。

庶吉士没有具体品级，也没有什么固定的任务。庶吉士要在三年的时间里学习各种行政知识，搞点儿儒学、历史方面的学术研究，帮皇帝写些不太重要的诏书草稿，再顺带干点儿家庭教师的活，辅导皇帝本人或者皇子、其他皇族子弟的功课。三年后，庶吉士统一毕业，称为"散馆"。

散馆前有个毕业考试，考得好留校任教，升级为翰林院编修。这条路走得好的话，可以直通帝国的权力中枢，明清两朝的很多重臣都是这么上去的。考得次一点呢，分配到六部去办事。这条路的终点也是省部级的大员，最不济，也能被派到外地去做个县官，虽然青史留名的可能性不大，但混个终生富贵也还是不难。

庶吉士的无量前途，人人都看得见，人人也都看得起，和庶吉士们搞好关系，就是在给自己的未来做投资。庶吉士们也明白自己身价不菲，乐于向京城里的各路大神兜售自己的未来。

这就一拍即合了，于是堂前眉来眼去、心照不宣，屋后花花绿绿、靡靡之音。揣好荷包、系好裤腰之后，又把自己弄成一派庄严肃穆、大义凛然的样子。

袁枚当然也得跟着大家一起去玩这些，但不知道从哪一次又感觉到身体被掏空之后，他忽然对这样的生活没了兴趣，他觉得别人恶心，自己也恶心。

29 性灵

　　当然，如果没有一双能端详自己的眼睛，人是不会觉得自己恶心的，无论他事实上有多么龌龊。

　　袁枚始终无法像他的同学们那样，把这一切做得泰然自若，他不知道到底哪一个才是真正的自己，是令人恶心的那个自己呢，还是发觉了自己恶心的那个自己？

　　他流连于男欢女爱、纸醉金迷，可当他坦诚地说出这一点时，却被斥为不知羞耻，虽然这么说的人其实在暗地里也热爱这些玩意儿。他也想严肃地收敛起自己的放肆，把自己散漫的灵魂塞进孔孟程朱等圣贤早就为他做好的光鲜模子里去，但已经做下的一切让他感到真切而炽烈的羞赧，他觉得现在的自己已经配不上那个模子了。

　　强烈的撕裂感摧毁了袁枚的生活，害得这位曾经的科举学霸，连读书考试这个最强的技能包都丢失了。三年后的散馆考试，袁枚的满文不及格，失去了留在中央发展的机会。

　　作为清朝法定国语的满文不及格，后果很严重。学霸袁枚居然满文不及格，满族统治者把这理解为一种故意的蔑视，于是把袁枚踢进庶吉士毕业时分配的最低档次，外放到江苏溧水做县令。

　　袁枚倒是想要这个结果，京城三年的灵肉分离让他有了些倦意，他已经降低了自己的最终期望，小县城里的诱惑与是非怎么说也该比京城少些吧。

　　确实如此，见识过京城里的大妖大怪大场面之后，应付起一个江苏小县城里的花花肠子，袁枚的确感到游刃有余。七年时间，辗转溧水、沭阳、江浦、江宁四县，袁枚名利双收。

　　他在沭阳县令任上办过的一个案子，很能说明他的手段。两兄弟为争夺遗产，撕破脸皮上了公堂。袁县令接到这个案子之后既不审理，也不宣判，撂在一边很长时间不理会。两兄弟先后明白过来意思，都悄悄给袁县令塞了银子。袁县令照单全收之后，立即宣布审理结束，要宣判了。

　　宣判那天，两兄弟跪在堂前，红着眼睛相对怒视许久之后，袁县令来升堂，手上还拎着两个袋子。透过袋子被撑得奇形怪状的模样来看，里面是一些硬邦邦的块状物。袁县令把两个袋子分别放在桌子的两端，还认真地调整好袋子的摆放角度，好让公堂之上的人们都能看见。

里面应该是银子吧……大家都拉长脖子去打量那两个突兀出现的袋子，只有跪着的两兄弟没有抬头。

"大胆刁民！"袁县令的开场白是一声猛喝，"为区区遗产之事竟然不顾人伦地闹将起来！兄弟骨肉竟然好意思对簿公堂！而且还恬不知耻地贿赂本官，玷污本官的清誉！现在，你们的银子就放在这儿，你们还有什么话说？"

两兄弟见袁县令把自己的丑事给抖搂了出来，羞得要死，哪里还敢回话，只剩捣蒜般磕头求饶的份儿。

等两人捣蒜的节奏稍缓，袁县令宣判了，按照他自己的想法随意分配了遗产，对兄弟二人都没给特别的好处，这让旁人觉得很公平。那兄弟俩的心理状态还在崩溃之中，因此二人没有提出抗议，表示接受袁县令的判决，不再上诉，然后就灰溜溜地离开了。

"等等！"袁县令又喝住那两人，又把人家吓得头皮发麻。等两人回转身来，袁县令一脸嫌弃地说，"把你们的银子拿回去。"两人连呼谢恩，箭步上前，各自取走一个袋子。

案子结了。

两人各自回家，打开袋子一看，哪有什么银子？袋子里不过几块石头而已……

这场官司对于他们而言，打得真是窝囊，遗产没抢到，还背了个行贿的骂名，银子也被袁县令给黑了。最糟心的是，这些事根本没法去跟别人说，更不可能去找袁县令要回银子。

县衙里，袁县令平静地清点银两之后把它们藏起来。

一起平常的遗产纠纷民事案件，原告被告都输得精光，法官袁枚却赢得盆满钵满，包括台面上的名誉和台面下的白银。

29
性
灵

没有看透人性的洞察力，袁枚不可能做得出这么一手干净利落的"漂亮活儿"。儒家重义轻利的说教在国人的耳边嗡嗡了两千多年，却在这时造就了登峰造极的虚伪和矫情。这世间红红绿绿的各种利益，有些人明明想要，又不好意思说想要，但还是止不住想要，只好偷偷摸摸地要，而一旦被揭穿，要么撕破脸面你死我活，要么只好放手逃离，逃的时候还要死死地遮住脸。

袁枚完美地利用了人们的这一点心理。在这个案子中，他先用暧昧的态度诱使两兄弟做出见不得人的事，以无中生有的钓鱼手法抓住他们的把柄，然后爬上道德制高点，向他们发射道德子弹，使其陷入剧烈的羞赧之中动弹不得。这时候，袁枚才慢吞吞地收网。

利是他的诱饵，名是他的网。这样的招数，袁枚在七年多的县令生涯里，以各种形式重复了无数次，屡试不爽。

直到最后，他自己在这样的诱捕行动中再也得不到成就感，觉得索然无味。他甚至开始怜悯起这些为名利所困的猎物，甚至想到，在官位更高的人的眼中，自己其实也只是这样的猎物。

为此，他有时候也给自己打鸡血，一定要努力升官，得到更高的官位。但是，不还是有官位更高的人吗？一直要到皇帝陛下的跟前才能停下吧。

即使他老袁家的祖坟真的冒了青烟，袁枚混到一人之下、万人之上的最高官位，那就真的安全无忧，不用再害怕其他人的玩弄与欺辱了吗？袁枚以前也许是这样想的，但在三朝元老张廷玉也被皇帝羞辱之后，他不再这样认为了。

连他那样的人都只能如此，何况我？

在这个没有自由意志、不尊重个人尊严的国度，包括皇帝本人在内，谁能拥有可靠的安全？谁能不提防他人？谁能不武装自己？谁能不虚伪？谁能不矫情？

有多少人在内心深处嘲笑孔孟教言的幼稚？又有多少人是假模假式

地装出一副一丝不苟地尊奉这些教言来行事的样子?

玩弄别人的袁枚，终不免被别人玩弄。乾隆十二年，公元1747年，欣赏袁枚的两江总督尹继善举荐他为高邮知州。有贵人相助，袁枚自以为这次升官是十拿九稳的事，开始联络高邮的人脉，准备在那里大展宏图。结果，吏部却拒绝了尹继善的推荐，并且没有说明理由。

风闻是因为吏部那些人认为袁枚的私人生活不检点，男女关系复杂，经常说些伤风败俗的疯话。

原本心情灰暗的袁枚听到这个说法，不禁嘿嘿一笑，就像看到了某个庄严肃穆的典礼现场突然闯进一头叫唤的傻驴。这世间的所有一本正经都是假正经，评价我袁枚不检点的那些人，你们骨子里是些什么样子，难道我袁枚不知道吗?

从那一刻开始，他心凉了，也就懒了。袁枚不想再在官场上混了，他想寻找人生的另一种可能。

心凉了，也就静了。这段时间，不再纠结眼前纷乱的袁枚总是想起很多儿时的事情，想起儿时对他进行启蒙教育的姑母沈氏，想起她曾经带着自己一起阅读儒家孝道的经典教材《二十四孝》，在读到"郭巨埋儿"时她所做的新颖解读。

"郭巨埋儿"讲的是一个上有老下有小的穷人郭巨，为了节约粮食奉养自己的母亲，竟然觉得自己三岁的儿子胃口太大，要把他给活埋了。

这种狠毒变态没人性的行为，却被儒家奉为孝道的典范，号召大家学习了一千多年。小袁枚读到这个故事时更是觉得恐怖，想到自己家里也没几个钱，害怕爸爸哪天也把自己给活埋了。出于天性，他想反驳这个故事，但却说不出什么道理。

姑母沈氏告诉他，郭巨的这种做法其实是不孝的，哪有奶奶不爱孙子的?奶奶要是知道这每天多出来的粮食是拿孙子的命换来的，她会做何感想?她难道不会痛苦吗?她还吃得下吗?这样下去，奶奶的身心不会很快垮掉吗?这就是他郭巨想要的孝道吗?

29 性灵

听了姑母的教导，小袁枚才放心了，要是爸爸哪天要埋他，就可以拿这一套说辞去对付。

兜兜转转三十年过去了，此时再想起姑母的话，袁枚能得到的启发更多了。

郭巨其实没有把他的母亲当人看，在他的眼中，他的妈妈其实和一头饿了就必须吃食的猪羊没有什么区别，只要她生理上的生命还在继续，就足以证明自己的孝道，其他的都不用考虑，她心痛了无所谓，心死了也无所谓。

当然，他更没把三岁的儿子当人看。这很明显，不必多说。甚至，他也没把他自己当人看。以活埋儿子来求得自己的心安理得，这是人干的事吗？按照这个故事里的要求去做的人，不会把别人当人，也不会把自己当人。

袁枚始终觉得，怎么着也得把自己当个人看吧。他总算是一个能隐约地观察到自己的人，那个在心灵深处观察他的，是他自己的自由意志，那被儒家的奴性教育和中国的社会结构压得遍体鳞伤的自由意志。别人的自由意志自幼就死了，可袁枚的那一份幸存着。

前面我们说过，自由意志存在于人们自身之中，同时又超越于自身。人生如戏，我们自身的存在就像戏里的某个角色，而自由意志则是扮演这个角色的演员本身，它存在于角色之中，也超越于角色，它决定我们怎么看待自己的角色，如何扮演自己的角色。

西方哲学发现了自由意志这个概念，但这并不意味着它是西方人独有的，世界上哪个人没有自由意志呢，只不过有些人不自知而已。

袁枚也不知道自由意志这个概念。如果这时候他能去大陆的另一端看看，伏尔泰、孟德斯鸠、卢梭、狄德罗、达朗贝尔等人都能告诉他什么是自由意志。

可惜，正如我们前面所说，欧亚大陆过于庞大，以至于哪怕一边吵得炸锅，另一边也还能自顾自地安静沉睡。

但他已经明显地感受到了自由意志的存在，他把这种总在隐隐约约地牵引自己离开官场去享受生活的感觉称为"性灵"。升官不成之后，他终于疲了，懒了，不再抗拒"性灵"的牵引，扔下沉重的面具和盔甲，轻装上阵去追求自己本就热爱的女人、钱财、美食、美酒、诗文去了。

鲁迅先生曾经向国人呐喊道："世上如果还有真要活下去的人们，就先该敢说、敢笑、敢哭，敢怒、敢骂、敢打，在这可诅咒的地方击退了可诅咒的时代！"

袁枚算是个真要活下去的人，虽然时代所限，他不敢说、不敢笑、不敢怒、不敢骂、不敢打，但他至少敢走！遵从自己的自由意志而选择离开。

"白日不到处，青春恰自来。苔花如米小，也学牡丹开。"这是袁枚的一首诗，题名《苔》。能像他那样细心地注意到苔藓开花的人不多，能像他那样意识到每个卑微的生命都有无关贫富、高低、性别的独立尊严的人更不多。

接下来，就是本章开头说的那件事。乾隆十四年年初，公元1749年的新年过后，也就是《论法的精神》在巴黎掀起读书热的那个时间，三十三岁的袁枚静悄悄地搬进了他的新家——南京小仓山上的随园。

随园是袁枚辞官之前给自己买下的，它原来的主人是曾经烜赫一时的江宁织造曹家。袁枚成为随园的新主时，它的旧主，跟袁枚的年纪大致相仿的曹雪芹早已流落北京多年。

30
人生

乾隆十四年的最后几天，公元1750年，北京城大雪。这天，专为宗室子弟开办的右翼宗学放假。低级教师曹雪芹等办公室里的其他教师都走得差不多了，才从已经熄灭的炉火里拣出几颗没燃完的炭，吹了吹灰包起来，跟书卷裹在一起，走出临时宿舍，赶路回家。

刚走出门，遇见一个叫敦诚的学生叫住了他，那小子脸笑开了花，颠儿到他跟前，神神叨叨地从袖子里拿出一个小瓷杯子，小声跟曹雪芹说："曹老师，这是我刚刚从琉璃厂淘来的宝贝，成窑的鸡缸杯！您给掌掌眼，看看这东西怎么样？"

曹雪芹刚刚接过那杯子，没及细看呢，就听见一旁约好搭顺风车的同事催他快走。他赶紧定神鉴了鉴那杯子，之后递回给敦诚，说了句："这东西呀，你高兴就好。先走啦，回聊。"不等敦诚追问，曹雪芹已经钻进一辆骡车走了。

没办法，他家住得远。

他的家在西北方五十里外的香山，那儿很远，如果不是遇上较长的假期，曹雪芹一般是不回去的。搭着同事的顺风骡子车出了西直门，剩下的路就属于他的两条腿了。谢别同事之后，曹雪芹拱肩缩背地逆风独行。手脚早就冷透了，麻木了，好歹胸膛里始终蕴着一团热，它始终锲而不舍地想把全身再暖起来。随着胸膛里的这股暖流不断地向周身试探却又失败，曹雪芹不停地打着寒颤。到了下午，他估摸着今天到不了家了，不得不开始盘算去哪个地方蹲这一宿。

虽然给自己起了个别号叫"雪芹"，但来北京虽已多年，这个南方人依然打心眼里害怕北京的冬天，害怕北京冬天这铺天盖地的雪。

当然，他现在若还能有自己当年一半的富贵，这雪也就没什么好怕的了，如是那样，他可以披着裘衣，捧着暖炉，望着雪景吟诗作对。然而现实是，为了谋生，为了省钱，他不得不裹着一身僵硬的破棉衣在这冰刀雪剑里穿行。

迎面来了一队官家人马，是从玉泉山往宫里送水的队伍，那水可是给乾隆皇上的专供水，所以前面有兵丁耀武扬威地高呼着要所有人让道。曹雪芹赶紧避到路边，望着送水队伍往自己来时的路走去，顺着也就望见了自己刚刚还身在其中的北京城。

呵，这雪真是落了片白茫茫大地真干净。

苍茫的雪遮蔽了北京城里城外的一切。哪怕如西直门那样高耸的建筑，也只剩下箭楼边沿和城墙垛子构成的铁灰色的断续轮廓。城墙根已经是一点儿都看不见了，西直门的那些残廓像是浮在鸿蒙虚空中一般。

原来，我是从这虚空里走出来的。曹雪芹不禁为自己的这个想法嘿然一笑，这害得他的嘴里放进了冷风，他顿感牙僵舌疼，赶紧哈出一口热气，转身继续赶路。

才走到平庄就日头西垂了。曹雪芹找家破旧旅社猫了一夜，天刚亮就又出发西行。午时，走到香山跟前。好几个月没回过家的曹雪芹看到香山上蓦然出现了几栋稀奇古怪的建筑，像楼像塔又都不是，这天寒地冻的，周围却还有一大伙士兵吼叫着围着这些建筑跑来跑去，旁边还有军官模样的人托着下巴煞有介事地吆五喝六。

围观的群众也不少，曹雪芹凑上前去问这是在干什么。人们告诉他，这像楼像塔又都不是的东西叫"碉楼"，是西南金川那边的一种建筑，就是这个东西害得官兵在那边打仗吃了瘪，所以乾隆皇上叫人在这里仿造了十五座，让官兵们演练攻碉战术，七座是实心的，专门用来演练初级的外围攻击，八座是空心的，里面有"蓝军"守着，用来演练高级的全面攻击。围观群众说那叫"七死八活"。

原来如此。求知欲极其旺盛的曹雪芹忘了回家，他要详细地把这"碉楼"研究一番。等军事演习结束了，士兵们和围观群众都走了，他还不舍得走，他蹑手蹑脚地躲过看守，跑去"碉楼"的跟前细细端详。

这么坚固的"碉楼"居然是用废石头片子堆砌起来的，走到近处才有所发现的曹雪芹忽感怅然：这样的废石头片子都能派上用场……他的心弦又被触动，这让他哪儿也不想去，就蹲在碉楼边发呆，一直呆到日头西垂。

忽然耳根子生生发痛，一阵熟悉的娇嗔传进耳蜗："好你个呆子！有家不回，蹲这里作甚？"

曹雪芹一边赶紧顺着疼痛来的方向提起身来，一边哀求道："枕霞，放手啊，这大冬天的，很痛的好不好！"

来者是曹雪芹的妻子李枕霞。她虽然松了手，但还是没松口，继续责问雪芹道："老张头说中午就看到你回来了。这么长时间，行李都舍不得先拿回家来放着，蹲在这儿这么久干什么？"

"我就看看这石头……"雪芹细声辩解。

"哦？"枕霞知道石头在雪芹的心中是个结，听雪芹又说起石头，她的语气温柔下来，轻声问雪芹，"看出什么了？"

"回家吧……"雪芹心中酸楚，挽着妻子走了。

回家之后，雪芹的心里一团乱麻，坐在桌边拎着一支枯笔继续发呆。枕霞明白他的心，默默地为他研好墨，拨亮桌上的油灯。

为什么连那样的石头都能派上用场？

回忆是一匹伫立在每个人脑海深处的红鬃烈马，静穆地等待着疲惫的人们去靠近它，骑上它。当你真的攀上它那无鞍的马背，它就会自顾自地狂奔起来，不听使唤地把你带回你曾经到过的任意一个地方，不管你愿不愿意去，也不管你见到的曾经是欢快还是苦楚，是骄傲还是羞赧。

回忆把他带到孩提和少年时代。出身富贵的曹雪芹喜欢玉。中国的文人都喜欢玉，因为儒家相信君子如玉，认为玉石的物理性质象征着君子的文化品德。从小背诵四书五经的曹雪芹也这么认为，他甚至觉得玉和他自己不只是象征物和被象征物的关系，他感觉玉就是他自己，他自己就是一块五彩晶莹的宝玉，他生来这世间就是为了像宝玉一样受人爱护，被人伺候，享受这红尘之中的所有美好，声色犬马，男欢女爱。

显然，他心目中的玉不是儒家说的那一种。

回忆完全不受控制，拉着雪芹一起放肆地擅闯曾经的一切。雪芹甚至想起年少时的第一次春梦，起床时给他穿裤子的丫鬟摸到他大腿内侧的一片黏湿；上学时，为了一个男生跟其他男生互吃飞醋，还闹得在学堂里打将起来，笔墨纸砚满屋子飞……

想到这些，雪芹忍不住捂嘴笑了。枕霞看见他那尿样，知道他在想些什么，也会心一笑，因为雪芹回忆里的很多事，她也有份儿。

回忆的烈马继续狂奔。极尽荣宠的日子之后，他家的家业忽然败了，世态炎凉也就来了。从云端直坠地面的他才发觉那些个关于宝玉的臆想，都是假的。自己哪里是什么宝玉，只不过是任人踢来踢去的顽石一颗。

宝玉？假的！假宝玉啊。

再过些年，雪芹对家族的过往知道得多了，也就不再拿些"物极必反"的笼统大话来搪塞自己对家道衰败原因的追问，他能准确地描述出家族走向毁灭的每一步背后的具体事件是些什么。

想到这些，雪芹怅然一叹，眼圈红了。枕霞见状，知道他想到了什么，干脆过来移走灯火，缴了雪芹的纸笔，说："歇了吧……"

雪芹暂时回过神来，应了一声，跟着枕霞去洗漱安歇。可被回忆这么一搅和，他的心灵和身体的节奏脱了节。本来走了半天的路，又在外面看石头蹲了半天，身体早就累了，可他的心境却还兴奋得很，他蜷在床上辗转反侧睡不着，满脑子浮想联翩。

也不知几时，眼前总算朦胧，却又做起了梦。

梦里的雪芹真成了一块大石头，高十二丈，宽二十四丈。当年女娲补天炼了许多块这样的石头，女娲一块一块地补，等轮到雪芹这块石头上场时呢，天恰好补完了，就没派上用场。这块石头被忘在大荒山无稽崖上躺着，不知过了多少年岁……

也不知几时，雪芹这块石头竟然有了感知，听得清了，看得见了，也知道了自己本为补天而生，却没补得成，从而心里没个着落，整天自怨自艾。

忽来了一僧一道，两人坐在自己身边闲扯淡，扯了不少有关人间荣华富贵的美事，惹得石头想入非非，动了凡心，开口哀求那两人带它去人间观摩学习一番。

两人劝那石头别去，说那人间美事都逃不过是刹那风华。石头横竖就是不信，硬是要去。两人拗不过它，只好先告诫石头"只是到不得意时，切莫后悔"，然后将他幻化成一块美玉，带它去了凡尘，择出一段看上去很美的因缘，把它放了进去。

它被一个男婴含在嘴里一同降生人间，它听见别人把自己叫作"通灵宝玉"，那个男婴则因此被起名为"宝玉"。那男婴家姓贾，呵呵，贾宝玉。

梦到这里，雪芹醒了，却原来还是子夜，周围一团漆黑，身边的枕霞也还在熟睡。雪芹彻底睡不着了，干脆起来披衣点灯，研墨展纸，记下刚才的梦境，又顺着梦境继续写下去。

如果人生能这么重演一遍，结果会不会好一些？雪芹自问。

一番笔走龙蛇，等太阳快出来的时候，雪芹总算困了。他小心翼翼地整理好文稿，拿镇纸压实，才回房睡了。天亮不久，枕霞起来要做家务时看到桌上的文稿，见是丈夫的新鲜字迹，便坐下来读。

要论文采，枕霞还从来没服气过雪芹，看过几段后就觉得雪芹的问题颇多，于是干脆提笔在旁边批注起来，临了，还留下自己多年没用过的雅致笔名——脂砚斋，之后就出门赶场去了。

等雪芹醒来，已日出三竿。他胡乱裹起衣裳，坐到桌边准备接着写，看到昨夜文稿上的批注，就饶有兴趣地读起来……

"雪芹，你看谁来了？"枕霞回家了，还带来了一位客人——他的学生敦诚。这个十来岁的旗人小伙子豪气得很，也不跟雪芹多礼，进门就跟他叙话："曹老师，您真神了，前天我买的那杯子还真是个赝品，可恨我买之前还带了好几个资深顽主一起去替我把关，几个上上下下地看了老半天说是真的。结果您老就这么急匆匆地瞄了一眼，就看出来了，当时真该请您一起去的。哎，不提了。现在也不晚，您干脆教教我，您是怎么看出问题来的？"

"呃，你突然这么一问，我也说不出个所以然，反正就觉得你那个杯子和我家原来的那个不像。"

"曹老师，您难道见过真的成化窑鸡缸杯？"敦诚忍不住问。

"呃，是，早年间见过。"

"不光是见过吧？"敦诚再问，他感到眼前这位穷困的教书先生是个极有故事的人。

雪芹有些尴尬，欲言又止。这时候枕霞招呼师生二人吃饭，敦诚见桌上无酒，知道自己突然来访，曹老师家里并无准备，他庆幸自己出门时带了用来暖身子的酒，赶紧去马背上取了来，要和老师痛饮。他的兴趣已经不在学习鉴定文物上，现在他想听听这个潦倒的老师，怎么会有一个把成窑杯玩得烂熟的过往。

三杯酒下肚，曹老师就眉飞色舞地给自己的得意弟子讲了起来。这是一个宏大历史背景下的漫长故事：曹老师原是汉人，满洲入关前就在关外定居，被满人掳去做了奴隶，编在正白旗下，跟着睿亲王多尔衮一起杀进中原。后又机缘巧合，曹老师的曾祖母孙氏成了顺治皇帝的三阿哥的保姆，祖父曹寅也跟着成了那三阿哥的发小。

人生

要说那三阿哥，本也是个苦命人。虽是皇子，可他爹顺治压根就没怎么搭理过他，妈又死得早，兄弟虽多，但您说那皇帝家，能有啥兄弟情？三阿哥打小就把孙氏当妈妈，把曹寅当亲兄弟。三人本可以这么相亲相爱地太平富贵一辈子，跟王权巅渊没太大关系。

但后来，那三阿哥突然做了皇帝——康熙皇帝。

长大后的康熙皇帝依然有情有义，他封曹寅去南京做江宁织造，这乃是为宫廷负责在江南采办后勤的超级美差。康熙皇帝六次南巡，四次就住在他们曹家。每次孙氏接驾时，刚要下跪，康熙帝都会亲自上前扶住，指着她向旁人说道："此吾家老人也！"可见荣宠炽盛。后来曹寅去世，江宁织造的职位本该让出，可康熙帝不干，愣是把这个职位又交给曹寅的儿子。儿子没几年又死了，康熙帝又把江宁织造交给曹寅的侄儿，活脱脱地搞出了一个世袭官家大族。

雪芹就是这第三任江宁织造曹頫的公子。

敦诚一听明白了，以那时候曹老师家里的富贵荣华，区区一个成窑杯，的确算不得什么不得了的大宝贝。那年月，曹老师也是个踏碎灵霄、放肆桀骜的人。

世恶道险，终究难逃。

后来康熙帝驾崩，曹家和皇室的情分也就尽了。雍正帝即刻翻脸无情，找个借口抄了曹家，曹家由此败落。雪芹从小只顾着看护自己的小世界，到了这个关头，也拿不出什么本事来挽救家族危难，只能眼睁睁地看着……

述到此处，雪芹垂头不语。敦诚年纪虽小，但悟性不错，见老师惆怅，便帮他叹出一句："原来这皇家恩情，也是这般地可轻。"

"是啊，情，可轻；情，可轻……"雪芹反复玩味着这三个字，若有所悟，像是终于把对的钥匙插进了对的锁眼。

"老师，学生再敬您一杯！"敦诚举杯，试图以此摆脱伤感的气氛。雪芹抓起酒杯，昂首饮尽，然后丢下敦诚，径直回到书桌边，拿出书稿飞快地续写起来。

敦诚跟过来问雪芹写的什么文章。雪芹只顾飞笔，并不答话。一边枕霞过来解释，敦诚闻言，便说不打扰老师著书，告辞回家了。并和师母约定好，老师写完后一定要让自己先睹为快。

有了"情可轻"这把钥匙，雪芹完全进入笔走龙蛇的神奇状态，除了不得不吃点儿饭睡点儿觉之外，其他时候根本停不下来。在文稿中，他化身成梦中的通灵宝玉，穿越到自己的过去，待在那个被叫作贾宝玉的贵公子身边，像个观众一样，从头到尾旁观自己迄今为止的所有经历，试图从中探寻自己的人生是否真的有曾被自己错过的另一种可能。

在那个异次元世界里，他又见到了她，那朵阆苑仙葩。这次他给她起名叫作林黛玉，她的身上投射着雪芹一生最为珍视的，不愿他人窥探，不想别人靠近，更不允许任何人随意介入、随意指责、说三道四的人格尊严和自由意志。和当年一样，他依然勇敢地走近她，好让她来照见自己是否美玉无瑕。

他也遇见了另外那个她，依旧好似雪霁初霞。这次她叫薛宝钗。若说林黛玉是他的缘，薛宝钗恰是他的命。如果没有偶然出现的林黛玉印证他那自我的真实存在，灿若明霞的薛宝钗本也是他最好不过的良缘，他原本也会听从宝钗信奉的那套克己复礼的伟大教诲，背负起光宗耀祖的使命，把四书五经读得倒背如流，去科考场上搏个功名，为她挣回个光荣的一品诰命。

宝钗所承载的，就是雪芹一直追问的人生另一种可能。作为家中长子，自己在家族危难的时刻却丝毫帮不上什么忙，如今日子过得艰难，也是有目共睹、否认不了的事实，雪芹为此深感羞愧，他追问自己：当年为什么没选择走那一条明显更正统、更光荣的读书做官的康庄大道？

笔动得再快，也跟不上雪芹的心思变化。在心里，他其实明白这样的推演不可能有什么新的结论，人生依旧这般。不只是因为他不可能放下自己的自由意志、人格尊严，也因为家族的祸根其实早就深埋在与皇族的密切关系之中，待到雪芹的少年时代，那祸根已在幽暗之中伸开爪牙，逃不过的。

枕霞也加入到写书的进程中来，帮着雪芹一起回忆，一起构思，有时还自己执笔写上一段。写书这件事并不能给家里带来实际的好处，在那时候的中国，还远没有著作权、版税之类的说法，雪芹写的这书稿，谁愿意看抄去看便是，不用花一分钱。旁人写书或许是为了搏个名声，名声到最后也是能变现的，可雪芹却也不图这个。尽管如此，枕霞心里清楚，不把这件事做完，雪芹这辈子都无法交代他的过去，更不堪面对他的未来。

尊严这东西不值钱，但却是雪芹仅有的。

但当雪芹在第十三回写到一个重要人物的死亡时，枕霞出来干涉，她坚决要求雪芹删改关于那个重要人物的出身来历的详细描写，因为那里面有一个直通龙庭的宏大机密，说出来恐怕是要掉脑袋的。这时候枕霞才不能由着雪芹的性子来，她直接向他下达了不可抗拒的命令。

刚过完年，敦诚又揣着纸笔兴冲冲地来了，他又要把曹老师刚刚更新的章节抄回去看，顺便向曹老师当面请教关于书的一些疑问。

"曹老师，您这书里也没有什么经天纬地的人、惊天动地的事，虽然都是些家长里短，初初看来没什么意思，可越看越有意思。我想了想，我不过一个普通旗人出身，资质平平，也没什么靠山，这辈子很难有机会去经历什么大闹天宫啊、匡扶汉室啊、啸聚梁山之类的轰轰烈烈，倒是您书里写的这些事情看起来亲切实在。那贾宝玉除了颜值应该比我高点儿，家里比我有钱些，其他跟我这样的人也差不多，都是别人眼里的废材一个。但就算是这样一条命，依然值得欣赏和赞美。虽然才看了前十三回，但已经欲罢不能，您这书里的彩蛋可真多啊！要是全部集齐了，您这简直就是一部百科全书啊，虽然这很费功夫。其他的且不说，先向您请教下秦可卿这个人。我的问题很多啊，我都记下来了，您等等，我拿出来给您看看。"

趁着敦诚低头翻包，一边的枕霞给了雪芹一个严肃的眼神，示意他小心说话。

"喏，这儿呢。您看啊，那宁国府三代单传，想来他家找孙媳妇必定是个十分慎重的大事，千万不能乱来，至少也该门当户对。您说那秦可卿不过是工部小官在孤儿院里抱养的一个孩子，出身低微，宁国府怎么就看上她？

"您不忙答话，听我说完。您写到这个秦可卿的卧室，我的天，她这摆设也太夸张了吧，什么武则天的镜子、赵飞燕的盘子，连个被子都是用西施浣过的纱做的，这显然不可能。您的书里要是处处都这么夸张，倒也没什么奇怪。但您其他地方处处写实，唯独这里为了这个孤儿院来的孩子夸张成这样，这是为什么？

"还有，您写到秦可卿临死时给王熙凤托梦，其实托梦的内容还好，就是教育王熙凤要多想想家族的后路，倒也好理解，但细想又不对头，按说秦可卿的辈分不是比王熙凤还要矮吗？她一个侄女怎么就咋咋呼呼地教育婶娘？王熙凤心气儿那么高的人能受得了这个吗？可您写的呢，她还就恭恭敬敬地受了呢。而且秦可卿说的那些话，境界很高啊，绝对不是个简单女人说得出来的。

"还有，那秦可卿死了也就罢了，毕竟是家里的晚辈。可他公公贾珍干吗一定要办那么大的丧事，还说什么恨不得代秦氏之死，至于吗？还一定要用一口亲王用的棺材来，这不是僭越之罪？就算宁国府面子大，也不过死了个晚辈小媳妇，至于惊动全京城的各路神仙要么亲自来，要么派重要人物来表示吗？还有哦，连宫里的大太监都来了，还打伞鸣锣地来，生怕别人不知道他来了，那就肯定是书里的那位皇上派他来的咯。

"总之！"敦诚总算快说完了，这才肯坐下来灌了一口茶，"这秦可卿绝对不是一般人，贾府跟她的关系也不是一般的关系！曹老师，您给我说说吧。"

　　雪芹心中喜悦，因为居然有人如此认真地琢磨他的呓语。可他又犹豫了，他是否能告诉他，那秦可卿的真实原型乃是康熙朝被废掉的太子胤礽——九宫夺嫡的第一个出局者——在倒台之前托付给曹家的小女儿。那场权力斗争的残酷与复杂，已经被编排成很多的电视剧，演得大概也像那么回事儿，这里就不多费口舌了。曹家虽然富贵，但到底也不过是皇家的奴才，在这场大戏里，完全是个跑龙套的小角色，没得选择。既然太子要拉曹家入伙，区区曹家里哪个嘴巴敢说个"不"字？

　　"曹老师，您不说也罢，其实我大概也看得出来。"说到这里，敦诚压低了声音，"您在第七回里写周瑞家的把本是进贡给宫里的宫花分送给贾府的各位小姐，这也没啥，关键是您留下了一首回前诗：'十二花容色最新，不知谁是惜花人。相逢若问名何氏，家住江南本姓秦。'这宫里的花儿，贾府的各位小姐看样子都瞧不上，唯独这秦可卿是惜花人，可这事儿您在正文里又没有细说。学生问问，是不是给删了？若是这样，您干脆把这回前诗也一道删了吧，我瞧着这里暗指的关系甚大，老师您千万不要惹上文字狱啊。"

　　雪芹心中感激敦诚，可他又哪里舍得删去这些内容，要是没了秦可卿的故事，那他这书写来又有个什么意思？不写她，这一切又从何说起呢？

　　秦可卿的原型就是曹家所有劫数的开始。她是废太子硬塞给曹家的一个危险系数极高的政治筹码，曹家就此被彻底裹进皇家恩怨的赌桌上，赢了就直上云霄、增福延寿，输了呢……嘿，就现在这样咯。

　　在这个大清朝，谁的生活能摆脱无孔不入、弥天漫地的皇权？谁人能够被皇权容许拥有独立于它之外的人格？皇权要踏碎任何人的尊严和梦想，不就和您捏死一只蚂蚁一般轻松惬意吗？雪芹的人生输在这上面，他无可奈何，无力回天。毕竟整个中国都输在皇权的面前，何况曹家，更何况区区一个他？

　　"你写的黛玉是她吗？"枕霞问雪芹。

170

"嗯，是啊。你还记得她？"

"怎么会忘？那次她还笑我的口音，把'二'说成'爱'，把'爱'说成'厄'。我打趣说她以后会嫁给一个也是这般口音的男人，两人天天在家厄来厄去……"

言毕，两人都笑了，笑得满脸泪痕。

"好了，别哭了。"枕霞先调整过来，"去把脸擦一擦，换身体面衣裳，咱们该出门了。"

"干吗？"雪芹忘了。

"昨儿个来的请帖啊。福建副都统常保给儿子办满月，人家看得起咱们，你这次可不许犯浑！"

"哦……那孩子起的什么名字？"

"钮祜禄·和珅！"

公元1750年，乾隆十五年的五月二十八日，乾隆时代最重要的标志性人物之一钮祜禄·和珅出生在北京西城驴肉胡同。

第二年，山东潍县县令郑板桥闲来无事，写了一幅字，后来被无数疲惫于生活的中国人奉为座右铭。可惜，愣是要和命运较个真儿的曹雪芹似乎并不认识这位县令，不然他也许也能从那幅字里得到些感悟吧，也许他就会放弃写《石头记》了。

那幅字是：难得糊涂。

西藏

　　公元1750年，乾隆十五年的十一月底，大清国皇帝正被一起凶杀案搅得心烦意乱。那案子发生在十月十三日的西藏拉萨，报告以当时最快的信息传递方式——"六百里加急"紧急传递，于一个多月后到达北京。没人敢故意耽搁，这已经是当时两地之间信息往来的最快速度了。

　　能烦到皇帝的，自然不会是民间的普通刑事案件。这是一起政治事件，当事双方是西藏郡王珠尔默特那木扎勒和两位驻藏大臣傅清、拉布敦。

　　事件的经过是傅清和拉布敦先动杀机，假托要给郡王宣读圣旨，把他引诱到自己的衙门里给杀了，之后他俩又被郡王的卫士给杀了。

　　驻藏大臣为什么要设计杀死西藏郡王？虽然乾隆帝没想到傅清和拉布敦两人会把事情闹得这么大，连自己的性命都给赔进去了，但这件事情的起因他却是知道的。

　　近段时间，西藏郡王的各种举止表明他很有可能即将举兵反叛朝廷。傅清和拉布敦为此决定先发制人，先斩后奏。那么，西藏郡王为什么要反叛？事实的确如此吗？

　　首先得说说这西藏郡王是怎么个意思。这郡王不是那珠尔默特那木扎勒自封的，而是从他三年前去世的老父亲颇罗鼐那里继承得来的，他是个"王二代"。那么，第一代西藏郡王颇罗鼐的郡王爵位又是哪里来的呢？

朝廷给的。

话说康熙时，西藏发生动乱，原本只是西藏本地普通官员的颇罗鼐挺身而出，帮助朝廷平乱，后又在多起事件中立功，得到朝廷的信任，步步高升，被委任统管西藏事务。乾隆四年，公元1739年，当今天子授予他郡王爵位。该爵位在清朝的封爵体系中仅次于亲王，足见朝廷对颇罗鼐的倚重。

西藏郡王并非独立于朝廷之外，而是体制内的一个爵位。在扶持颇罗鼐的同时，朝廷也在西藏安排了少量驻军（只有几百人），由驻藏大臣统帅，用以监控西藏动向，给朝廷通风报信。

乾隆十二年，公元1747年，颇罗鼐去世，次子珠尔默特那木扎勒继任。按照清朝封爵制度，继承人的爵位本该递降为贝勒。但考虑到西藏地位特殊，乾隆帝给了特殊待遇，珠尔默特那木扎勒的爵位不递降，仍为郡王。乾隆帝的意图很明显，他想长期凭借颇罗鼐家族的势力达成西藏的长治久安。

与出身普通，在朝廷的帮助下才坐上郡王高位，因此对朝廷感恩戴德的颇罗鼐不同，这个年轻气盛的二代郡王显然不懂得世道艰难、生活不易。刚开始的一年多他还蛮乖，没出什么幺蛾子，但随着朝廷先后在瞻对、金川吃瘪，他开始动起了小心思。

原来大皇帝也不过如此，那我何必这么乖？他开始壮起胆子向朝廷提要求，步步试探朝廷的底线。这也是乾隆帝在瞻对、金川连败之后最担心的事。可现在已然败了，除了做些妥协之外，又能咋办呢？

珠尔默特那木扎勒要朝廷撤出在藏驻军，把驻藏大臣变成光杆司令。乾隆帝考虑到驻军本来也就五百来人，要真有啥事也不可能指望他们，他要撤就撤出来吧。

但乾隆帝的妥协到此为止。珠尔默特那木扎勒又说为了振兴黄教，请求派拉萨寺庙的高僧去中甸（今云南香格里拉）居住。乾隆帝对此非

31
西藏

常警觉，他明白藏族地区政教关系密切，派人过去"居住"，其实是想要控制中甸，而中甸当时已划归云南省管辖，乾隆帝自然不会允许西藏郡王的手伸出西藏之外。

况且振兴黄教，也就是扶持藏传佛教格鲁派，虽是清朝为统治西藏而长期扛着的一面大旗，但具体问题也要具体分析。颇罗鼐家族长期与当时的七世达赖喇嘛因为争权而关系紧张，颇罗鼐病重的时候，家里人就怀疑是达赖喇嘛在念咒语咒他，病逝之后，七世达赖喇嘛说要亲自参加追悼会，也被他的家人拒绝，这会儿他珠尔默特那木扎勒又怎么可能为振兴黄教而派什么高僧去中甸？

乾隆帝拒绝了郡王的要求并警惕起来，密令驻藏大臣搞清楚这个珠尔默特那木扎勒到底在搞什么花花肠子。此后，西藏郡王又想要西藏东部的"火尔噶锡"，即现在的西藏丁青县，当时该地由清朝管辖，朝廷在那里驻留着一支强劲的蒙古骑兵。这个要求自然也被乾隆帝拒绝了。

硬要说提了这些要求就是要造反，其实也牵强。在说到造反的时候，一般前面都有个动词叫"密谋"。造反这种事都是要闷在心里悄悄盘算的，哪有像他珠尔默特那木扎勒这样大呼小叫地要这要那的？可也没有谁敢保证他不会造反，毕竟你别的东西不要，要地要兵干什么？

在珠尔默特那木扎勒做出下一步举动之前，乾隆帝举棋不定，但也密令四川提督岳钟琪一旦有事，立即提兵入藏。

乾隆十四年底，也就是最后的火并发生的一年之前，珠尔默特那木扎勒与他的哥哥——被分封在阿里地区的珠尔默特策布登（这俩兄弟的名字啊，辛苦大家了）发生了战争。最终，郡王获胜，其兄被杀，郡王实现了颇罗鼐家族内部的统一。

消息传来，乾隆帝先是松了口气：原来他是为了这个。不过想了想，他又品出更深的一层滋味来：虽然他哥哥未能继承郡王，但他分封阿里也是在朝廷走了正式程序的，也算是朝廷体制内的人，珠尔默特那木扎勒怎么能说打就打，说杀就杀呢？

你这是在瞧不起谁呢？

不过那时候，金川那边刚刚窝囊收场，乾隆帝无心也无力再去西藏找麻烦。密令在身的岳钟琪说要入藏收拾郡王，也被乾隆帝制止了。

珠尔默特那木扎勒见朝廷这边不吭声，胆色愈大。挟战胜之威，他大肆在西藏清剿反对派，把跟他老爸南征北战过的那些叔叔伯伯们赶的赶，杀的杀，全力扶持只听他的话的新人。一番胡来后，清王朝在西藏培植多年的郡王代理统治体系被搞得面目全非。这样下去，就算珠尔默特那木扎勒不公开造反，他也会逐渐脱离朝廷的控制。

也许傅清和拉布敦就是因为这些而采取了措施，乾隆帝这么想，他还认为决定这么做的肯定是傅清。和去金川收拾残局的傅恒一样，傅清也是乾隆帝的小舅子、亡妻富察皇后的弟弟。

但乾隆帝不明白小舅子为什么会突然做出如此激烈的举动，就当时朝廷所知道的情况来看，事态的发展还掌握之中，远远不到要和西藏郡王撕破脸，硬要拼个鱼死网破的地步。

乾隆帝了解他的小舅子。傅清倒不是一个胆大妄为的混小子，他既然这么做了，一定有他的理由。那么，一定是西藏方面近来发生了什么朝廷还不知道的重大变故，才使傅清认为没有时间等待乾隆帝的指示，而必须当机立断，孤注一掷。

会是什么事情呢？乾隆帝不敢多想。他接到信息的这会儿，事情已经过去一个多月了，这段时间又发生了什么？他害怕自曾祖顺治帝就开始苦心经营的西藏会在他的手上丢掉，他担心那个离西藏比自己近得多的宿敌会更早得知事变的发生，会更早地采取行动。他很清楚，与那位宿敌的漫长争斗就是之所以列祖列宗和自己如此在意西藏的大部分原因。

他必须立即做出部署，抓住小舅子用生命为他换来的这点儿回旋时间。公元1750年，乾隆十五年的腊月初三，他命令从四川、青海两路调集千余人马先行入藏，了解事态的发展情况，随后再起大军，拉开架势打个大仗。

出人意料的是，青海的兵马于腊月二十一日进抵拉萨，一路畅通无阻，拉萨城内也并未大乱。原来是七世达赖喇嘛走出布达拉宫收拾了残局，把一切打扫干净，等着朝廷过来验收。

喜出望外的乾隆帝开始重新打量达赖喇嘛的政治能量。郡王制度已被破坏殆尽，朝廷在西藏需要新的代理人，达赖喇嘛成为不二人选。乾隆帝不信任任何个人，他信任制度，他也善于琢磨制度。侥幸避开了一场更大规模的祸事之后，他开始认真地总结过去治藏的得失，他要求参与过本次事变处理过程的所有官员也跟他一起认真思考，一起弄个新的制度出来。他说："西藏经此番举动，正措置转关一大机会。若办理得当，则可保永远宁谧；如其稍有渗漏，则数十年后又滋事端。"

公元1751年，乾隆十六年的三月二十八日，《西藏善后章程》颁布，西藏建立了由达赖喇嘛主持，本地贵族执政，驻藏大臣监督的政教合一的特殊地方政府体制，达赖喇嘛从此走向政治前台。

这套新制度可靠吗？有漏洞吗？会再生出事端吗？

这些事到以后再说。

到了乾隆时代，清王朝与西藏的关系已算得上是源远流长了。在清军尚未入关时，藏传佛教格鲁派领袖五世达赖就派遣使节绕过气息奄奄的明王朝，直接向皇太极示好。

入关后在顺治九年，公元1652年，五世达赖受邀亲自前来北京朝见顺治皇帝，得到朝廷的册封，正式接受了清王朝的统治。康熙时期，朝廷多次行使这一权力，甚至改变了达赖喇嘛的传承世系，六世达赖喇嘛仓央嘉措即被剥夺了达赖喇嘛的封号。

康熙晚年，蒙古准噶尔部入侵西藏。康熙帝钦命十四皇子胤祯率军入藏，驱逐准噶尔。雍正帝时代，先后扶持康济鼐、颇罗鼐统领西藏僧俗，并始创驻藏大臣制度。到了如今的乾隆年间，虽然我们的故事还没讲完，与西藏有关的事情就已经发生了很多。

没有哪个王朝像清王朝这样如此重视西藏。对于控制西藏，清王朝不做得过且过的面子工程，而是将西藏纳入自己的核心利益，对西藏问题采取不敷衍的认真态度。

　　清朝历代皇帝都对西藏文武并用，恩威兼施，皇亲国戚、军国重臣被派到西藏去办事的多得很，这不是刚有一个皇帝的小舅子把性命都捐在那边了吗？但不论付出什么代价，清朝的历代皇帝都还硬是要在西藏求得长治久安，可谓用心良苦。

　　这是为什么呢？

　　为了蒙古。

　　那蒙古又怎么啦？

32 蒙古

熟悉历史的读者应该很熟悉满蒙关系的密切，了解得稍微多一些的读者应该知道蒙藏关系也是非常紧密的。而清王朝与西藏的关系，就是满蒙与蒙藏这两种关系的自然对接。

蒙古人可以充当满藏关系的中介，汉人不行，虽然满汉关系密切，但汉藏关系当时却相对疏离。

满族与蒙古族分别起源于大兴安岭的东西两侧。这两个尚武民族，不论谁先崛起，都把对方视为死敌。这种关系可以上溯到满族先祖女真人建立的金国对蒙古各部的打压，和成吉思汗统一蒙古之后对金国的复仇。

当努尔哈赤带领女真人再次崛起的时候，他们面对的是一个碎成渣的蒙古。为了争夺"大汗"这个虚名和跟明朝做暴利的封贡的机会，两百多年里，蒙古的内战从没消停过。

到了明朝末年，蒙古人已经把自己打成了三大块：漠南蒙古，即如今的内蒙古一带，包括察哈尔、鄂尔多斯、土默特、科尔沁等部；漠北蒙古（喀尔喀蒙古），即如今的蒙古国，包括土谢图汗、札萨克图汗、车臣汗等部；此外还有漠西蒙古（厄鲁特蒙古、卫拉特蒙古），即如今的新疆维吾尔自治区以及中亚部分地区，包括准噶尔、和硕特、土尔扈特、杜尔伯特等部。

这是满族不能放弃的机会。努尔哈赤来不及摆平蒙古，这事儿留给了他的继承人皇太极。他非常清楚满蒙之间的恩怨情仇，不彻底征服蒙古这个邻居，清帝国想要的一切都是空谈。

征服蒙古的事情必须做，而且还得赶快做。因为那时候，察哈尔部的首领，最后一任蒙古大汗林丹汗就像在和皇太极赛跑一样，已经把漠南蒙古统一得差不多了。

不过这对于皇太极而言，却意味着只需击败林丹汗一人，整个漠南蒙古，就连蒙古大汗这个头衔也都会是他的。公元1632年，明崇祯五年，满蒙在西拉木伦河岸决战。林丹汗战败西逃，八旗军摧枯拉朽地跟踪追击，竟然一路追到了遥远的青海，林丹汗最终于1634年死于此地。皇太极顺手就把整个漠南蒙古整合到了清帝国的旗下。漠北蒙古各部也被皇太极吓得心胆俱裂，赶紧向勃兴的大清表示顺从，暂时以同盟者的姿态保住了他们的政治独立地位。

远征青海的大清国，除了吃下整个漠南蒙古之外，还有个意外的收获：直接接触到了漠西蒙古和青藏高原。虽是初次见面，但眼光敏锐的清王朝很快就意识到漠西蒙古各部的雄心与实力，以及藏传佛教格鲁派对所有蒙古人的强大影响力。

那时，漠西蒙古也在剧烈变化之中。八旗军撤离青海的同一年，公元1635年，明崇祯八年，原本游牧于乌鲁木齐一带的漠西蒙古和硕特部在首领固始汗的带领下由青海入藏，帮助格鲁派教主五世达赖喇嘛武力铲除了藏地各处的反对派，在确立了格鲁派在藏传佛教中的至高地位的同时，和硕特部也获得了青藏高原的实际统治权。

与清军在青海擦肩而过，和硕特部见识到了一个势不可挡的新兴帝国，急欲寻求盟友的固始汗很快与清朝建立了名义上的从属关系。清王朝对西藏最初的控制就是通过和硕特部间接开始的。清王朝笼络藏传佛教势力，试图利用他们实现对蒙古各部的精神控制。

几乎与和硕特部南下青藏的同时，漠西蒙古中的另外一部，原在伊犁河谷生活的土尔扈特部向西迁徙，穿过中亚草原去了伏尔加河下游地

㉜
蒙古

区。为了在那里生存，他们不得不和俄罗斯帝国建立了从属关系。

除了方向不同之外，和硕特部和土尔扈特部的迁徙都放弃了他们原来的游牧区，去了很远的地方，到达之后又都急于寻找新的庇护者，好像在躲着什么一样。

躲谁？

准噶尔。正是漠西蒙古准噶尔部的剧烈扩张，逼得和硕特部和土尔扈特部背井离乡。赶走他们之后，准噶尔部囊括了从蒙古西部直至中亚巴尔喀什湖之间的广袤土地。

公元1680年，康熙十九年，准噶尔部攻灭天山南侧的叶尔羌汗国，就此统一了如今的新疆，成为以伊犁为核心的中亚强权。

此后，准噶尔大汗噶尔丹将视野转移到东方。他们想要征服大漠南北的蒙古各部，像成吉思汗那样重建一个统一的蒙古帝国。

但问题在于，彼时大漠南北的蒙古各部已是清王朝的势力范围，漠南蒙古完全纳入了清王朝统治，漠北蒙古各部也在名义上归属于清朝。他噶尔丹要统一蒙古，还得问问人家清王朝有什么意见没。

噶尔丹拿刀去问。康熙二十六年，公元1687年，噶尔丹率兵深入漠北突袭土谢图汗部。土谢图汗王惨败，逃入内蒙地界，噶尔丹也跟着追了进来，兵锋直指北京城。

漠北各部向康熙帝求救。但康熙帝并不提供免费的援助，在漠北各部同意了像漠南一样取消政治独立，完全纳入清帝国的条件之后，康熙帝才答应出兵打击噶尔丹。

康熙二十九年，公元1690年，康熙帝亲率大军与噶尔丹会战于乌兰布通（今内蒙古翁牛特旗西南）。噶尔丹战败西逃。清准之间长达近七十年的战争大幕就此拉开。

六年后，康熙帝主动出击，深入漠北，在昭莫多（今蒙古国乌兰巴托宗莫德市）击败噶尔丹，击碎了他统一蒙古高原的雄心。清王朝大军一路追击到哈密，并在那里建立了军事据点，这就是清王朝在新疆地区统治的开始。

康熙三十六年，公元1697年，噶尔丹被其继承人策妄阿拉布坦逼死。此后这位准噶尔新汗暂时偃旗息鼓，没再招惹康熙皇帝。

康熙帝也适时停手，没有逼人太甚。他明白这是一场漫长的战争，准噶尔实力尚存，不是一战两战就能搞定的，若再加逼迫，准噶尔很有可能招来一个强大的盟友为其助阵。这个盟友就是俄国。

当时，俄国的势力早已到达中亚地区，跟准噶尔眉来眼去已经很长时间了，二者已经多次协同外交行动，只是俄国还没有直接出兵帮助准噶尔。毕竟俄国的意图也是要吞并准噶尔，这一点准噶尔人很明白，所以只要清朝那边没有逼得太急，准噶尔人就和俄国保持着适当的距离。

康熙帝的克制是及时的。在清准之间战事稍息的这段时间里，策妄阿拉布坦多次拒绝俄国的"好意"。但这并不代表策妄阿拉布坦就停止了对清王朝的敌对行动。

公元1696年，康熙三十五年，康熙帝从准噶尔战俘口中得到一个令他无比震怒的消息：西藏的五世达赖喇嘛早已圆寂，掌权的大喇嘛桑结嘉措隐瞒消息，已经以五世达赖的名义掌握格鲁派大权长达十多年了。这么大的事情居然可以隐瞒十来年，可见当时西藏与中央之间联系的薄弱程度。

比这个更让康熙帝感到可怕的是，"朕十多年都不知道的事情，准噶尔却能知道"。康熙帝深知格鲁派与准噶尔的关系，就连噶尔丹本人都是五世达赖的座下弟子，但还没料到这种关系会密切到双方联合起来欺瞒自己的地步。如果任由他们这样发展关系，帝国的西部边疆会发生什么？这让康熙帝不得不寻机给格鲁派以更严格的约束。

康熙帝严厉勒令桑结立即寻找五世达赖的转世灵童，恢复达赖喇嘛世系传承。桑结只能从命，于公元1697年完成了康熙帝交代的任务，迎立仓央嘉措为六世达赖。

仓央嘉措，知道吧？写爱情诗的那位。

32 蒙古

几年后，清王朝的机会来了。前面我们说过，漠西蒙古和硕特部在明末清初的时候进入西藏，掌握了西藏的军政大权。到这时候，和硕特的西藏政权已经传到了汗王拉藏汗的手中，跟格鲁派的关系也早已过了蜜月期，争权斗争即将白热化。

公元1705年，康熙四十四年，拉藏汗与桑结爆发武装冲突。康熙帝站在拉藏汗一边，桑结战死，余部逃往准噶尔。六世达赖成为政治牺牲品，被剥夺了达赖喇嘛的封号，在押送往北京受审的途中遁去，不知所踪。

康熙帝强硬地向准噶尔表达了西藏不容染指的态度。不过，准噶尔汗策妄阿拉布坦却敏锐地发现了这种强硬背后的漏洞，他看出当时清王朝在西藏并没有直接的统治力，对西藏的一切控制都要通过和硕特部实现。

那么，就消灭和硕特！策妄阿拉布坦决断。东进蒙古的道路已走不通，北面是俄国，西面是哈萨克，都在不断地悄然蚕食他的土地，夹缝中的准噶尔必须冒险突围，南方薄弱的西藏是他的必然选择。

蒙古人的战争向来是大开大合的大手笔，一张所示范围狭小的地图根本描绘不出蒙古人的宏大战略。公元1716年，康熙五十五年的严冬，准噶尔骑兵在这个最出乎意料的时间走了一条最出乎意料的路线：翻越帕米尔高原，从阿里、日喀则一线突袭拉萨。

半年后，他们得手。和硕特部的拉藏汗败死，残余势力逃往青海。

迅雷不及掩耳之势的蒙古突袭把难题丢给了晚年的康熙帝。赖以控制西藏的和硕特部已被打垮，要收回西藏就得自己出兵，但此前清王朝还从未在青藏高原的核心地区用过兵，况且眼下准噶尔军已经在那里以逸待劳，战争难度极大。

果然，公元1718年，康熙五十七年，康熙帝派出的数千军队全军覆没。消息传来，朝廷哀鸿遍野。这西藏，是要，还是不要？

当然要！

玄烨就算老了，也依然是康熙皇帝。面对挫折，他决定加大力度，于初战失利的当年再整大军，任命自己的第十四子胤禛为抚远大将军王，入藏驱逐准噶尔。康熙帝这一决策背后的牺牲很大，胤禛是他宠爱的儿子，康熙帝对他有所期待，而在自己来日无多的此时派他去出长差，就等于舍弃了让他继承皇位的可能性，也舍弃了帝国未来前途的另一种可能。

胤禛办差是得力的。公元1720年，康熙五十九年八月，清军收复拉萨，准噶尔势力退出。清王朝就此丢开和硕特部，直接与西藏贵族建立联系，依靠他们实现对西藏的统治。前文所述的西藏本地人颇罗鼐等就在这时得到了朝廷的信任，管理西藏的新制度开始形成。

为了配合西藏方面驱逐准噶尔的行动，驻守哈密的清军也同期向准噶尔发动进攻，进占吐鲁番、乌鲁木齐等地。

雍正初年，和硕特部不甘心失去西藏，被清王朝冷落而发动叛乱。雍正帝将其平息，从此清王朝在青海的统治也步入正轨。这是后话，暂不细说。

使出这样的大招都没能改变局势，策妄阿拉布坦没辙了，战争的主动权从此落到清王朝一方。在此后和清王朝进行的拉锯战中，策妄阿拉布坦和他的继承人噶尔丹策零也能取得一些胜利，有些还不小。例如公元1731年、雍正九年的和通泊大战，准噶尔全灭清军两万。但是要知道，和通泊这个地方位于蒙古西部，清军已经打到了准噶尔的家门口。

和通泊大战之后，清准战局就僵住了。迫于战线日渐遥远，补给越发困难，雍正帝停止了对准噶尔的进攻。但这不等于放弃，雍正帝心里非常清楚准噶尔问题的重大意义："准噶尔一日不靖，西藏事一日不妥；西藏料理不能妥协，众蒙古心怀疑贰。此实为国家隐忧、社稷生民忧戚系焉。"

转机的出现，还需要漫长的等待。

到了乾隆初年，双方干脆议和不打了，商定以阿尔泰山为界，山东为清王朝治下的喀尔喀蒙古所属，山西为准噶尔属地。但台面上议和，不等于台面下就没有小动作，准噶尔依然试图向在其周边力量最薄弱的西藏扩

32 蒙古

展，为此极力与逐渐掌握了西藏军政大权的颇罗鼐家族发展关系。这种努力到颇罗鼐死后开始出现成果，在第二代西藏郡王珠尔默特那木扎勒上任之后的一系列不安分举动的背后，就总有准噶尔挑唆的影子。

公元1745年，乾隆十年，准噶尔部大汗噶尔丹策零去世。老爸没了就兄弟翻脸的蒙古老戏码开始上演，刚开始时规模还有限，不过是些政治斗争，后来愈演愈烈，几个兄弟动起刀子来了。

公元1750年，乾隆十五年的九月二十三日，继承大汗之位的二儿子策妄多尔济纳木扎尔被贵族谋杀，长子喇嘛达尔扎被拥立为汗，准噶尔内乱扩大。

准噶尔与西藏关系密切，那边的任何风吹草动都会影响这边。向来就不安分的西藏郡王珠尔默特那木扎勒闻讯愈加坐不住了，也想来蹚这趟浑水。

就在这个微妙时刻，乾隆十五年的十月十三日，驻藏大臣傅清、拉布敦无奈之下采取了断然措施。

事发突然，傅清和拉布敦没能在动手之前将他们掌握的情况详细地汇报给乾隆帝。幸好乾隆帝很快控制了局势。西藏安稳之后，他也逐渐察觉到了西北方的异常情况。一些在内斗中失败的准噶尔人陆续东迁投靠清王朝，通过他们带来的消息，清王朝逐渐拼凑出了准噶尔眼下的混乱图景。

终结这场已经延续了六十年、跨越了三代人的生命历程的战争，彻底安定中国整个西部边疆的机会到了吗？乾隆帝开始认真地思量，自己能做到这件祖父和父亲都没能做到的事吗？

33 北美

遥远的北美大陆，乔治·华盛顿正踌躇满志地盘算着如何扩张祖父、父亲和兄长留给自己的殷实家业。十七世纪时，乔治的祖父约翰·华盛顿漂洋过海来到新大陆上的弗吉尼亚经营烟草生意。经过父亲奥古斯丁和兄长劳伦斯的接力发展，到了乾隆十七年，公元1752年，二十岁的乔治继承家业时，华盛顿家族已经拥有了一个叫作"弗农山庄"的大型蓄奴种植园。园子出产的烟草在为家族成员们赢得财富的同时，也为他们换来了崇高的社会地位。

除了传统的烟草生意之外，华盛顿家族还投资了"俄亥俄公司"，购买了这家公司的大量股份。这家公司做的可不是小本买卖，它得到英国皇室特许，由弗吉尼亚本地人筹资建设，致力于深入北美内陆开发土地，为愈发拥挤的英属北美殖民地拓展新的生存空间。

翻过阿巴拉契亚山脉，广袤无垠的北美内陆所蕴含的无限可能曾经让作为俄亥俄公司土地勘探员的乔治·华盛顿心潮澎湃，十六岁时那次游历中的见闻令他放弃了加入英国海军的梦想。眼前就已足够精彩，又何必幻想闯荡世界？年轻的乔治决定留在家里，为家族出力，为家乡出力。

为此他加入了弗吉尼亚民兵队伍。凭借华盛顿家族的社会地位，乔治一进去就得了个中校的军衔。民兵虽然不是英国的正规军，但也不是闹着玩的，英属北美殖民地的敌人很多，除了神出鬼没的印第安土著时常过来索命之外，英国人要在北美立足，还必须面对其宿敌法国人的挑战。

哪里有英国人，哪里就有法国人。英法两国在北美的拓展几乎同时开始。英国人占据北美大西洋海岸的中南部时，法国也控制了大西洋海岸的北部地区；英国人给自己占据的一块地方起名叫"新英格兰"，法国人则给自己的那块地起名叫"新法兰西"，又名"加拿大"。对抗竞争的意味很足。

商业主导下的英国人热衷于做大众消费方面的生意，这种生意单件利润不大，但胜在数量宏大，英属北美殖民地逐渐成长为烟草、棉花等大宗农产品的生产基地。法国虽然也处于商业革命的浪潮之下，但国内的农业根基依然深厚，农民的购买力有限，没法像英国那样消费大量的外来产品，法属北美殖民地只好做一些数量较少，但单件利润相对更高的奢侈品生意，例如皮草。为了追捕能够产出优质皮草的海狸鼠，法国人一路穿越北美大陆，从大西洋追到了太平洋，也在完整地探索出整个加拿大地区的同时，建立起以魁北克为中心的庞大法属北美殖民地。

康熙二十一年，公元1682年，法王路易十四命令北美法军沿着密西西比河大举南下，直达墨西哥湾，宣布走过的这一整片土地都是他的，命名为"路易斯安那"。如此一来，法国就和其占据佛罗里达的传统盟友西班牙一起，对英属北美殖民地形成了三面合围。英国想稍微动弹一下，都得问问法国人同不同意。

可是，和当时的法兰西帝国本土一样，硕大无朋的法属北美殖民地也是虚胖的。

王室的雄心和贵族的贪欲是法国在北美拓展的动力，在这一点上英法大致相同。不同的是，英国另有一个更加强大的动力来源，那就是民众自发的逐利行为。商业环境宽松的英国普通人广泛地参与北美大陆上的投机活动，也驱使更多的英国人干脆把家都搬到北美来，就近做自己的生意。到了1750年，英属北美殖民地已经拥有125万人口，这在欧洲可以建立起一个不大不小的国家。

而法国呢，殖民地上的所有利益都被王室和贵族把持着，民众因此对殖民地的得失漠不关心。地盘虽说抢了不少，但在1750年，法属北美殖民地的人口才6万多人。这真是少得可怜，要知道，当时在巴黎凡尔赛宫服侍法王的人都有3万多呢。

不过，国家垄断自有它的好处，为了守护在北美的财富，法国统治者在法属北美殖民地建立了一套完善的军事体制，有一支数万人的正规军，还在很多要塞建筑了军事堡垒。这些则是英国没有的优势。

当时，英国政府不敢在北美贸然挑战法国。就算要打，也不会先在北美打起来，那明显是要吃大亏的。但英属殖民地上的人可不这么想。为了自身的发展，他们丝毫不考虑母国的难处，甚至为了彻底把母国拉下水而故意去招惹法国人。十八世纪五十年代初期，英法两国没有明确宣战，但在北美，两国殖民地间的小规模武斗到处都是，主要是英属北美殖民地去法属北美殖民地那边惹是生非。

这不，乾隆十九年，公元1754年初，乔治·华盛顿民兵中校正带领着一百二十人组成的民兵队伍翻越阿巴拉契亚山脉西进内陆。他是奉了弗吉尼亚总督的命令，去法国人的地盘上修建堡垒。

为什么殖民地这么不听话，不和母国保持一致呢？英属北美殖民地当时有十三个，它们都不是英王的军队打下来的，而是普通殖民者在那里立足之后，主动宣布那里属于母国，让渡一些权利给母国，换得母国的庇护，但依然保持着高程度的自治。

虽是第一次带队打仗，乔治·华盛顿出发的时候还是自信满满的，因为总督的这次惹事行动共有两路人马，还有一百来人比他先出发，估计现在法国人都已经被那一路人马给吸引过去了，自己这边的负担不会大，任务应该很快就能完成。

可走到半路，他得到消息，那一路人马早在陷入法国人的包围后投降了。

据说法国人这回出动了一千多人，还扛着大炮，这会儿正在四处找他呢。华盛顿紧张起来，离弗吉尼亚已经很远了，想回去是来不及的，况且，他那贵族式的荣誉思维也不允许他回头。眼下他只能一边四处求援，一边继续向西挺进，赌一把。

其实法国人并不知道华盛顿这支人马的底细。驻扎在附近的俄亥俄河分岔口处的迪尤肯堡的法军只知道有一支弗吉尼亚民兵犯境，但对谁带队、有多少人枪、具体目的是什么等信息一概不知。因此，法国人决定先礼后兵，派出使节去寻找这支队伍，欲先尝试以外交手段解决争端。

法军使节带着三十二人组成的使团找到华盛顿。在两军相遇之前，法军就已经按照惯例敲起军鼓，表示此行只为谈判，不交战。但是不知道华盛顿手下的这帮民兵是不懂规矩呢还是擦枪走火，居然莫名其妙地把法军使节给打死了。

双方由此开战。法国人少，吃了败仗。

年少轻狂的华盛顿干脆把事情往大里闹。他大大咧咧地向弗吉尼亚总督"报捷"，要求他准备打大仗，立即派遣援兵前来助阵。

总督晋升华盛顿为民兵上校，并给了他两百多人的支援。华盛顿胆壮了，率领已有四百来人的队伍在宾夕法尼亚附近的尼西塞蒂修筑堡垒，等待法国人前来会战。

初次用兵的华盛顿的军事技巧还毛糙得很，他高估了自己人的建筑速度，也低估了法国人的报复速度。这边砖头还没垒完呢，那边五百多法军就已经来了。几番交锋下来，法国的正规军把华盛顿的这帮民兵打得只能蹲在半成品堡垒里等死。

乾隆十九年，公元1754年的7月4日，饿得头晕眼花腿打颤的华盛顿命令部下挂出白旗，向法军投降。法军同意之后，华盛顿灰溜溜地走出堡垒，在敌人已经拟好的投降书上签了字，承认脚下的这块地皮归法王所有。之后，法军对华盛顿开了恩，恩准他带着自己那些已经被缴械的残部回老家。

那时灰心丧气的华盛顿不会想到，在多年之后的一个7月4日，他可以用无上的荣耀来补偿这个7月4日带给他的耻辱。

是的，不是别的乔治·华盛顿，这个战败的将领就是美国的开国总统。

华盛顿败了也就败了，也不是什么大事，大事是这回殖民地当局总算是把母国拉下了水。事情闹到了这个份上，伦敦方面不得不稍微过问一下。

英国政府将此战失败的原因归结为民兵团的战斗力太渣，命令拆散民兵团，打散编入英国正规军一起训练。华盛顿也在这次整编中被贬成个光杆上尉。他受不得这口气，干脆辞职不干，回家专心当他的农场主去了。

英国本土人非常看不起殖民地同胞，一个伦敦官员的一句笑话在英国本土非常流行，大意是只要给他千把人的军队，通过一些武力和哄骗就可以阉割殖民地上的所有男人。通过这句恶毒的玩笑，英国本土人的傲慢可见一斑，所以对于华盛顿负气回家，英国政府没有任何人出面挽留，哪怕只是做做样子都没有。

几个月后，伦敦派来弗吉尼亚整顿军务并打击法国的正规军上校爱德华·布拉多克抵达，他还带来了两个团的正规陆军。同时，一支海军舰队也驾临圣劳伦斯河口，支援陆军行动。

乾隆二十年，公元1755年初，北美大陆战云密布，英法决战一触即发。

西北

形势一触即发的不只是北美。公元1755年初，乾隆二十年正月，清王朝与准噶尔之间的战争亦是箭在弦上。

西藏事变发生后的五年内，乾隆帝一直密切关注着准噶尔的事态发展，但毕竟相距遥远，消息闭塞，这些年所得到的真伪难辨的零星信息不足以支撑乾隆帝做出一个将彻底改变中国、中亚乃至整个亚洲政治局势的重大决策。

公元1754年，乾隆十九年的五月，杜尔伯特部，这个长期被准噶尔部压制的漠西蒙古大部落，因受不了混乱的内讧而东归清王朝。乾隆帝亲赴避暑山庄接见该部首领。

"三班诺！"在避暑山庄会晤时，乾隆帝用蒙古语向杜尔伯特部首领问候，让这些归来的游子感激涕零。驻留避暑山庄期间，乾隆帝每日举办巨型宴会，款待杜尔伯特部首领，还为他们重新安排游牧地，册封该部首领车凌为亲王。

乾隆帝从该部首领口中得到有关准噶尔内乱最新、最准确的消息：原来，历经多年的准噶尔内乱还在愈演愈烈。策妄多尔济纳木扎尔死后继位的准噶尔汗喇嘛达尔扎已经被贵族达瓦齐和阿睦尔撒纳联合起来杀掉了，达瓦齐当了准噶尔大汗，但这人立即又跟战友阿睦尔撒纳翻了脸，目前内讧的主角就是他们俩。

乾隆帝稳住脸色静静地听着杜尔伯特部的讲述，心里早就乐开了花。你们准噶尔自己闹成这样子，那就别怪我不讲情面了。他立即指示军机大臣准备军务道："朕意机不可失，明岁拟欲两路进兵，直抵伊犁……此从前数十年未了之局，朕再四思维，有不得不办之势。"

看见没，这是大事，人家是再四思维，不是再三。

直抵伊犁，征服西域，确如乾隆帝所说，是清王朝数十年来未了之局。而对于整个中国的历史来说，这更是一个近千年的未了之局：自安史之乱后唐王朝退出西域，西域游离于历代中央王朝之外已有近千年之久。

该到瓜熟蒂落的时候了。乾隆帝接纳杜尔伯特部之后才过了一个月，西北那边的剧情又更新了：达瓦齐与阿睦尔撒纳大战于额尔齐斯河源。阿睦尔撒纳战败东逃，带着残部和他那未遂的勃勃野心归降了清王朝。

该年十一月，匆忙结束盛京的祭祖大典和北京的祭天仪式后，乾隆帝再次赶往避暑山庄会见阿睦尔撒纳。心情急切的他要求大家走快些，原本要走六天的路，三天就到了。

在准噶尔内乱中扮演核心角色的阿睦尔撒纳为乾隆帝带来了更加有价值的信息。他详细地向乾隆帝介绍了准噶尔汗位争夺的所有内幕，以及准噶尔境内各地的兵要地理、经济状况。两人的商量甚至细化到了作战的具体战术层面。这样一来，乾隆帝的信心更坚定了，他要主动出击，了结父祖数十年未了之局、中国近千年未了之局。

然而，当他回到北京，把这事拿出来向朝廷征询意见时，却遭遇到了阻力。除了他亲爱的小舅子傅恒之外，没有人赞同他的远征计划。毕竟远征西域，在中国古代任何一个王朝都是一件劳民伤财却在短期内看不出什么收益的事，历来都是帝王好大喜功的标签。

乾隆帝虽是独裁君主，但独裁并不意味着不知好歹，尤其是大家给他算的一笔经济账，乾隆帝不得不认真考虑。从机遇出现到决定进军只有半年时间，朝廷没有准备好足够的军备粮草。这且不说，将粮草运往遥远的前线，运费是内地的十倍甚至二十倍，万一战事稍有不顺，打上个一年两年，其他的且还不算，光是运费就会高达数百万两白银。而根据以往对准噶尔战争的经验来看，这场仗至少也得打个三五年。

乾隆帝已经部署过两次小规模战争，有过前线的账单像雪片一样飞过来等着他审计报销的经历，知道那滋味不好受。

即便如此，他依然不愿放弃这个千载难逢的机会。魄力和雄心促使他做出了一个赌博式的残酷决心：仗必须打，但出征的士兵只带两个月口粮，不够的自己去准噶尔抢。

公元1755年，乾隆二十年的二月下旬，清王朝发兵五万，分两路远征准噶尔。北路从乌里雅苏台出发，西路从巴里坤出发，阿睦尔撒纳跟随北路军行动。

万万没想到，两路大军的进展出奇顺利，一路上没有遭遇什么像样的抵抗，五月即在博罗塔拉（今新疆博乐）如期会师。此地离准噶尔的老巢伊犁已经不远了，准噶尔汗达瓦齐吓得干脆放弃了伊犁，把队伍拉出来准备逃跑。

五月十四日，清军一支二十来人的前哨小队在今天新疆昭苏县境内的格登山上发现了达瓦齐的主力部队。小队长阿玉锡在观察敌军形势后，发现那是一群已经被吓破胆的惊弓之鸟，他毅然决定不等待大军到来，径直带着身边的二十多人英勇地冲进敌阵，果然搅得准噶尔军一片混乱，根本无力反击。达瓦齐带着两千多人跑了，其他人全部投降阿玉锡。

格登山上的英雄传说，像极了清王朝迄今为止整场战役的缩影，一次横下心的勇猛突进，换来意想不到的重大胜利，也为这场大清数十年未解之局、中国近千年未解之局画上了句号。雄踞天山南北达百年之久，曾剑指紫禁城，耀兵布达拉宫，威震俄国，压制哈萨克的漠西蒙古准噶尔就此灭亡。中国的控制力再次延伸到亚洲的地理中心。

不久，逃跑的达瓦齐被维吾尔贵族霍集斯擒获，献给了清王朝。霍集斯因此得到信任，清王朝根据他的建议，释放了被准噶尔人囚禁在伊犁的维吾尔族政教领袖和卓家族白山派的布拉尼敦、霍集占两兄弟，让他俩代表清王朝前往天山南麓招抚信仰伊斯兰教的维吾尔各部。

捷报让乾隆帝喜笑颜开，他想不到这次战争会进行得如此顺利，几乎兵不血刃。他庆幸自己几个月前的自信和坚持，原来准噶尔这颗果子真的已经熟透了，若这次不及时摘下，恐怕再等又会烂掉了。

但这一切是不是来得也太简单了点儿？

34
西北

35 事端

在地球的另一端，代表母国来帮助英属北美殖民地的爱德华·布拉多克上校认为收拾法国人很简单。乾隆二十年，公元1755年的4月，他召集弗吉尼亚、宾夕法尼亚、马里兰、北卡罗来纳、纽约五个殖民地的代表开会，宣布他整顿军务的成果和此后讨伐法国人的战略目标。

他的目标很大：要把法国人从英属殖民地的边界赶走，要完全占据俄亥俄河流域，要摧毁法国人在五大湖地区的防御体系，要攻下法属北美的新斯科舍省。

就两个团的兵力，布拉多克就能想这么多。刚开始听他讲时，与会的殖民地代表们本来也不怎么认真，不过是吹牛吧。不过，听着听着，他们听出味道来了，原来布拉多克是要殖民地出钱出力，负责此次战事的后勤工作。母国毕竟是母国呢，就算是被你小子几个拖下了水，也还精明着呢。

没办法，人家来都来了，而且也是来替殖民地打仗的，这事不得不应承下来。几个殖民地的头目思来想去，决定请时任英属北美殖民地邮政局长的本杰明·富兰克林来具体负责这件事。

没错，不是别的哪个富兰克林，就是那个在雷雨天放风筝做实验，后来头像被印在100美元钞票上的美国开国元勋本杰明·富兰克林。

这位时年四十九岁的波士顿人有着传奇的人生经历，是当时为数不多的几个被英国本土人看得上的殖民地人之一，或者就直接说是唯一一位也可以。

富兰克林是一个贫穷家庭里的第十五个孩子，没怎么读过书，很小就去印刷厂当学徒，在那里勉强识了字，长大后进城打工，先后在纽约、费城打拼，后来还去过伦敦，大洋彼岸启蒙运动和科学革命的浪潮让他大开眼界。他明白知识不仅是自己在贫穷生活中坚守的一个小爱好，更将是未来世界发展的动力。

回到北美后，富兰克林于1730年创办了《宾夕法尼亚报》，那是费城史上的第一份报纸。他也由此开始积攒财富，摆脱了屌丝生活，成了富人。富兰克林对此骄傲地说："在获得了第一个一百英镑之后，再去赚第二个一百英镑就容易多了。"这句话的意思和我们的王健林先生"先挣他一个亿的小目标"的说法大致相同，要知道那时候的一百英镑对于普通人来说也是个天文数字。人们在对他的言论感到惊愕的同时，也不得不服气，人家富兰克林的确能干。

挣钱后的富兰克林开始有时间来钻研高大上的科学事业。现在的人们质疑他用风筝引下霹雳这个故事的真实性，那么且不说这个，物理学中重要的电荷守恒定律也是富兰克林最早发现的，这可是千真万确的事。

通过实验，富兰克林发现：每个物体都带有一定量的电。摩擦不能创造出电，只是使电从一个物体转移到另一个物体，它们的总电量不变。物体上带过量电的称为带正电，不足的称为带负电。

如此一来，电就不再是神话里扑朔迷离的东西，而成为一个可以观测度量的物理量。

前面我们不是说过吗？启蒙的意义就是把原来扑朔迷离的那些东西变得清晰可见。

除此之外，富兰克林还改良壁炉，节约了一大半的燃料；发明了老人用的双焦距眼镜；发现了墨西哥湾暖流；发明了逍遥椅……

乾隆十八年，公元1753年，他的成就得到母国肯定，被选为英国伦敦皇家学会院士，成为唯一获此殊荣的英属北美殖民地人。总之，在英属北美殖民地，富兰克林是个神一样的存在。

筹办军需这事找到富兰克林就算找对人了。富兰克林开动他的印刷机，印制了大量宣传法国威胁的传单，号召殖民地人民团结抗敌。同时开出每天十五先令，先行预付七天的价码，雇用民间马车支援前线。十五先令可不少，相当于华盛顿在民兵队里一个月的工资呢。很快，富兰克林就招来150辆大马车、259匹挽马，花掉了他三万英镑。

富兰克林不担心破产，他相信财大气粗的母国会把这些加倍还给他。然而，代表母国收货的布拉多克并没有这么做，他只给了富兰克林八百英镑，还不够塞牙缝。

连殖民地的人心目中的神人都敢欺负，英国本土人的确够傲慢。

好了，烂摊子留给他富兰克林去收拾，吃饱喝足的布拉多克这就风风火火地上路去打法国人了。英军分四路前进，布拉多克亲自带着一路人马去攻打迪尤肯堡。这次华盛顿也跟来了，他被弗吉尼亚总督推荐给了布拉多克，带着民兵中校的军衔来跟着"观摩学习"。

这些英国正规老爷兵们一路走，一路玩，还不忘跑到沿途印第安部落里去撩人家的妹子，整整十一天才走了四十公里。6月16日才翻过阿巴拉契亚山进入法国人控制的地区。这时，布拉多克得到消息，迪尤肯堡里只有法军一百来号人，于是他终于下令加快速度。

就在他们磨磨蹭蹭的时候，法国援军六个营已于6月8日躲过英国舰队的拦截，登陆北美并迅速就位，等着布拉多克过来。

7月9日，英军抵达迪尤肯堡前的蒙诺加拉河。轻率渡河的英军遭到法军三面伏击。呼啸着向英军招呼过来的，除了法国人的子弹，还有印第安人的飞斧。这次参战的法军只有不到三百人，但却有六百多印第安盟军。本来英国这边也是有印第安盟军的，不过这次英国老爷兵撩了他们的妹妹，印第安盟军跟英国人闹翻了所以没来。

这回英国人又吃瘪了，又惨败一场，布拉多克还受了致命伤，奄奄一息地被残兵抬着又往回渡过了蒙诺加拉河。法军见好就收，没有追击，他们还不想把事情闹太大，想着这样小规模地打一打就行。

英军残部原路返回，比来的时候要快得多，没工夫去撩妹的他们只用七天时间就逃回了出发地。回家之后，布拉多克不治身亡，华盛顿主持了他的葬礼。这位军事生涯战绩已经不幸地变成零胜两负的年轻人对母国的军队深深地失望了。他说："我再也不想见到红衫军。"英军穿着红色的制服，所以叫红衫军。

布拉多克这一路惨败而归，其他三路人马也一无所获。在后方为英军收拾烂摊子的富兰克林也十分克制地吐槽说："我们对英国正规军的勇敢无敌推崇备至，是毫无根据的。"

富兰克林最后找到了门路让英国政府偿还垫进去打了水漂的三万英镑，以避免破产。但伦敦那边依然不依不饶，英国财政不愿意白白拿钱出来填坑，而是以税收的形式把这笔账再次转回到英属北美殖民地每个人的头上。

无论如何，英法两国的正规军已经交锋，这以后是打是和，巴黎和伦敦的高层必须得站出来给个明确的说法。

35
事端

清王朝的战争这会儿看起来已经结束了，战役中一直着急忙慌地跑在前面收降纳叛的阿睦尔撒纳，也觉得到了该找乾隆皇帝要个说法的时候了。清王朝知道他劳苦功高，在战役结束后就赶紧给他送上"双亲王"的爵位，即让他顶着一个亲王的帽子，领双份亲王的俸禄。可这些东西哪够买下一位草原枭雄的野心？

达瓦齐战败后，阿睦尔撒纳立马上书乾隆帝，说他们漠西蒙古这几部和漠南、漠北不一样，漠西蒙古一定要有个总首领，不然就要生乱子。然后他还热心地给乾隆帝支招说，可以在最后一任大家公认合法的准噶尔汗噶尔丹策零的亲戚里找个人出来做这个总首领。

这就是"司马昭之心，路人皆知"了。

谁不知道准噶尔内乱这么多年，噶尔丹策零的亲戚们，除了他阿睦尔撒纳本人之外早就被杀绝了。他就是噶尔丹策零的外甥，策妄阿拉布坦的外孙。他投靠清王朝的目的不过是利用清王朝去消灭达瓦齐，然后自己占据准噶尔。

尚在欣喜之中的乾隆帝此刻不想生事，对阿睦尔撒纳的要求装聋作哑，只让他先回北京来领完赏再说别的。没办法，你永远也无法叫醒一个装睡的人。阿睦尔撒纳只好悻悻地听话，先去北京再说。

走到半道上，一个消息让他振奋起来：清军原计划是去准噶尔的地盘上抢粮食吃的，结果等到了才发现，西域各地都在内乱中被打成了焦土，哪里还有什么粮食可抢？要是还有粮的话，准军又怎么可能这么轻松就让清军给灭了？当兵的人是饿不得的，人家手上攥着刀呢。乾隆帝为防生变，赶紧命令大部队撤回内地去吃饭，只在乌鲁木齐留下六千人，伊犁更是只有区区五百人。

听见这个消息，阿睦尔撒纳心里那个喜呀，就跟看见天上掉下来一条活龙似的。这下子牧羊犬走了，狼的精神头儿也就打起来了，阿睦尔撒纳开始寻找机会。

公元1755年，乾隆二十年的八月十九，阿睦尔撒纳一行人走到乌隆古河，那里离他的老家不远。晚上，阿睦尔撒纳照例和陪他同行的漠北蒙古札萨克额琳沁亲王大吃大喝。这位亲王的政治敏感度忒低，几碗黄汤下肚就忘乎所以，竟然同意了阿睦尔撒纳提出的回家收拾行李的要求。

"兵荒马乱的，草原上的狼都少了好多。"临走的时候，阿睦尔撒纳没头没脑地对额琳沁说，随后大步流星地走出帐篷，走进大草原。

依旧是这片他熟悉的草原，一切本也各自安静，只有这夏日里的风玩世不恭，总要去撩拨狼的鼻尖、马的鬃、汉子的酒囊、姑娘的子宫。

"哦……是吗？"还醉着的额琳沁浑浑噩噩地应了一声。第二天酒醒了，额琳沁才想起阿睦尔撒纳可能是要跑，赶紧派兵去追，却又哪里追得上？白忙活一场后，额琳沁只好战战兢兢地向远方的乾隆帝报告情况。

接到消息的乾隆帝气得满脸紫涨，极要面子的他无法接受一个自己曾经倾心信任过的人欺骗自己。好在他毕竟头脑清楚，这还不是他发泄情绪的时候，现在的要务是捉住阿睦尔撒纳。大军已经回撤，伊犁只有五百人，乾隆帝能够依靠的只有乌鲁木齐的六千人马，他立即令乌鲁木齐守将永常援救伊犁。

阿睦尔撒纳出逃之后，果然收集部众直扑伊犁。五百清军无法抵

36
枭雄

挡，九月初六，伊犁失陷。乌鲁木齐那边的永常听说阿睦尔撒纳突然来了这么个回马枪，怕他马上又要打到自己这里来，忙不迭地放弃乌鲁木齐，东撤巴里坤。这样就等于白白把刚刚拿下的整个准噶尔土地又丢给了阿睦尔撒纳。

已经逃到巴里坤的永常这才收到了乾隆帝要他去救伊犁的命令。可他哪里还敢去？阿睦尔撒纳来势汹汹，别说是他，就连远在后方负责后勤工作的陕甘总督刘统勋都吓破了胆，上书请求乾隆帝干脆连巴里坤都别要了，再退一步退到哈密算了。

恐惧的情绪似乎开始在清王朝内部滚雪球，很有可能越滚越大。幸好，这个迅速膨胀的雪球被乾隆帝止住了。他愤怒地指责这些人自乱阵脚："阿睦尔撒纳在此时不过一亡命逸贼，焉能一时鼓动诸部，飞越数千里至巴里坤？今一将军、一总督、一都统无端自相惊怖，舍穆垒而回巴里坤，今又议舍巴里坤而就哈密，军心其何所恃？！"

乾隆帝立即撤换永常、刘统勋等人，换上一批主战派前往西北，及时地刹住了清王朝内部颓废情绪的恶性膨胀。

乾隆帝关于事态发展的判断是正确的。阿睦尔撒纳在准噶尔的号召力也不咋地，手下不过两千来号人，虽然清军放弃了很多地方，但他也没法前往占据。他知道乾隆帝不会就此善罢甘休，这以后该怎么办，他心里也没底。

有人建议他向俄国求援。阿睦尔撒纳犹豫了，俄国人可不是什么乐善好施的菩萨天使，找他们借东西的利息很高，借倒是好借，可到时候他们上门讨债，他除了奉上天山南北的准噶尔土地，还能拿什么还？但眼下除了求助于俄国，他还能有什么办法？这是历代准噶尔汗都没有做过的事，他阿睦尔撒纳会去做吗？

或者说，他会犹豫多久呢？

留给阿睦尔撒纳和乾隆帝的时间都不多。但显然乾隆帝更懂得时间的价值，他没有犹豫，稳住阵脚之后，他立即开始安排把去年做过的事情重做一遍。

公元1756年，乾隆二十一年的正月，乾隆帝部署完毕，计划于二月再次两路出兵准噶尔。他的决策坚定果断，但部署却未必周全。在一件事情的处理上，他明显用力过猛而导致了节外生枝。

原来大战在即，为了严肃军纪，他勒令去年放跑阿睦尔撒纳的札萨克亲王额琳沁自尽。

"成吉思汗后人从无正法之理！"漠北蒙古诸部愤怒了。上一次战役，漠北蒙古出兵出钱出粮食，赏赐都还没落实呢，这一次又摊上这些任务，现在乾隆帝还来羞辱他们。忍不下这口气的漠北蒙古王公们召集起大规模军队，并没有立即去帮助乾隆帝收拾准噶尔。传言蠢蠢欲动的他们可能会尊奉额琳沁的亲哥哥、蒙古藏传佛教领袖哲布尊丹巴活佛为首领，要跟阿睦尔撒纳一起反了清王朝。

中国北方局势再次云谲波诡。如果说上一次出征准噶尔考验的是清王朝的勇气的话，这次则更多地考验着清王朝的智慧。

37 权谋

乾隆二十年，公元1755年底，同样一场关于勇气与智慧的考验，随着英国使节一起来到普鲁士国王弗里德里希二世的面前。英国，上一场战争中普鲁士的对手，这次给弗里德里希带来了两国结盟共同对抗法国的建议。

普法两国是上一场战争中的战友，战争结束后也还保持着盟友关系。但弗里德里希明白，要取消这层关系并不费事，只看英国人出什么价码。

英法决战是欧洲历史隔上一段时间就要上演的固定戏码。随着英法两国在北美和印度的争端事态升级，眼下这俩家伙又到了必须甩开膀子好好打上一架的时候了。

英国原来的盟友奥地利上次被普鲁士给欺负了，奥地利女王特蕾莎决定这次不再跟英国一起搅和，铁了心要先找弗里德里希报仇。

英国不能就这么单枪匹马地去找法国的麻烦，它毕竟是个岛国，如果欧洲大陆上没人帮他们牵制住法国，他们的海军就只能集中力量防御本岛，其他啥事都做不了。

既然这回奥地利不玩，英国就干脆觍着脸来拉普鲁士入伙。从这个国家上一次战争的作为，英国人看出，普鲁士的首领是个极具魄力的赌徒，普鲁士的军队更是一伙死战不休的狂战士，很适合拉来替自己挡法国人的子弹。英国人也知道普鲁士毕竟还是个小穷国，缺钱得很。

英国人告诉弗里德里希，只要他去打法国，英国就往普鲁士的卡里打钱，打很多钱。

那么，英国的如意算盘对得上普鲁士的野心吗？

弗里德里希认为对得上。这位勇猛的赌徒热爱混乱，他相信自己总能在混乱不堪的尖峰时刻抓住所有机会，见缝插针地扩大普鲁士的利益。至于这样得来的利益跟普鲁士的长远战略规划有没有关系，在弗里德里希看来无关紧要，他压根儿就没有为普鲁士制定什么长远战略规划。毕竟是一股新兴势力，有什么就先拿什么，其他的事情以后再说。

所以，不要寄希望于他来统一德意志，他从来就没想过这事儿。

无论如何，英法决战必将再次让欧洲大乱。而弗里德里希在这次新一轮混乱中的首要目标是拿下由法国庇护的南边邻居萨克森公国。这个以德累斯顿为首都的公国的战略位置很重要，它的东边是普鲁士在上一次战争中的战利品西里西亚，南边不远处是奥地利帝国的重镇布拉格，往北则离普鲁士首都柏林很近。

如果弗里德里希吞并了萨克森，那么法国、奥地利都有可能出面干涉。既然跟英国结盟了，那就肯定要和法国干一仗。至于奥地利，弗里德里希依然看不起漂亮的特蕾莎女王，这次还想再欺负她一回。哪怕弗里德里希知道那女王说过即使要卖掉自己的最后一条裙子，也要收复西里西亚的誓言，他也丝毫不在意。

"本王还真想逼着你卖裙子，看看等你卖完的时候像个什么样子呢。"痞气十足的弗里德里希心里这么想着。

他觉得这次奥地利还是会像上次一样拿他没办法。上次奥地利有英国帮忙，这回英国已经是自己的盟友了，奥地利的那女人能找谁帮忙呢？法国？算了吧，不可能，法奥世代结仇，上一次战争不也就是因为法国不承认特蕾莎的继承权而起吗？法国还另立神圣罗马帝国皇帝，还打得奥地利差点亡国。

为了个西里西亚，特蕾莎就愿意卖裙子了，说明她是个记仇的女人，那么法国人跟她的仇显然更大，为了报那段仇，特蕾莎愿意卖的东西恐怕价值更大。

那么，既然奥地利不可能求助于英法，还能求助于谁呢？弗里德里希继续忖度着自己眼前这盘即将下注的赌局。俄国是奥地利的传统盟友，它可能会帮助奥地利。但弗里德里希并不害怕俄国，他的猎物萨克森公爵还兼任着波兰国王，只要他能迅速制服萨克森，他也就能控制波兰，在自己和俄国之间找到缓冲。那时候，俄国要过来干涉就得量力而行。况且盟友英国也正在和俄国交涉，也要拉它入伙。英国人擅长做这些挑拨离间的事情，这事十有八九能成，那么俄罗斯也就没什么好担心的了。

算来算去，弗里德里希觉得参与这次赌局稳赚不赔：首先趁着这次英法决战，如同探囊取物般拿下萨克森，奥地利还不敢过问；之后再等英法在西欧打得鸡飞狗跳时，还能过去浑水摸鱼。

那么，热衷于打水仗的英国会跑到大陆上来跟法国打得鸡飞狗跳吗？弗里德里希认为肯定会。英国国王同时还是汉诺威选帝侯呢，汉诺威还是他英国的地盘，那地方离法国很近，英国人肯定会发疯似的来保卫汉诺威，就像上一次战争一样，英王乔治二世都御驾亲征了呢。

算计已定，弗里德里希决定接受英国的请求。两国于乾隆二十年，公元1756年的1月16日签订条约，正式缔结英普同盟。

法王路易十五叫来普鲁士驻法大使，臭骂他家国王无信无义无耻；奥地利女王特蕾莎也叫来英国驻奥大使做了同样的事。之后，法王路易十五回到凡尔赛宫继续和情妇们厮混，而特蕾莎女王则开始思考对策。

从上次战争被普鲁士欺辱开始，特蕾莎女王就对弗里德里希产生了复杂的情愫。她痛恨他的行为，又仰慕他的才华。这些年来，特蕾莎一直认真地向他学习，亦步亦趋地跟随他。他在普鲁士大兴文化，她也在奥地利这么做；他在普鲁士改革军事，她也在奥地利这么做。

几年下来，特蕾莎成了弗里德里希最好的学生，也几乎成了这世上最了解弗里德里希的人。当然，特蕾莎所做的这一切的最终目的是战胜他。

凭借多年来对敌人心思的揣摩，特蕾莎能把自己放在弗里德里希的位置上去思考，循着弗里德里希的逻辑，特蕾莎完整还原了他做出决策的思考过程，从中找到了他敢于背弃法国，和英国结盟的关键原因：他认为我特蕾莎不可能原谅法王路易十五曾经的侵犯，因此他断定法国和奥地利即使同时遭到盟友的背叛乃至反戈一击，也不会原谅彼此，更不可能联合，法国和奥地利将在孤立中被他和英国各个击破……

想到这里，特蕾莎不由得佩服弗里德里希的阴损，的确如他所料，自己当然不会轻易原谅路易十五当年的无端侵犯，那曾经差点儿就害得自己家破人亡，地失国丧。弗里德里希把自己的战略基点建立在人性的弱点上，很损很高明。

那么反过来，只要自己克服这个弱点，弗里德里希战略的基点也就会随之坍塌。特蕾莎找到了解局的关键点！她为此感到得意，弗里德里希毕竟还是小觑了自己的胸襟，本宫当然可以不原谅路易十五，但奥地利却可以原谅法国！

决策已定，特蕾莎女王顿感轻松，召见大臣部署行动后，她离开办公室，回到后宫去享受她的家庭生活。她的第十五个孩子——玛丽·安托瓦内特公主那时才刚刚两个月大，正哭着闹着要她的妈妈来抱呢。

很快，英国人和普鲁士人的下巴掉地上了，特蕾莎竟然派出使节去巴黎和法王路易十五讲和。路易十五也是个晓事的人，大敌当前，人家女王都主动来了，他一个男人也不好再扯皮矫情。两国捐弃前嫌，于乾隆二十一年，公元1756年的5月1日签订了意在对抗英普同盟的《法奥攻守同盟条约》。

看到奥地利的态度坚决，与奥地利保持着传统同盟关系的俄国也表明了立场，拒绝英国的拉拢而加入了法奥同盟。

七窍玲珑心，四两拨千斤。弗里德里希的周密算计就这样被特蕾莎轻巧地弹指一挥给弹垮了。原本普鲁士的计划里只有法国一个对手，现在却陷入了法国、奥地利、俄罗斯的三面包围。英国能不能指望得上，现在也说不准，弗里德里希听说英国国会正因为法奥俄同盟的形成而乱作一团。原本已经确定下来要和法国大打一场的事情，现在又成了需要争论的话题。

这让弗里德里希心虚：英国是个岛国，有强大的海军护佑，看着情形不好大不了不来大陆上打仗就行，他们有退路，而自己反倒成了众矢之的，无路可退。

赌局已经买定离手，弗里德里希会如何应对这场注定艰难的苦斗？

38 征西

清王朝的战争方面，第二次西征的清军开局顺利，公元1756年，乾隆二十一年的二月间出兵，三月就收复了伊犁。然而，伊犁缺粮的问题依然没有解决。清军要想在伊犁站住脚，就必须尽快擒拿还在四处寻机闹事的阿睦尔撒纳。

阿睦尔撒纳此刻早已脚底抹油，顺着伊犁河从霍尔果斯西逃，进入了哈萨克人的游牧区。乾隆帝得知消息后，要求哈萨克汗阿布赉帮助清王朝追捕阿睦尔撒纳。

乾隆帝心急如焚，每天巴巴地期盼着西北逃犯抓捕成功的消息传来。缺粮的清军无法在伊犁坚持作战太久，不尽快抓住阿睦尔撒纳，西北的局势就不会有片刻安定。西北一旦再次闹将起来，蠢蠢欲动的漠北蒙古定会趁机举事，那就麻烦大了。

漠北蒙古的和托辉特部当时已经反了，其首领青衮杂卜宣称要为亲王额琳沁报仇，在其他蒙古各部尚在观望之时就率先采取了实际行动，攻击北路清军的后勤路线，使得北路清军陷入孤立。

局势危如累卵，前线的清军得赶紧先抓住阿睦尔撒纳，平息西北事端，不然不仅会有全军覆没的可能，还会牵连整个中国北方陷入大规模的战争。

清军也不是没有机会及早解决问题。阿睦尔撒纳逃入哈萨克收集了千把来人，再次过来偷腥时，跟清军撞个正着，惨败之后被清军围困于哈萨克边境地带。

清军帐内，几个将军正在争吵谁带人去活捉阿睦尔撒纳。这是一个突如其来的千载难逢的升官发财、封妻荫子、光宗耀祖的立功机会，争一下也是可以理解的，但你们别让敌人看出来呀。

阿睦尔撒纳看出来了，他派人来到清军大帐，给清军将领们带来这么一个说法："我老阿这回是死定了，不光是你们清军盯上我了，哈萨克那边也来了兵马要抓我，他们的大汗阿布赉这会儿正赶在过来的路上呢，说是要亲自抓了我献给中国的大皇帝。"

外交无小事。清军将领达尔党阿听说哈萨克的军队要过来，担心两军会合之时因为事先没有协同而擦枪走火。西北的事端已经够多的了，他实在不敢再去节外生枝，既然他哈萨克汗也是要去捉拿阿睦尔撒纳，那就让他去捉吧。

于是达尔党阿命令清军停止合围，把机会让给哈萨克。等了几天，达尔党阿也没听说阿睦尔撒纳就擒的消息，才派人前去打探。结果哪有什么哈萨克的兵？阿睦尔撒纳早跑了……

消息传到北京，乾隆帝的脸活活地被气成猪肝色，他咆哮着命令把达尔党阿拿回北京来问罪。一通发泄之后，乾隆帝大脑充血的症状消退了，他无力地跌坐到龙椅上，意识到处理阿睦尔撒纳问题的黄金时间已经过去了。西北粮尽，他必须再次将大军撤回。蒙古方面已成鼎沸之势，他也必须暂时放下阿睦尔撒纳的事，先去消弭漠北的怒火。

第二次西征就此草草收场。

再次逃出生天的阿睦尔撒纳在逃亡地见到了一位来自远方的客人——俄国使节卡斯金诺夫，他告诉阿睦尔撒纳俄国愿意出兵帮助他复兴准噶尔。走投无路的阿睦尔撒纳立即表示感谢，并马上派出代表前往俄国首都圣彼得堡详谈合作事宜。

就在这时，阿睦尔撒纳也得到了消息：和托辉特部已经在青衮杂卜的率领下起事，哲布尊丹巴活佛也已经同意出任蒙古反清的总领袖，漠北各部的总动员已经完成，不日就将掀起巨浪。

青衮杂卜这个人，阿睦尔撒纳是认识的，清军第一次西征的时候他们一起合作过，关系不错。阿睦尔撒纳觉得，既然青衮杂卜起事了，那一定要和他合作，这自然比跟外族的俄国人合作要好。

于是阿睦尔撒纳召回前往圣彼得堡的使节，暂停了与俄国的交易。趁着清王朝大军再次撤出伊犁的机会，他又偷偷摸摸地回来了。

漠北蒙古这边，虽然乾隆帝已经屡次谕示各部，承诺会给他们更多更好的赏赐，但效果不佳，漠北各部这次真的是被惹急了，硬是要拿刀剑跟乾隆帝讲话。

千钧一发之际，清王朝多年悉心栽培的藏传佛教格鲁派发挥起作用。格鲁派高僧三世章嘉活佛此刻站了出来，向乾隆帝保证说他能劝说哲布尊丹巴以及漠北各部放弃叛乱。

他为什么能做这个保证？这章嘉活佛可不是一般人，乃是青海地区蒙古人共同尊奉的佛教领袖，地位和漠北蒙古的哲布尊丹巴不相上下，有和对方平等对话的资格。此外，他与乾隆帝、哲布尊丹巴两人的私交都非常好，很适合充当幕后斡旋的中间人。

章嘉活佛首先致书哲布尊丹巴，明确告诉他各部尊他为叛乱之首不过是在利用他，且漠北蒙古各部间矛盾重重，一旦叛乱，不论结果如何，各部必生内乱，到时候哲布尊丹巴必将成为内乱的牺牲品。

高高在上的乾隆帝无法为哲布尊丹巴做这样贴心的分析。章嘉活佛的话打动了哲布尊丹巴，果然使他放弃了出任叛乱首领。

公元1756年，乾隆二十一年的八月，清王朝正式任命章嘉活佛为使节，前往漠北召集各部。乾隆帝借章嘉之口为额琳沁的死向各部致歉，并重申赏赐加码的承诺。一场兵戈之灾，终于在章嘉活佛的精心斡旋下消于无形。

在感慨藏传佛教强大影响力的同时，乾隆帝也不得不佩服列祖列宗的远见，如果没有他们对藏传佛教持续了百余年的用心经营，这次哪能有什么章嘉活佛站出来为他消灾弭难？

对于计划举事但最后放弃的蒙古各部，乾隆帝慎重地把这一页翻过去了，不再追究责任。对于跃跃欲试、险些走出最后一步的哲布尊丹巴活佛，乾隆帝还大加褒奖，把叛乱平息的功劳给他分了一份。在公开的正式文件中，乾隆帝说哲布尊丹巴活佛在事件中态度坚决地与分裂分子做斗争，把哲布尊丹巴活佛拉到了自己这一边来。

而对于已经犯下叛乱罪行的青衮杂卜，乾隆帝则坚决打击。重新得到漠北各部的配合后，乾隆帝得以集中兵力剿灭青衮杂卜。公元1756年，乾隆二十一年的十一月二十八日，清军与青衮杂卜率领的和托辉特部会战于俄蒙边境，青衮杂卜战败就擒。

漠北乱事总算平息了，乾隆帝再次将目光向天山聚焦。那里的局势已经极度混乱，前来搅局的不只阿睦尔撒纳，原先归附的准噶尔各部也借机再次蜂起作乱。清军已经放弃了伊犁，乌鲁木齐、巴里坤等据点也遭到围攻。

仗打了两年，到现在却还跟没打过似的，天山南北还没控制住。乾隆帝不得不回到起点，开始部署第三次西征。

开战

欧洲那边，英法普奥互换舞伴的外交革命随着两份条约的签订而宣告完成。到了该履行条约的时候，谁来放这第一枪？作为欧陆霸主的法国人当仁不让，他们选择了一种迅速且讨巧的方式往牌局里扔下了自己恰到好处的第一张牌。

乾隆二十一年，公元1756年的5月，法国海军突然出动，攻下英国在地中海的重要据点梅诺卡岛，消除了英国海军突袭法国南部港口的可能。

法国还向本就占据着优势的北美战场发送了少量援军，法军将领蒙卡姆带着这千把来人在北美连战连捷，把往北美内陆探头探脑的英国人全部压回到阿巴拉契亚山脉的东边。

在印度，法军联合孟加拉本地势力猛攻英国控制的加尔各答，英军毫无防备，惨遭败绩。就连法国人自己也没想到英国会败得这么惨，他们没来得及为被俘的英军一百四十六人准备足够的牢房，只能把他们全部塞进一个原本设计为六人间的小房子。最终，这帮倒霉的英军有一百二十三人被活活憋死了。

不愧是欧洲集权程度最高的国家，法国在大战初期的反应速度和动员能力远高于在贵族民主制度下吵得一锅粥的英国。法国也很讨巧，迄今为止它的所有行动都是在欧洲大陆以外。作为法奥俄同盟的盟主，大战的第一枪应该由法国来放，但路易十五也明白，要是这第一枪放在欧洲大陆上，法国的目标就只能是英国重兵把守下的汉诺威，而攻击那里，法军必定要承受极大的伤亡，那可是个赔本买卖。

路易十五虽然并不高明，但也不是傻子。在地中海、北美、印度连放三枪之后，路易十五瞄了一眼奥地利女王特蕾莎。

嘿，妹子，该你了。

哥，你这也太快了吧。特蕾莎的算计还是慢了半拍，她原以为签条约后到真打起来还会间隔一段时间。她也没想到法国跟英国的仇有这么大，居然一点就着。奥地利的战备才刚刚开始呢，特蕾莎没敢接这个茬儿。

在波茨坦的无忧宫里，普鲁士国王弗里德里希二世在冷峻地观察着各方动作，像一头听风的狼。他懊悔自己小看了特蕾莎，这个本就刚毅的女人现在又多了几分心机，她居然能轻松化解自己扔过去的外交圈套，还顺势把那圈套给扔了回来。现在陷入孤立的不是她的奥地利，而是自己的普鲁士。

虽然弗里德里希认识到已经不能再小看这个女人，但他还不至于就要高看特蕾莎一眼。从法奥结盟之后奥地利缓慢的步调看来，这女人似乎觉得单凭这个外交圈套就能保障她高枕无忧，看样子她还是不懂得到底什么才是真正靠谱的条约。

真正靠谱的条约得用剑蘸着血来写！弗里德里希决定再给这位小妹妹上一课。普鲁士没有法国、奥地利那么广袤的国土、强大的经济，其战争潜力远不及对手，若不先发制人，等到对手完成战争动员压过来，普鲁士就完了。

普鲁士的剑很短，因此必须比敌人先拔剑。这就需要他们的领袖拥有非凡的魄力。幸好，弗里德里希就是这样一个胆大包天的人。

乾隆二十一年，公元1756年的8月28日，弗里德里希不顾外交形势的巨大变化，依然按照原计划亲率大军入侵萨克森。结果只用了不到一个月的时间就制服了萨克森人的所有反抗。

攻陷萨克森后，奥地利门户洞开，特蕾莎不得不接招。在送走前往援救萨克森的军队时，她才意识到战争中先发制人的价值：接下来的这次会战，对于已经占得先手的普鲁士人来说，拿到一场平局就是胜利；而对于自己的奥地利来说，只能全力争胜，且必须是大获全胜，不然毫无意义。

果然，10月1日，普奥两军在罗布西茨会战，两军战平，这就等于奥地利援救萨克森的行动失败。帝国重镇布拉格暴露在普鲁士军队下一步的攻击范围内。

张狂蛮横的弗里德里希就此扯开了欧洲大陆主战场大规模战事的大幕。奥地利的盟友们行动起来，法国宣称要从西边向普鲁士扑去，俄国叫嚣着要从东边杀过来，瑞典——这群北欧海盗也加入了战争，声称要从北方渡海南下攻打普鲁士的旧都哥尼斯堡，给普鲁士补成个四面受敌。

普鲁士的盟友英国上哪儿去了呢？这个贵族民主制国家到现在都还没决定到底要不要去欧洲大陆帮忙……

谁还能帮普鲁士一把？没人。那么，普鲁士人是否应该立即撤回本土去保家卫国？似乎也只能如此。可是敌人从四面八方漫天而来，撤回去了，又该先防守哪一边？已经跟自己交战的奥地利又会放普鲁士人安然无恙地撤回吗？

普鲁士何去何从，弗里德里希应该尽快抉择。他紧张地掂量着自己手上的筹码，除了身边的军队之外，他似乎一无所有。

为了稍微缓解紧张感，他强行把注意力从对战局的思考中拔了出来，想换个地方寄放一下。可这里不是他那华丽的无忧宫，这里是他在前线的临时办公室，屋子里陈设简单，没有多少漂亮的东西可供他暂时寄放焦虑的注意力，除了那张巨大的欧洲地图。

弗里德里希神经质地靠近那张地图，死盯着那张地图发呆。在他疲惫的双眼里，地图上普鲁士的轮廓隐约地从周围的纷乱中浮现出来。弗里德里希蓦然发觉，在所有对手之中，只有奥地利跟普鲁士直接接壤；法国与自己之间隔着无数的德意志小邦国，其中还有英国的汉诺威；俄国要过来普鲁士，中间还有辽阔的波兰平原；波罗的海虽然并不辽阔，但被它隔开的瑞典却是所有对手之中最弱的一个，不等法奥俄先打出点儿名堂来，他们不可能冒险全力进攻。

弗里德里希惊喜地发觉，除了身边的大军之外，还有一个厉害的筹码在他的兜里揣着，那就是战争的主动权。

"主动权"是我们很熟悉的一个词，我们常常见到"某国掌握了战争主动权"这样的描述。那么，战争主动权到底是什么意思？

简单地说，战争主动权是指下一次战役什么时候打，在哪里打，投入多大兵力，采取何种策略等战争变量的决定权，一旦掌握，敌方只能被动应付。

法奥俄瑞四国虽然声势浩大，但要真正地对普鲁士发动进攻，还要等一段时间。至少在这段时间里，战争的主动权依然在普鲁士的手上。弗里德里希要想杀出一条生路，就必须充分利用这稍纵即逝的机会。

那么，眼下除了向死而生地以攻代守之外，还有什么别的策略算是充分利用了战争主动权呢？

"报告！"侍卫长打断了弗里德里希的深思，"英国方面传来消息：英国首相辞职，威廉·皮特接任新首相！"

"哦？该死的英国人总算找到了一个男子汉来做他们的头了。"这个消息让弗里德里希顿感暗室逢灯。威廉·皮特是个主战派，他的上台意味着英国终于要全力参战了，这让弗里德里希的冒险总算多了一份底气。

弗里德里希坐回办公桌旁，提起鹅毛笔写下了一份遗嘱，交给侍卫长保存之后，他命令全军原地休整备战，等待时机攻击奥地利帝国重镇布拉格。

乾隆二十二年，公元1757年4月，弗里德里希突袭奥地利；5月，普奥两军在布拉格城外对阵。普鲁士付出了重大的伤亡代价，包括曾经救过国王性命的施维林元帅也阵亡了，才总算击溃了奥地利军队，现在他们要做的就只是攻下孤城布拉格。

奥地利女王特蕾莎又蒙了，他弗里德里希怎么这么大的胆子？都被孤立了还不回家好好守着，居然还敢发动进攻？如此胆大包天，他凭的是什么呢？

屠杀

公元1757年，乾隆二十二年的四月，清军前线将领兆惠接到了开始第三次西征的谕旨。这位出身正黄旗的将军参与了近年来对准噶尔的所有战事，凭借对乾隆帝的命令不打折扣地绝对执行这份忠勇，兆惠得以脱颖而出，终于在这次西征时升格为定边右副将军，获得了独当一面的机会，率领一支部队直接听命于皇帝而不再受他人指挥。

战场上的兆惠因为敢于冲锋在前而多次被敌军围困，同伴们因此笑话他是个莽夫。对于这样的嘲讽，兆惠不屑一顾，自己好歹是奔五十的人了，也是京城的名利场里混出来的人，哪般世态炎凉还没见过？还哪有少年一般的轻狂莽撞呢？

在战场上莽撞冲锋，是他刻意做给皇帝看的。早在初次与准噶尔交战时，兆惠就发觉敌人的实力远比清王朝预想的要差得多，那支曾经威震西域的准噶尔骑兵早已在内乱中消耗殆尽，清王朝要做的不过是来收拾一些残兵剩卒。

兆惠很清楚这一点，所以虽然屡次陷入重围，他依然不担忧自己的性命。经过这两年的来回折腾，他相信自己的主子——乾隆皇帝也已经很清楚，清王朝在西域的敌人不是准噶尔，阿睦尔撒纳也配不上，唯一的敌人只有自己。对于乾隆帝来说，只要他的士兵不畏战，他的官员不贪财，这场仗应该能轻松打下。

正是因为看准了这一点，兆惠才刻意在战场上猛冲猛打，以此来博得皇帝的注意。在他看来，那些一边笑话自己为莽夫，一边又为畏战贪财找寻借口，耍弄小聪明去对付皇帝的人才是真正的莽夫。当然，从荣升定边右副将军开始，兆惠的付出开始得到回报。

第三次西征的主要任务是做第二次西征没有完成的事情，在收复失地的同时抓捕阿睦尔撒纳。战争已经进入了第三个年头，清王朝的战争潜力已经被充分调动起来，巴里坤、哈密的存粮已经超过十万石，像前两次那样因为肚子饿瘪而匆匆撤回吃饭，等吃完饭回去一切又要重新来过的麻烦事，这次应该不会重演。同时，阿睦尔撒纳以及准噶尔其他叛乱各部则雪上加霜地遭遇了饥荒和瘟疫。清王朝失去的土地只需要几个兵丁去插个旗帜就能收复，抓阿睦尔撒纳的事情则可以交给几个能干的捕快去做。第三次西征的主要任务是容易完成的。

不太容易完成的是乾隆帝交代的一个附加任务。当兆惠第一次在谕旨上看到这个任务时，因为它有些匪夷所思，而认为这只是皇帝一时心血来潮提出的，打算糊弄过去就算了。但是在接下来收到的多份作战命令中，兆惠都看到了皇帝对这个附加任务的三令五申。

那个必须完成的任务，让兆惠的良心不断地感到震颤。听皇帝的话，是他的人生信条。但哪个人的人生又只有一个信条呢？兆惠也是读过书的人，孔夫子讲的仁恕之道、孟夫子讲的恻隐之心也是他的人生信条，现在，这些信条相互冲突了。

兆惠有些恍惚地骑着马带队走在西进的路上。草原春迟，四月的天气依然寒风凛凛，空旷大地上的所有事物都是冷色调的，光看着就能让人打寒颤，更别说那朔风一起，那股寒劲更是透皮刺骨。

"将军！您看！"一旁的副官指着远方的地平线对兆惠说。兆惠抬眼望去，那里隐隐有一串人影。兆惠掏出怀里的西洋望远镜，通过镜片，他看到那是一队准噶尔牧民。这群人没有兵刃，也没有旗幡，这是一群正在迁移牧场的普通牧民。

"将军！就从他们开始办理吗？"副官请示兆惠。

兆惠内心痛苦的激烈程度即将到达顶点，他急促地点了点头。

副官见兆惠点头，回马摇旗命令一队轻骑兵上前，交代几句之后，轻骑兵们向地平线上的那串人影疾驰而去。凌厉的杀气让那边的人老远就感到来者不善而四散奔逃，轻骑兵们分头追赶。

乾隆帝交给兆惠的附加任务是对准噶尔部的所有人进行无差别屠杀。

对于距离相对较近的漠南漠北蒙古各部，清王朝还能用制度的方法将其牢牢控制，而对于相隔千山万水的漠西蒙古，清王朝就不那么自信了，尤其是在经历了阿睦尔撒纳的屡次作乱之后，乾隆帝决定严厉镇压。

兆惠的部将明瑞报告说屠杀之后，原准噶尔领地内"不见一人"。旁观的俄罗斯西伯利亚当局则向他们的首都彼得堡报告说有一个部落"几千顶帐篷，只剩下三顶"。多年之后，著名诗人龚自珍途经新疆，见"准噶尔故壤，若库尔喀喇乌苏，若塔尔巴噶台，若巴尔库勒，若乌鲁木齐，若伊犁东路西路，无一庐一帐，是阿鲁台（准噶尔）故种者"。

平定了准噶尔部的叛乱后，乾隆将原来称为西域的地方更名为"新疆"。汉、满、维吾尔、哈萨克等族开始大规模地进入天山北麓，这片地区的经济、文化和政治结构由此开始深刻地变化。

阿睦尔撒纳此时已经再次逃入哈萨克境内。回望血红的伊犁河，这位准噶尔最后的枭雄，心中是否翻涌？

公元1757年，乾隆二十二年的五月，清军入境哈萨克追捕阿睦尔撒纳，误与哈萨克军交火，清军方面有将领阵亡。事情要闹大了，阿睦尔撒纳心中暗喜，这回哈萨克终于要被自己拉下水了。但哈萨克的阿布赉汗并不糊涂，清王朝不是他惹得起的，他赶紧向乾隆帝表示道歉，而且道歉的力度很大，居然表示"愿以哈萨克全部归顺"。乾隆帝当然知道这不过说说而已，但好歹也满足了自己的虚荣心。虚荣心满足后，乾隆帝要求哈萨克答应不再在自己和阿睦尔撒纳之间的恩怨里捣乱。阿布赉当然不敢拒绝。

失去了哈萨克的庇护，阿睦尔撒纳终于决心寻求俄国的支持。他于乾隆二十二年七月进入俄国境内，要求俄国西伯利亚总督格拉勃连洛夫带自己去面见女皇伊丽莎白。北京方面屡次照会俄国，强硬要求将其交还。俄国虽然暂时没有明确表态回应，但也明显对屡战屡败的阿睦尔撒纳失去了兴趣，把他晾在一边没怎么搭理。

俄国长期对准噶尔的土地垂涎三尺，跃跃欲试，怎么这时候突然就没了兴致呢？疲惫到绝望的阿睦尔撒纳再也支持不住了，九月，三十四岁的他窝囊地病死在俄国。

草原安静了。

那么，一直想来搅屎的俄国这回为啥不来了呢？仅仅因为清王朝此次是重拳出击吗？别忘了，俄国虽然地跨欧亚，但毕竟是个欧洲国家，全力参加眼下欧洲的战事，对于俄国来说要比在中亚争夺几块荒芜的草原更为重要。

绝境

欧洲的战事又到了一决生死的时候。乾隆二十二年，公元1757年的5月，孤注一掷的普鲁士国王弗里德里希陈兵布拉格城下。如若此战他能再次得手，攻下布拉格，奥地利女王特蕾莎就不得不改变立场，法奥俄瑞的包围圈就会被打开缺口，这帮乌合之众就会自动解散；而如果他此战失手，他先发制人、以攻代守的赌博策略就算失败了，战争的主动权将易手他人，普鲁士的命运将陷入凶险。

当然，对于奥地利而言，这也是一场输不起的战役。眼下，奥地利军队新遭败绩，头号大将、洛林亲王查理·亚历山大正被困在愁城布拉格里面动弹不得，特蕾莎必须尽快为奥地利找到新的将帅和士兵。

以女王名字命名的特蕾莎军事学院的院长利奥波德·道恩被女王请出山来，拉扯着两万多刚刚四处拼凑来的军队开赴布拉格救援。

切！得到消息的弗里德里希轻蔑地笑了，特蕾莎这女人应该准备去卖裙子了，连教书先生都弄出来打仗，而且是来跟战无不胜的自己打，真是蠢到家了。时间紧迫，他没过多去理会道恩这支援军，只派出一支分队前往阻击，自己依然带领主力部队围攻布拉格。

特蕾莎并不是个蠢到家的女人，她的奥地利也还没到无牌可打、山穷水尽的地步。选择道恩院长出征，是特蕾莎女王细细思量之后的选择。特蕾莎军事学院于1751年由她亲自筹建，乃是奥地利最高军事学府，能出任这个学院的院长，自然不会是什么普通的教书先生。首任院长道恩是奥地利陆军元帅，他因为主张强化中央权力，统一军队指挥而获得了女王的高度信任，被女王珍视为手上的一张王牌。

果然，道恩元帅在前往布拉格的路上就开始实践他的主张，他四处胁迫奥地利各地领主交出私兵归他指挥，又在各地交通要道上设卡拦住在布拉格战役中溃散的败兵，将这些零零散散的兵力重新整编。到了6月，奥地利军队越过普鲁士的阻截，来到弗里德里希附近时，已有六万余人。

弗里德里希只能亲自提兵来战，他带来的是自己精心培养多年的精锐骑兵军团一万余人，其余部队依然留在布拉格继续攻城。他相信自己的这张王牌足以将道恩的奥地利军队碾碎。他可能还不知道道恩的军团人数已经翻番，或者是他根本不在乎。

稳重的道恩没有急急忙忙地直接杀到弗里德里希的面前去，而是在离布拉格五十公里左右的科林镇部署下来，等着弗里德里希自己打过来。科林镇所在的地方是一片高低起伏的丘陵，到处都是灌木丛和村庄民房。6月18日清晨，两军在道恩预想的时间与地点相会，弗里德里希依然使出他招牌式的斜线战术，集中兵力猛攻奥军右翼。

道恩不愧为军事学院的院长，早就把弗里德里希的战术研究透彻了。凭借兵力上的优势，他刻意加强两侧翼的防御。普鲁士的精锐骑兵费劲地仰着头，付出大量伤亡代价后才爬上丘陵，看到的却依然是一望无际的奥地利军队，驱不散，杀不尽。

弗里德里希见状，命令剩余的步兵全力冲击奥军正面。战至下午时分，普鲁士的最后一次冲锋终于奏效，占据了战场的制高点——克杰佐丘陵。

制高点的用途是看到整个战场，根据最全面的信息来决策自己的下一步行动。登上克杰佐丘陵的普鲁士战将看到的是丘陵后面无数摩拳擦掌的奥地利预备队，他们的队列一直延伸到遥远的地平线。普鲁士人这才明白，他们使出全部力量，付出惨重代价才撼动一丁点的，只不过是奥地利的第一方阵而已，后面的生力军还没上场呢。

将领杀出重围，把这个消息带给国王弗里德里希。勇猛的国王终于被吓到了，自己已经拼尽全力，对方却还游刃有余，眼下不光是这仗赢不了，弄不好还得搭上自己的性命。

时年四十五岁的弗里德里希在用虚荣和自己的恐惧斗争，明知此战必败的他迟迟不愿放弃自己战无不胜的名声。傍晚时分，道恩的反击彻底扫荡了普鲁士阵营的左翼，也彻底扫荡了弗里德里希心里的最后一丝侥幸。

弗里德里希在最后时刻象征性地将指挥权交给别人，那人唯一的任务就是代替弗里德里希下达撤退命令，这样在形式上，弗里德里希还是没有认过输。

入夜之后，普鲁士残军渐次退出战场，道恩则担心普军有诈而见好就收，没有追击普军，弗里德里希得以捡回一条命。回到布拉格城下，惊魂甫定的他已经想清楚了自己在这次会战中到底输掉的是什么。

是战争的主动权。

在他围攻布拉格的这段时间，法国军队已经攻克了英国的汉诺威，越过诸多德意志邦国，来到普鲁士边境，瑞典人也渡过波罗的海，在普鲁士东部登陆，与他们在那里会师的还有十万拎着伏特加、高喊"乌拉"的俄国军人。

要是能攻下布拉格，这些就都不是问题。然而，科林之败逼得弗里德里希必须回去挨个面对这些强敌的审判。他不得不立即放弃围攻布拉格，回国去救火。

虽然他也知道自己前脚一走，后脚奥地利的大军就会顺着这条路掩杀过来，完成对普鲁士的四面合围，但那也没办法了。

但他的想法依旧疯狂，他决定先去西线挑战所有对手中最强大的法国。然而，法国人却在即将进入普鲁士境内时在萨克森鬼精鬼精地放缓

41

绝境

221

了脚步。已经输掉部分主力的弗里德里希底气不足，不敢贸然出击，普法两军就此在边境对峙。

这时，奥地利出招了。经过布拉格的一番波折，特蕾莎女王从弗里德里希老师身上又学到了生动的一课：充分利用战争主动权。她大胆地将奥地利全军的指挥权交给道恩元帅，命令他大胆地向普鲁士境内进攻，试图收复失陷多年的西里西亚。

道恩元帅执行命令十分得力，趁着法国人在和普军主力周旋的时机，指挥十万大军大举攻入西里西亚，其中一支三千余人的先头部队甚至打到了普鲁士的心脏——柏林城下。

守城的普鲁士军队竟然莫名其妙地放弃柏林逃跑了，三千多名奥地利将士大大咧咧地杀进柏林城，疯狂洗劫一番之后又安然撤离。还在西线与法国对峙的弗里德里希听闻首都陷落，赶紧丢下法国人回来救援，却发现柏林城里根本没有敌人，虚惊一场。

原来，就在奥地利的先锋队杀到柏林之前的几天，普军刚刚在东线惨败于俄军手下，被杀成了惊弓之鸟。看见柏林附近有敌人出现，他们就想当然地以为是俄国人追杀过来了，风声鹤唳，草木皆兵，他们干脆一窝蜂地跑了，让奥地利人捡了便宜。

普鲁士的老脸算是丢尽了。虽然屡次在战场上战胜奥地利，但普鲁士军队还从来没见过维也纳是个什么样子，这回倒好，奥地利才赢这么一回，就把柏林给玩儿了个遍。

了解到事情原委的弗里德里希意识到自己军队的士气即将崩溃，在千钧一发的战略局势下，就连首都柏林都已经暴露在敌人触手可及的范围之内。军队已经是他的唯一依靠，而如果这支军队的士气完全崩溃，那么一切都完了。要鼓励军队士气，最根本的方法只有一个，那就是赢得胜利。

能去哪儿赢得胜利呢？

兵锋已抵柏林的俄国人忽然给了弗里德里希一线生机。俄国在中亚放弃了利用阿睦尔撒纳与清帝国为难，就是想要集中力量在欧洲战场上抖抖威风。但无奈国力有限，他们还是在即将抵达终点时功亏一篑：因战线太长，俄军只能后撤进行补给。

普鲁士的东线压力骤然减轻。

弗里德里希决定全力迎战西面的法军。彼时法军已经和奥地利主力的一部分组成联军向自己倾压而来，算来有四万之众，而弗里德里希能带去参战的兵力只有两万余人。

"接下来，我唯一的庇护所就是死神的拥抱。"弗里德里希在一封写给妹妹的家书里，这样倾诉道。虽然妹妹在回信里，把这次即将到来的决战解释成了向死而生的转机，但依然没能让弗里德里希打起精神来，他随身带上了毒药，好在即将被俘之时自行了断，以免受辱。

唯一能让战神打起精神的，只有战场本身。而所谓战场，可以是与敌人相会的任何地方。

乾隆二十二年，公元1757年11月，萨克森。弗里德里希与法奥联军相会。联军阵容强大，有步兵33700人、骑兵7300骑、火炮114门，其中重炮45门。

法奥联军希望伺机与普鲁士军队处于宽敞平坦的地面，按照欧洲战争的传统相互面对面地一字排开。那样的话，联军的巨大优势就一览无余，相信普鲁士军队看到这样的阵仗，定会不战自溃。

然而普鲁士军队却并不想让联军顺利展开阵型，他们且战且退，一直没有跟联军主力发生接触。弗里德里希在寻找一块他理想中的角斗场，那个地方一定不能是一马平川，一定要有一处有所起伏的山丘。

11月5日，普鲁士军队来到罗斯巴赫村，这里就有一处绵延的山丘。法奥联军也很快抵达。厌烦了追追停停的奥地利见普鲁士军队在此停驻，觉得这是个好机会，决定派出骑兵绕远迂回，截断普鲁士军队的退路，然后将他们在此围歼。

整整一个上午，山丘上的弗里德里希都在观察联军的动向，他看到

41 绝境

223

了联军的骑兵忽然向南移动。南边是战场的反方向，他们去那边干什么？弗里德里希整理了敌方情报之后，认为他们只是要去南边的补给站拿点儿东西吃。

下午两点，看着联军骑兵走远，弗里德里希把望远镜交给身边的副官高德上尉，叫他盯着点儿，自己便吃饭去了。可他刚刚拿起叉子，高德上尉就来报告，说那一部分联军骑兵突然转向东方前进，看来是要包抄我们的左翼。

高德上尉的神色有些慌张，联军终于要展开攻势了，如此一来，己方就只能被迫转入防守。两军实力差异明显，一旦被联军围攻，普鲁士军必败无疑。

但弗里德里希听到这个消息却猛然抬起眼皮，露出多日不见的神采。他立即撂下餐盘，跑到高处观察敌军。旁人看到山丘下一眼望不到边际的联军阵列，吓得有些哆嗦，弗里德里希却越看越高兴。仔细观察之后，他召集各部将领，下达了一连串作战命令。

他命令即将挨打的左翼部队向右边集中。下午两点半，普鲁士军队开始移营。普军将士顶着大战将至的巨大压力，井然有序地完成了这一战术部署。这让同样在高处观察的敌军统帅惊叹：就像歌剧中的变幻布景一样！

不过，联军看不出普鲁士军队移动的意图，他们还以为是普军撤退前的准备；前去执行包抄任务的骑兵已经走远，也无法赶上去提醒他们注意。罗斯巴赫村的山丘不光是利于观察的制高点，也是一处完美的遮掩。凭借山丘的掩护，普鲁士军队的兵力收拢起来。

法奥联军的作战水平远不及对手。突前的骑兵兴高采烈、忘乎所以，一会儿工夫就把自己的后援甩得老远。可他们的目标——普鲁士左翼阵营却已经从容撤离，和自己拉开了距离，联军骑兵开始像无头苍蝇一般在战场上乱窜。

下午三点一刻，山丘突然传来巨响，普鲁士军队仅有的十八门重炮发出怒吼。四千普鲁士轻骑兵随即从山丘上呼啸而下，冲进还在想着包抄自己的法奥联军队列，后续的其他普鲁士兵士跟随骑兵冲进他们杀出的突破口，把这个口子越撕越大，将联军拦腰截断。

这就是弗里德里希的杀手锏——斜线战术。此战术不同于过往的欧洲战争中作战双方面对面地一字排开，纯粹角力地互相厮杀，而是凭借军队优良的作战水平和战场的有利条件，在战斗中迅速转换阵形，集中兵力打击敌方一侧，再进而将局部胜利扩大为全胜。

这个战术看似简单，但在当时却几乎只有普鲁士军队能够成功应用。如果不像普鲁士军队那样，具有高水平训练造就的超强抗干扰战术执行力，硬要在枪林弹雨中，在强大的心理压力下完成这样的阵形转换，其结果必然是把自己拖垮。这就像体育竞技里的一些高难度动作，看着似乎不难，但是没个几年的功夫就贸然模仿的话，一定会闪着腰。

慌神的联军瞬间成了不可收拾的乱军。弗里德里希趁势命令部下继续扩大战果，向联军的纵深处冲杀……

站在高处指挥的弗里德里希看着身边大量尚未投入战斗的预备队士兵，得意地说："当我的大部分步兵仍然把步枪挎在肩上的时候，我就已经赢得了罗斯巴赫之战的胜利。"

到了傍晚时分，联军已经四散奔逃。此战联军伤亡六千余人，被俘两万余人，此外，联军携带的114门火炮，有72门成了弗里德里希的。普鲁士方面则不过伤亡了五百多人。

弗里德里希还煞有风度地和被俘的法奥军官共进晚餐。这些俘虏们一直在嘟囔着抱怨普鲁士军队颇多游击习气，还不等自己的部队展开阵型，大炮都还没有从车上拖下来，他们就从侧面下手了。席间，弗里德里希向他们道歉，但并不是为了自己的游击习气，而是因为晚餐的菜品不多，他还解释说："因为，绅士们，我也没想到你们会来得这么快，来得这么多。"

然而，罗斯巴赫的胜利远不足以换来普鲁士的太平。强大的法国很

41

绝
境

225

快重整旗鼓；另一方面，在科林会战中击败弗里德里希的道恩元帅已攻占了西里西亚的大部分地区。

战略优势依然在联军一边。

弗里德里希没有喘息的机会。会战结束后的第二天，他就命令军队拔营起寨，迅速转向西线运动，继续向道恩率领的奥地利主力军发动攻势。11月22日，行军途中，传来了西里西亚的首府布雷斯劳（今波兰弗罗茨瓦夫）失陷的消息。但这并没有改变弗里德里希的决定。

12月3日，普鲁士军队突袭奥军补给基地得手。奥军统帅道恩闻讯大惊，他原以为几经恶战的普军一定会在这个冬天回撤休整，没想到这么快就又杀到了自己跟前。

道恩见普军新获大胜，锐气难当，主张避而不战，让这漫天飞雪去消磨普鲁士人的火气。但此刻曾经多次被弗里德里希打败的洛林亲王查理·亚历山大——特蕾莎女王的小叔子也在军中，他坚决要求奥地利军队出城迎战，以向弗里德里希复仇。道恩拗不过这个皇亲国戚混小子，只得让六万大军整队集合，在布雷斯劳附近摆下一字长蛇阵，等待普军来战。

这六万大军分为84个步兵营、144个骑兵中队，共有210门火炮，浩浩荡荡地一字展开。这一展开可了不得，奥军阵地的两端竟然相距达五英里之远，似要吞食天地，远远胜过一个月前罗斯巴赫村的法奥联军的气势。

得到情报的弗里德里希也不禁倒吸了一口凉气。按照他原先的估算，在这里驻留的奥军应该只有三万多人，和自己的军力相差不大，怎么竟有六万多人?! 道恩占领了这么多地方，竟然一点儿都没有分散兵力? 弗里德里希暗自在心中佩服这个对手。

摊开战场地图，弗里德里希正要重新掂量自己的策略时，地图上一个个熟悉的地名点亮了他的双眼：洛伊滕、吕岑、萨格舒茨，这不是前些年自己搞军事演习的地方吗? 嗯，这里应该有座山丘，叫……波尼山丘。

果然！在这里！弗里德里希把放大镜搁在地图上，直起腰来舒出一口长气，他心里有谱了。

12月5日清晨，弗里德里希亲率大军赶赴前线。途中，他把所有大将召集到一棵桦树下说："如果奥地利人占领了西里西亚，那么我多年来的作为就功亏一篑了。现在我告诉你们，我要抛弃所有的战争教条，向查理·亚历山大发动进攻。哪怕他的兵力是我们的三倍，我也必须这么做，否则一切都完了。我们必须击败敌军，不然就全体战死在他们的炮火下。这是我的想法，也是我的做法！现在你们回去，把我的话传达给士兵们。"

普鲁士先头部队大张旗鼓地向着奥军的右翼方向狂飙突进。奥军大惊，立即在右翼集结重兵迎战。在拂晓浓雾的掩护下，普鲁士军队突袭占领了波尼山丘，后续的主力部队在这座山丘的背后、奥地利军队看不到的地方，完成了队形转换。天明雾散时，普军主力已经如同鬼魅般出现在奥军的左翼前。

被大量抽调去右翼布防的奥军左翼无力抵挡普军的猛攻，战至中午，左翼防线崩溃。从右翼折返回援的奥军救援不及，只能龟缩在战场中央的洛伊滕村里动弹不得。

下午三时左右，普军将奥军全部压进了洛伊滕村。但瘦死的骆驼比马大，凭借数量上的优势，奥军在洛伊滕村展开顽强的抵抗。一旦战事陷入僵局，体量上处于劣势的普鲁士军队依然将陷入危机。

弗里德里希掷出王牌，命令自己的近卫军为先锋，冲进洛伊滕村，誓要咬碎这颗坚果。半小时后，洛伊滕村的奥军防线终于被砸开口子。普鲁士全军乘势而上，占领了洛伊滕。

退出有利防御位置的奥军还想重振态势，却在普军火炮排山倒海的压制下疲于奔命。眼见胜利无望的奥军只能往布雷斯劳方向溃逃，却发现弗里德里希早已带领普鲁士骑兵在那里堵截。

洛伊滕会战，普鲁士军队再次在绝境中大获全胜。战败的奥军伤亡过

41 绝境

万，被俘也过万，普鲁士方面则仅有六千余人伤亡。战后，道恩和洛林亲王不得不带领残军大步后退，西里西亚全境又回到了普鲁士的手中。

弗里德里希似乎真的绝处逢生了。西线也有捷报传来，奉命追击法国人的斐迪南元帅还替普鲁士的盟友英国收复了汉诺威。而英国在这一年里趁着弗里德里希为自己挡住所有子弹的机会，大举向北美和印度战场投入力量。北美已有近四万英军集结，稳住了倾塌的局势；而在印度，克莱武率领英国东印度公司的雇佣军在普拉西战役中打败法军，英国完全掌控了印度最为富庶的孟加拉地区。

孟加拉离大清朝治下的西藏并不算远。

弗里德里希觉得，收拾了那些地方，英国也该回欧洲来打一打了吧。公元1757年的严冬已经过去大半，即将到来的这个春天，会属于普鲁士吗？

新疆

在东方，乾隆帝的战争同样尚未结束。虽然已经收服了天山北麓，阿睦尔撒纳也客死俄国，但新的挑战者已经出现，他们是天山南麓的维吾尔贵族布拉尼敦和霍集占两兄弟。因出身原叶尔羌汗国高贵显赫的和卓家族，这对兄弟被清朝称为"大小和卓"。

先来说说这个和卓家族。和卓，波斯语，原意为"高贵的人"。和卓家族来自中亚，属于伊斯兰教中的苏菲派，公元16世纪来到叶尔羌汗国传教，被汗国统治者请入宫中，尊崇备至，逐渐掌握了汗国的政教大权，在维吾尔族民众之中也建立了很强的号召力。后来和卓家族发生内斗，准噶尔人趁机武装介入叶尔羌汗国的内斗，进而控制了该国。

前面我们讲到过，这兄弟俩本被准噶尔囚禁在伊犁。清军第一次西征时把他们放了出来，要他们帮自己收服维吾尔族各部。他们倒的确收服了维吾尔族各部，却并不想臣服于清王朝。他们眼见清军依赖于内地补给，每次远征之后都得匆匆回撤，于是想等清军再次回撤时，重建政教合一的伊斯兰国家。

伊斯兰教，对于当时的中国统治者来说是一个崭新的课题，此前中国还从来没有统治过一片信仰真主的土地，中国上一次掌控西域时，那里还没有伊斯兰教。

大小和卓觉得自己的家族与中国向无瓜葛，内地的中央王朝此前也没有对伊斯兰教地区动武的先例，所以不必向清王朝称臣。公元1757年，乾隆二十二年三月，小和卓霍集占悍然杀害前来公干的清王朝使节，以此向乾隆帝宣告自己的独立。

那时，乾隆帝正忙着在北疆追捕阿睦尔撒纳，没空搭理霍集占。等到当年年底，北疆的事情搞定后，乾隆帝立马回过头来找大小和卓算账。

除了为使者报仇，挽回帝国的颜面外，乾隆帝还有很多理由支持这次征伐：历代满族统治者都自认是中国的合法君主，大清王朝是秦汉唐宋元明这一系列中原王朝的合法继承者，因此凡是中国历史上控制过的疆域，清王朝都有权代表中国收回。乾隆帝就搬出汉唐时曾统治过那里的史实，来回应劝他别打的文臣。而对于那里现在已经成为伊斯兰地区，乾隆帝并不在意。

另外，叶尔羌汗国曾是准噶尔的附属，现在准噶尔已灭，清王朝当然应该接替准噶尔，继续控制叶尔羌故地。

最后，乾隆帝还算了个经济账：西征准噶尔的战事已经结束，但由于事先高估了准噶尔的战斗力，后勤用力过猛，前线还累积着数十万石没有用完的军粮。要把这些军粮运回内地，又得白白搭上一大笔运费，与其这样，还不如干脆就在前线吃完算了。

公元1758年，乾隆二十三年正月，清军誓师南征。五月，与小和卓霍集占所率人马在库车城外遭遇。清军设计伏击，霍集占惨败，带数百残兵逃进库车城。

和卓兄弟中，大和卓布拉尼敦做事并无主见，凡事都是小和卓霍集占拿主意，维吾尔族各部叛乱也都是小和卓在其中挑唆联络。因此在战前乾隆帝就声明，此战的罪责只在霍集占一人，就连大和卓布拉尼敦都可以宽恕。乾隆帝还特别承诺，清军不会像对准噶尔人一样对待其他无辜的维吾尔人。

眼下霍集占坐困孤城，只要拿下库车将其或杀或擒，南疆的战事即可一鼓而定。结果呢，霍集占却突围出去溜了。乾隆帝闻讯震怒，立即撤换前线将领，命令听话且勇猛的兆惠领军南下追击霍集占，交代他最迟年底完成任务。

当了二十多年皇帝，乾隆帝依然是个容易头脑发热的领导。他看到自开战以来，的确有些维吾尔贵族不肯跟着霍集占乱来，想跟着自己过太平日子，所以飘飘然地低估了这场战役的难度，这让熟悉前线真实情况的兆惠十分为难。

但他依然坚定地执行皇帝的决策，他心里清楚，只要自己做的是皇帝要他做的事情，就算最后出了岔子，皇帝也会羞答答地来替他解围。那是皇帝承认错误的唯一方式，所以他不用过于担心。

兆惠率领四千多人的先头部队一路猛冲猛打，于当年十月打到霍集占的老巢——叶尔羌城（今新疆维吾尔自治区莎车）下。面对这座坚城重镇，兆惠心里犯怵，狂奔至此的清军只有两个月的口粮，没有攻城的重武器，枪弹、箭簇也消耗殆尽，一举拿下叶尔羌城不现实。但后勤基地阿克苏已远在千里之外，回撤也不现实。

没办法，兆惠只能在城外的黑水河（今叶尔羌河）安营扎寨，先求站稳脚跟，等待乾隆帝了解情况。如果皇帝认识到这就是他强求冒进的后果，他会想办法补救的。

要想站稳脚跟，就得解决大家的吃饭问题。犯愁数日之后，兆惠找到缓解的办法：霍集占在叶尔羌城南的英额齐盘山上放牧着一群大肥羊，只要渡过黑水河，占领那座山，清军就能吃上羊肉。

兆惠决定冒险一试，他亲自带领一千人马，抢占黑水河上的小桥，准备去抢羊吃。结果饿极了的清军蜂拥而上，发生了严重的踩踏，竟把那座小桥生生地挤垮了。抢羊的清军被黑水河截成两段，这边六百人，那边四百人，兆惠自己在四百人那边。

倒霉的事情一般都是连续发生的，尤其是在战争中。叶尔羌城里的霍集占听说了这事，狂笑一番之后命令手下万余人马分头出动，将两岸

42 新疆

清军团团围住，誓要在黑水河边活捉兆惠。

好在那兆惠也不是吃素的。危难时刻，他率领的那千把来人竟愣是没让霍集占给吞下，反而逃出生天，杀回黑水营寨固守。霍集占又过来围攻营寨。苦战中，兆惠的若干传令兵突出重围，分头向阿克苏和紫禁城求援。

兆惠在求救文书中自责"轻敌妄进"。乾隆帝看到兆惠的这些话，脸羞得火辣辣地疼，到底是谁轻敌妄进呢？不过他还是大方地揽下了属于自己的责任："向来之轻视逆回（指大小和卓及其附属），乃朕之误，又何忍以妄进轻敌为兆惠之责乎？"

虽然霍集占这边占据着优势，连续围攻之下已经逼得清军数位大将阵亡，亦令兆惠本人多次濒死，但无奈他手下的兵士大都是临时从维吾尔族平民里强征来的，战斗力比不得已是沙场老手的清军将士，围攻黑水营三个多月，还是没打下来。

另一边，清王朝的援兵正星夜兼程地往这边飞驰。公元1759年，乾隆二十四年正月初六，援兵抵达前线。双方进行了一场持续四昼夜的鏖战，霍集占终于支持不住，解围而去，撤回叶尔羌城内固守。清军也收拾人马，回到阿克苏休整。

虽则黑水之围解了，但乾隆帝在年底前完事的计划终究还是泡了汤。他只好重新评估自己的军事方针。在乾隆二十三年一整年的数次战役中，清军在人数上都不占优，这自然是乾隆帝的冒进策略造成的，但清军并没有因此而招致大败，这说明霍集占所率维吾尔族军的战斗力不怎么样。而霍集占在战场上吃亏之后，每每能迅速重新发展人马，再次拉起一支超过万人的军队与清军为难，又说明和卓家族在维吾尔族地区确实根深树大。

有鉴于此，乾隆帝加大军事投入，命令西征的三万人马全部加入南疆作战。效果立竿见影，大军压境之下，大小和卓集团加速瓦解。公元1759年，乾隆二十四年七月，大小和卓等人率众西逃。清军穷追至帕米尔高原依然无获，他们逃进了今塔吉克斯坦境内的巴达克山汗国。

乾隆帝出面与巴达克山汗国交涉，强硬地命令该国元首素勒坦沙交出大小和卓等人，并以武力恫吓。素勒坦沙却有意庇护大小和卓，托词说自己已经杀死了霍集占，活捉了布拉尼敦，但出于伊斯兰教传统，他不能将穆斯林兄弟引渡给异教徒。

乾隆帝认为这纯属扯皮，你们教派的内斗朕见得还少吗？哪有你说的这么玄乎？他勒令素勒坦沙少废话，赶紧把人交出来。素勒坦沙只好把霍集占的首级交给清朝使节，但对于大和卓布拉尼敦，素勒坦沙却说他失踪了。

乾隆帝虽然口气强硬，却也懂得借坡下驴，反正清王朝要的主犯就是霍集占，布拉尼敦只是胁从。既然霍集占已死，乾隆帝为免再生事端，便见好就收。

至此，南疆战事结束，清王朝统一了天山南北。乾隆帝只知道他终于征服了准噶尔，还顺手收服了天山南麓的维吾尔族地区，这就是这场战争对于他的全部意义。而对于整个中国，这场战争的意义更加重大，现代中国的疆域就此奠定。

中国的疆域形成于秦始皇统一六国，长期以来，中国对于西部、北部边疆的控制并不稳定。直到清王朝对内外蒙古、青海、西藏、新疆完成征伐并建立起持续的制度性控制之后，中国版图才基本奠定，统一的多民族国家的局面就此完全形成。对于现代中国来说，这是一份价值无可估量的功绩与遗产。

当然，新疆不是一个拎包入住的地方，为了保证大清王朝的这块新疆域的安定，乾隆帝还得认真琢磨些制度出来。

乾隆帝眼中的"安定"没别的意思，就是指不再出现威胁清王朝统治的叛乱势力，为此就得有军队留在新疆。乾隆帝先后调拨了四万大军常驻新疆。

大规模的军队驻扎牵扯出了一系列制度建设。首先是管理。乾隆帝在准噶尔旧都伊犁设置了伊犁将军，来统领这四万大军。

其次是军队的分配部署。这么大的新疆，要想把每个地方都防得严严实实，别说四万军队，恐怕十万都不够。乾隆帝必须权衡轻重，有所取舍。按照汉唐王朝治理西域的经验，军事部署的重心一般在天山南麓，北麓管得不多。但这些老土的经验已经不再符合乾隆帝的需要了，在他看来，天山北麓是准噶尔故地，是他这次战争正儿八经的战果，且周边还有俄罗斯、哈萨克等强邻环伺，所以他决定将驻军主力——四万人中的三万放在北疆地区，南疆则只留下不足万余人的兵力驻守。

兵力不足，制度来补。对于南疆维吾尔族地区的治理，乾隆帝更加倚仗制度建设。他参照西南少数民族的土司制度，承认维吾尔族各城镇原有城主（维吾尔语称为阿奇木伯克）的地位，让这些本地贵族继续拥有治理本地民政的权力。同时，乾隆帝也继承了之前在少数民族地区施行的"改土归流"的改革措施，废除了阿奇木伯克的世袭权，老伯克死后，新伯克必须由清政府重新任命。

乾隆帝在新疆的另一项重大制度建设是实行政教分离。了解到伊斯兰教传统中的阿訇（即清真寺里的经师）对政治事务的影响力很大，乾隆帝联想到蒙古事务中藏传佛教的巨大影响力，这种力量时而是助力，时而是阻力，难以把握。有鉴于此，乾隆帝干脆明令禁止阿訇参与政治事务，这就开始了新疆伊斯兰教地区政教分离的进程。这项举措影响深远。

最后，也是最重要的，是军队的吃饭问题。新疆与内地相距遥远，要从内地运送粮食供养军队，会是个沉重的负担。这一次，乾隆帝沿用了千年前汉唐王朝的解决方案——屯田。

屯田，就是军队在驻地自行种田，自给自足。清代军队在新疆的屯田并非始于乾隆时期，早在康熙亲征噶尔丹，清军进驻哈密时，屯田养兵就已经开始了。乾隆帝把这一方案大规模推广，尤其是北疆地区，准噶尔蒙古人已被屠戮殆尽，天山以北地广人稀，乾隆帝的军队正好可以拿来开垦农田，养活自己的同时顺便改变了北疆的经济结构。游牧成分被稀释，蒙古人想再以此地为基础发展出一支强大的军事力量，再无可能。

就这样，乾隆帝逐渐将新疆这块地盘牢牢地捆绑在清王朝的体系下。此后虽然在晚清时代历经颠簸，新疆失去了不少疆土，但凭借强硬彻底的制度约束，清王朝总算还是将新疆的主体部分收回了。

争抢

让我们把日历翻回到公元1758年，接着看那一年在地球的另一边发生的故事。那年夏季，已经在罗斯巴赫和洛伊滕连胜两场的普鲁士国王弗里德里希又与俄国大军血战于曹恩道夫。弗里德里希又赢了，不过这次赢得狼狈，甚至可以说是凄惨。

对于欧洲来说，俄国人始终是大陆边缘的野蛮人。尽管此时的俄国早已经过了彼得大帝的西化改革，但对于欧式行为规范，俄国人依然没有学到家，时守时不守。

例如这次的曹恩道夫会战，普鲁士其实已将俄军打得溃散，按照当时的欧式贵族的作战传统，击溃就是胜利，并不追求打歼灭战。你俄国人都被打成这样子了，就应该认输，主动撤出战斗，可人家偏偏不吃这一套，这些灌够了伏特加的老毛子不论在什么情况下，只要还活着，都会从死人堆里爬出来，再次高喊着"乌拉"的口号向敌人冲锋，直至生命终结。

一向自诩意志坚定的弗里德里希也没见过这般视死如归的情况，为了这场惨烈的胜利，他付出了上万的伤亡人数。这对于国小民寡的普鲁士来说，与战败也几乎没什么两样。何况这场战役后，他还得马不停蹄地南下，赶赴下一场与奥地利的会战。

弗里德里希的心里越发不踏实，他禁不住发慌，开始后悔自己听信了英国人的蛊惑，莽撞地加入这场无助的赌局，其实不过是为英国人火中取栗，他开始咒骂英国人的不义。

那么，英国人到底在干吗呢？

不义的英国人的确趁着普鲁士在欧洲为他们遮风挡雨的机会，在海外抢占他们想要的果实。继1757年在印度大胜后，公元1758年，乾隆二十三年，他们即将在北美与法国人展开决战。这次，他们集合为一支在英国北美殖民史上最庞大的军队，海陆大军共计四万人。在海军的强力掩护下，英军兵分三路，分别向布雷顿角岛、提康德罗加要塞和迪尤肯堡挺进。

曾经誓言再也不想见到红衫军的弗吉尼亚民兵中校乔治·华盛顿看红衫军总算认真起来，也跟着热情澎湃了。他连结婚都顾不上，推迟与爱人的婚礼后，就把自己原来说过的话给吃了回去，风风火火地带领弗吉尼亚民兵去和英军会师。

乾隆二十三年，公元1758年的6月，英军投入一万四千兵力和一百五十余门火炮，海陆并进锤击布雷顿角岛。鏖战一月有余，最终法国人投降，英国总算在双方开战后赢得了第一场像样的胜利。

但此战用力过猛，让英国人在随后的战役中成了软脚蟹。7月，主帅阿克伯姆亲自率领四倍于对手的英军主力围攻提康德罗加要塞，被蒙卡姆指挥的法国军队击败，伤亡两千余人。好在蒙卡姆谨守欧洲绅士的派头，没有冲出要塞去追杀英军，不然英国人这回很有可能彻底玩儿完。

主力战败后，原计划攻击迪尤肯堡这一路的英军明显已经失去了攻击时机，但却没有收到来自主帅的停止进攻的命令，因为英军的指挥系统死机了。

进退两难时，这一路英军的统帅福布斯掂量形势，命令所属军队放弃按原有道路前往迪尤肯堡的计划，从另一个方向开辟一条新路前进。华盛顿就在这路英军里，对于上司的这一举动，他一脑子的糨糊：你要打就打，不打就干脆停止前进，你修什么路呢？这是一个军人该干的事情吗？

在华盛顿那颗青涩的脑袋瓜里，军人的事情，除了打，还是打。

主帅战败的消息传到伦敦，英国首相威廉·皮特大为光火。为遭受挫败的北美远征军报销了各种账单后，他还不得不忍受来自国会的咒骂声，继续为北美方面添粮加枪。当然，他还得撤换指挥不力的前线将领，阿克伯姆下课了，换上了老将杰弗里·阿默斯特；此外还有一系列人事调动。

华盛顿的顶头上司福布斯却在这场人事风暴中岿然不动。因为皮特首相认为他的修路进军证明了他没有临阵退缩，同时又避免了冒进带来更大的损失，皮特认为福布斯可谓智勇双全，于是没有撤他的职。

华盛顿见状，有一种"胜读十年书"的感觉。

阿默斯特上任收拾残局后发现，英军虽然遭遇了重创，但也已经迫使法国的防御主力回缩到加拿大境内。伦敦方面持续渐进地为北美添砖加瓦，而巴黎方面却正忙于跟普鲁士缠斗，对海外的事务不闻不问，二者的不同策略在北美战场上造成的战略差异已经显现。

无奈法军主帅蒙卡姆骁勇善战，屡次让英国人无功而返。不过，因为得不到母国支援，北美法军就快山穷水尽了。

乾隆二十三年，公元1758年年底，福布斯部的进军经历证明了阿默斯特的判断正确。以华盛顿为先锋的英军再次攻击迪尤肯堡，这是华盛顿第三次向该地进发。这回，他会遭遇些什么？

华盛顿遭遇了一座空城。不是空城计，就是一座空城。原来，兵力日渐捉襟见肘的法军早已在提康德罗加会战后放弃了迪尤肯堡，以便集中力量保卫加拿大。这让华盛顿总算赢了一局，终于捡回了自己作为军人的尊严。

占领迪尤肯堡后，聪明伶俐的福布斯将这里的名字改作"Pittsburgh"，意为"皮特的堡"，将此战的功劳算给了伟大光明正确的首相威廉·皮特。现代汉语将这个地名译为"匹兹堡"。

既然法国人已经穷成了这样，英军主帅阿默斯特决定不再跟法国在外围纠缠，而是直接杀进加拿大，去他们的老巢魁北克算总账，争取一战定乾坤。

接到新命令后，华盛顿觉得他保卫家乡弗吉尼亚的光荣任务已经完成了，征服加拿大是他们正规军的事儿，与自己无关。况且，他还得赶回家去结婚呢，他的夫人玛莎·丹德里琪·卡斯蒂斯带来的丰厚嫁妆将使他如虎添翼，成为弗吉尼亚最富有的人。

英国正规军没有挽留华盛顿，他们也不觉得以后的战争还会和这些民兵有什么关系，于是好聚好散。

乾隆二十三年，公元1758年的下半年，对于北美的法国人来说极其难熬。面对咄咄逼人的对手，他们巴望着母国的救援，他们衷心地祝愿母国和它的众多盟友早日在欧洲战场上弄死弗里德里希这条普鲁士疯狗。

他们也的确获得过一些真实的希望。那年10月，道恩元帅率领奥地利军队终于在霍克齐会战中战胜了弗里德里希亲率的普鲁士军队，终结了他的巅峰三连胜。这下子，普鲁士总算该被打趴下了。巴黎将很快能腾出手来，向北美投送援助。

乾隆二十四年，公元1759年年初，枯立大西洋边上望尽千帆的法军主帅蒙卡姆终于等回了去年年底派往巴黎求援的人，不过那人带回的援助却寥寥无几。

不仅如此，那人还带回了两条令蒙卡姆捶胸顿足的坏消息：一、刚刚遭遇重击的普鲁士疯狗还没死，还在和法奥俄瑞四国周旋；二、伦敦又往北美投送了万余兵士，即将在近日抵达！

伦敦真是他们北美英国人的亲娘！巴黎却是我们北美法国人的后妈！蒙卡姆悲愤不已。没办法，人家英属殖民地的经济力量已相当强大，是英国全民都不得不保卫并进一步扩张的经济命脉。而法属殖民地呢，不过出产一些权贵们的奢侈品而已，如今母国大敌当前，这些奢侈品当然暂时不要也罢。

　　无可奈何的蒙卡姆只能集结起仅存的五千多兵力，钻进仅有的几座高大要塞里龟守。

　　该年6月底，三十二岁的贵族将领詹姆斯·沃尔夫率领的英国海军沿着圣劳伦斯河进抵魁北克。无路可退的蒙卡姆显示了高出一筹的指挥能力，凭借魁北克险要的地势，在一个多月的时间里，始终没让英国人占到什么便宜。沃尔夫的军队只能在船上待着，无法登陆攻城。

　　7月底，英军主帅阿默斯特在攻陷提康德罗加要塞之后来为沃尔夫助阵。但面对三头六臂般的蒙卡姆，阿默斯特也没有什么办法。

　　魁北克是法属北美最大的城市，法国人已在那里经营百年，要坚守个一年两年没有问题；英军却远道而来，无法坚持太久。

　　就在此刻，英国的盟友普鲁士在欧洲战场上再遭败绩，而且一连就是两次。俄国人连续对普鲁士发动强攻，在帕尔齐希和库涅斯多夫两次会战中把普军打得落花流水，弗里德里希也险些阵亡。

　　为自己挡子弹的普鲁士疯狗就快死了，英国不得不准备直接出兵欧洲。而如果这样的话，且不说出兵欧陆胜负难料，想再这样全力支持北美作战就不可能了，英法两国在北美长久对峙的局面将继续下去，日后改变了全世界命运的大英帝国也就无从谈起。

　　如果这一切发生的话，今天的世界很可能不会是我们现在看到的样子。因此，后来的英国政治家温斯顿·丘吉尔将这场同时在欧洲、印度、北美三个战场开打，并深刻地改变了世界发展进程的战争称为"真正意义上的第一次世界大战"。

　　历史的发展是必然的，其中最大的一种必然性是在这种发展的表现形式中充满了偶然。面对魁北克城一筹莫展的英军在一次地势勘探行动中有了重大发现：沿着圣劳伦斯河口绕到法军防御阵地的背后，在魁北克城的西边有一处五十米高的垂直峭壁，翻过峭壁就可以直达魁北克城下，而峭壁之下恰有一处小河湾，可以容纳小船停泊。最重要的是，兵微将寡的法国人以为这里足够隐秘，没有在此驻防。

得知消息的沃尔夫欣喜若狂，当晚亲自冒险驾着小船来到此地查看。一番掂量后，他向同行的军官们吟诵了一句当时的著名诗人格雷的诗："坟墓是荣耀的唯一归宿。"

他决定就从此地登陆。

乾隆二十四年，公元1759年的9月13日，沃尔夫亲率英军3600人，分乘30艘小船，分为两批次，借着夜色和正面部队的佯攻，偷渡到峭壁之下，在完成了精彩的集体攀岩之后，毫发无损地来到魁北克城外。

大西洋上泛出日光时，英军已经完成列阵，神兵天降一般矗立在法国人的背后。天亮之后，蒙卡姆仓促带兵出城迎战，与英国人展开最后的比拼。

上午十点，两军对圆，接着发起冲锋，较量十分酷烈。一开始在蒙卡姆的指挥下，法军还勇猛抵抗。然而，几枚不长眼的子弹射入了蒙卡姆的身躯，他无法再指挥下去。失去了精神领袖的法军乱了阵脚，逐渐落了下风。

这边，英军统帅沃尔夫也身中三弹，却拒绝军医将他抬下战场救治。他一直坚持到法军阵线开始崩溃，在下达了追击命令之后阵亡。

在双方都失去了主帅的情况下，人格独立、具有自由思想的英国人依然知道该干什么，而在封建统治下成长，习惯于被别人支配的法国人却六神无主，只能缴械投降。

残余的法军掩护着重伤的蒙卡姆回到魁北克城内。次日，蒙卡姆不治身亡，慌了神的法国人放弃魁北克，向蒙特利尔逃跑。

魁北克的偷渡与血战，为英国在北美战场迎来了决定性的胜利。而在魁北克会战的同时，英军终于登上欧陆，首次与盟友普鲁士真正携手。

乾隆二十四年，公元1759年的8月，英普联军在明登击败法军。这次战役将法国人摁回本土，减轻了普鲁士在西线的压力，让已经奄奄一息的普鲁士人能够全力关注东线战事，专心对付俄奥两国。

欧洲战争的转折点似已来临。

告状

在世界各地忙碌的英国人眼下没有工夫为自己国家军队的胜利举杯庆祝，人家各有各的事要去忙。英军在战场上取得转折性胜利的同时，在欧亚大陆的东方，詹姆斯·弗林特，这个受聘于英国东印度公司，可能是历史记载的第一个精通汉语的英国人，将带着满腔愤懑开始属于自己的远征。

他有中文名，叫洪仁辉。

乾隆二十四年，公元1759年的6月13日，洪仁辉指挥着他那艘名叫"success"（"胜利"）的商船，从广州黄浦港扬帆起锚，向南驶出珠江口洋面后，突然掉转船头，躲过清朝水军的拦截往北方驶去。

要干什么？

两广总督李侍尧的脸都吓白了。

按照两年前颁布的圣旨，原有的四个通商口岸关了三个，只留下广州一个，因此管理外国商船也就是他两广总督的职责。这艘英吉利国商船可是带着大炮的呢，这是想要去哪儿惹祸？要是这船去别处惹了事，朝廷是要拿他问罪的。李侍尧赶紧通知闽浙方面，让他们做好海防工作，准备拦截英吉利国的船只。

不过，似乎是虚惊一场。九天后，洪仁辉的商船驶抵浙江宁波定海县。这是大清国另外一处重兵布阵的大港口，要闹事的话，英国船不会选择这里。

定海总兵罗英笏代表大清朝出面与其接洽。

"罗大人，久违了！"洪仁辉的汉语广东腔很浓重，但也还算流利。

"洪先生，四年不见，一向可好？"罗英笏友好地向洪仁辉回礼。原来四年前，也就是乾隆二十年、公元1755年的时候他们就认识了。

"洪先生，闲话暂且不叙。您此来宁波，有何公干？"

洪仁辉将罗英笏带进船舱。双方按照中国礼节，分主宾落座上茶之后，洪仁辉回答罗英笏的问话："罗大人，此番前来不为其他，跟四年前一样，来贵地批发些丝绸、茶叶和瓷器，带回我们英吉利国做买卖。"

罗英笏闻言，面露难色："难道洪先生不知道自上次贵国商船来我宁波交易的两年后，我们的皇上就下旨关闭了宁波通商口岸，只许你们在广州交易了吗？这次，恐怕我不能让您在这里做买卖。"

洪仁辉说："这事……我们也知道。您说的是1757年，按你们的历法是乾隆二十二年的时候，大皇帝命令关闭福建、浙江、江苏的三处通商口岸，只留下广东一处，人称'一口通商'的政策吧。我对贵国的这个政策很是不解，难道上次我们来做贸易，你们宁波人没赚到钱？亏了本？所以要关闭？"

罗英笏苦笑道："其实不是这个原因。您也知道，上次你们来宁波批发东西，宁波官民掏空了你们的荷包，当时我也入了股，也赚了不少。要不是皇上有旨，我们巴不得你们年年都来呢。"

洪仁辉是个商人，有钱不赚的事情他无法理解："那是为什么？"

"说来话长……"罗英笏长叹道，"本朝自康熙年间平定台湾之后，就开了海禁，同时设立了闽粤江浙四大海关，称为'四口通商'。可开放之后呢，你们洋人只图广州路近，长时间不去其他三个口岸做贸易，搞得大家差不多都忘了通商口岸共有四个，还以为只有广州一个呢。例如我们宁波，常年也就是些日本人、吕宋人、朝鲜人来做些小本买卖，几时看见过你船上这米字旗？"

"我们四年前不就来了吗？"洪仁辉反问。

"是啊，四年前你们才来。那时候您说是因为发觉我们宁波海关的关税要比广东那边低，而且没有那么多苛捐杂税，是吧？"

"还有，你们浙江这边的物产比广东还要丰富得多。"洪仁辉补充道。

"乾隆二十年的时候，洪先生您来吃了一回独食。二十一年的时候，一大帮贵国商船就抛弃广州，过来我们宁波了。"罗英笏回忆说。

"罗大人，这难道不是好事吗？你们宁波人就地发财，我们把货拉到欧洲去卖了也能发财，这不是你们中国人说的皆大欢喜吗？"洪仁辉依然不解。

"几家欢乐几家愁啊，那次你们来宁波做贸易，广东那边的收入就少了，他们给皇上打了报告，皇上见状就提高了宁波这边的关税。但你们都还是要来，看来广东那边的苛捐杂税的确害苦了你们。可皇上不依不饶啊，眼见宏观调控手段无效，就干脆来硬的，两年前下旨关闭其他口岸，命令你们从此以后只能去广东做贸易。"

"Why？啊，不！点解？为什么？为什么皇上偏袒广州？宁波不也是你们大清国的地盘吗？宁波的民众就不能从外贸当中受益吗？"洪仁辉越听越急，越听越糊涂，一句话里英语、粤语、北方官话全给憋出来了。

"洪先生，这话我也只能跟您说，别人听去了我可是要被杀头的啊。"罗英笏凑到洪仁辉的耳边悄声道，"皇上办外贸，可不是为了老百姓发家致富啊。"

"嗯？什么意思？"

"首先呢，您也知道，我也不忌讳说，朝廷见不得你们洋人，你们长相诡异，又有钱，走到哪里又都要传你们那个洋教，朝廷很担心你们勾结内地奸商刁民一起作乱。但是呢，朝廷也不傻，也知道外贸生意大有赚头，不能白白放弃。所以从康熙爷开始开放海禁，一方面跟你们做生意赚些钱，另一方面呢，又对你们的活动严格限制。你们先前喜欢在广东交易，广东贸易异常繁荣，因此广东海关把关税定得比较高，其中大部分收入纳入了朝廷财政，还有一部分直接交给内务府，也就是进了皇上的个人腰包。广东海关有一部分是皇家私产，所以皇上才更偏袒广东那边。洪先生，您知道不？你们大量转来宁波做贸易的那一年，广东海关上交内务府的银两只有两万八千两，比前一年少了整整一万两！”

“那也不至于就要关闭其他通商口岸啊！这多鲁莽啊！”

“这几年皇上在西域用兵，正着急上火，到处找钱呢。你们跑来宁波做贸易，广东上交财政的关税也少了许多。您说您这么一来，害得朝廷也亏，皇上也亏，他能不关闭广东之外的其他口岸吗？”罗英笏继续解释。

“好吧，你们皇上怕我们生事，所以关闭其他通商口岸，又想赚我们的钱，所以留下广东让我们交易。”洪仁辉有些明白了，“我们本来也不想绕远路过来交易的啊，但是广东海关那边做事也实在是太不讲道理了。在那边，只要是个官，哪怕一个不入流的小官，都能找我们收税，收各种莫名其妙的税，收了也不入账，全被他们给私吞了，吞完又来收，这样子谁受得了？大皇帝要我们只在广东做贸易，就应该在广东给我们创造一些好的条件才行！”

罗英笏想想，这似乎是个解不开的结，也无心再和洪仁辉聊下去，只能重申清王朝的政策：“这事只有皇上能解决。总之，洪先生，您的事，我们爱莫能助。您必须尽快离开宁波。”说罢，起身告辞。

“好吧，罗大人，后会有期。”洪仁辉失望地起身恭送。看来在宁波做贸易是彻底没戏了，他只能想办法改善广东的贸易条件。他开始咀嚼罗英笏临走时说的那句话：“这事只有皇上能解决。”

那就去找皇上！

乾隆二十四年，公元1759年的6月27日，洪仁辉的商船离开宁波，驶出清朝水军的监控视野后故技重施，掉头向北方更远处驶去。

7月18日，这艘挂着奇怪的米字旗的商船出现在天津大沽口洋面。洪仁辉到这儿告御状来了。

天津，什么叫天津，天子的码头叫天津。这可不是一般的地方，一般人来不了，来了就肯定不是一般人。这艘英国船穿越茫茫大海，大大咧咧地悍然闯入天子码头，大清国的各路水师居然一点儿都不知道，这让天津的所有人都惊出了一身冷汗。

人家闹到这京畿重地来了，天津方面担心万一惹得英国人在这儿撒泼，打将起来可不好收拾，天津知府灵毓只好亲自登上英国船和洪仁辉交涉。

聊了几句之后，灵毓不再恐惧洪仁辉这个红毛鬼。这家伙并不是个混不吝的东西，他啥都懂，很上道，中国人做事有什么规矩他门儿清得很。

虽然告御状这事本身还是显得孩子气。

既然如此，灵毓便不再紧张，轻松地和洪仁辉谈起了正事："洪大人啊，您要进京告御状，具体要告些什么事情呢？您总不可能直接状告皇上'一口通商'的政策吧？另外，这状子写好了吗？由谁帮您递上去呢？"

"知府大人，您看，这是我们的状子。"洪仁辉拿出一份装帧精致的文书递给灵毓，接着说，"既然贵国的大皇帝要我们只去广州经商，我们从命就是。但广州海关贪赃枉法，挖地三尺盘剥我们西洋商人，的确让我们非常为难。在广州，每个见到我们商船的人，只要他穿着官服，就都有权向我们收税。每船放关，总巡口要十两银子，黄埔口要五两，东炮台口五两；每船卸货，总巡口又要五十两，黄埔口一百两；翻译费用，总巡口还要五十两，黄埔口三十两；还有验货费，总巡口一百两；还有别的税，多得很，说不完。可这些钱都不是正经税收，都被海关那些通事买办拿去了。另外，一船除货税外，还得先缴银三千三四百两……"

灵毓见他说得口沫横飞，心中觉得好笑。我们大清国做生意不都这样吗？我们当官的不先发点儿财，怎么轮得到你们？且不说你说的这些是不是真的，就算是真的，这些个钱还算少呢，这已经是看在你们这些红毛鬼大老远地来一趟不容易的分儿上，要知道我们收自己人的钱，比你洪仁辉说的那个数翻倍都还不止呢。

不过，灵毓并不想教洪仁辉学会感恩，那是他妈该做的事儿。他假装认真地倾听着洪仁辉的吐槽，不时低头翻阅一下洪仁辉的状子。

"……广州的行商黎光华欠我们六万两银子的货款，借款的字据我都带来了，喏，您看。他家赖着不还好几年。我们从县衙到知府到两广总督那里，一级一级地告个遍，结果根本没人理会我们，估计广东官员全都被他们给贿赂了……

"说到广东海关的这些个官员，粤海关监督李永标最坏！这个人千方百计地刁难我们，那些苛捐杂税都是他纵容的结果，而且我这里也有证据显示，所有贪墨所得他都有……"

"嗯，好啦。"灵毓打断洪仁辉的长篇大论，"看来你们在广州确有莫大的冤情。我天朝礼仪之邦，向来容不得这些肮脏龌龊。我倒也可以帮你们把状子递上去，只是毕竟不是小事，这事可费功夫啊……"说罢灵毓瞥了洪仁辉一眼。

这些中国官员对话向来不看对方眼睛，但只要看了，就必定有些意思在里面。这个洪仁辉懂，他赶紧掏出一张簇新的银票，递到灵毓的手跟前说："我也知道，您的功夫不一般……"

灵毓瞥了那张银票一眼，我的乖乖，五千两！折算成现在的人民币怎么也得值个两三百万。这害得他都有些不好意思了，一边把银票揣进袖子里，一边堆出一脸烂笑："礼重了，礼重了……这样吧，我马上想办法请我们的直隶总督方观承大人把您的状子递给皇上御览。哦，对了，您这个状子写得还不行，有些个语法还是不对，您得赶紧找个正经

44
告
状

读书人重新润色一下。"

"多谢知府大人，我一定照办。"洪仁辉回答。

收了钱的政府办事效率相当高。7月23日，也就是洪仁辉抵达天津后的第五天，他已经完成了对诉状的润色，并经过灵毓和方观承的接力传递，送到乾隆皇帝的眼前。

看完洪仁辉的诉状，乾隆帝的情绪很是复杂。本来这些天他的心情不错，因为西域战事刚刚尘埃落定，可即使是皇帝，也无法阻止扫兴的事情扑面而来。面对一个外国人上京告御状这样亘古未有的怪事，乾隆帝不得不打起十二分的精神来认真处理。

乾隆帝向来看不起西洋人，也正因为如此，他才觉得不能在这些自己看不起的人面前丢脸，所以他说："事涉外夷，关系国体，务须彻底根究，以彰天朝宪典。"给此案的办理定了个很高的调子。

8月26日，乾隆帝的办案人员在天津跟洪仁辉会合，与他一同南下广州，查处广州海关乱收费和赖账不还等案件的实情。

送走洪仁辉后，乾隆帝没有闲着等广州的消息传来。关于洪仁辉事件，除了案情本身，他要追查的还有很多：是谁让这个英国人来天津的？是谁帮他想办法把状子递上来的？是谁帮他写的状子？

那么，这些事很重要吗？

是的，对于乾隆帝而言，这些事反而比那些经济纠纷重要得多。乾隆帝心思缜密，很能透过现象看本质。抛开洪仁辉是个外国人这个刺眼的现象，说穿了，这事其实是一个越级上访事件。

越级上访是乾隆帝最见不得的事。热爱秩序与稳定的他，最厌恶的就是一个"越"字，那代表僭越，代表挑战他心目中完美的社会秩序，进而挑战他的政治纪律，挑战他的无上权威。

因此他深切地厌恶，或者说是畏惧来自社会下层的反抗。他自己可以自上而下地体察民情，施恩布德，而且他也乐于这么做，但他却坚决不允许民众站出来维护自己的生存和地位，这样才能使民众长期保持一种幼弱无力，需要他来保护的状态，他的权力才有生存的土壤。

在此之前，乾隆帝已经多次严惩过告御状的老百姓。即便他们有理，乾隆帝也要各打五十大板，坚决不能让这些桀骜不驯的刁民觉得自己占到了什么便宜。

通过多次示范警告，国内现在敢这么做的人不多了，但外国人还不清楚这个政策，既然你洪仁辉傻乎乎地找上门来，就拿你给外国人也做个示范吧。

乾隆帝开始细细寻思洪仁辉的上访过程，跟一般百姓的拦轿喊冤不同，他走的是一个正式的程序，写了状子，由天津知府、直隶总督一层一层地夹在奏折里呈上来。这套程序如果没有体制内的人帮忙，别说他一个外国人，就连国内的普通人也搞不明白，找不到门路。

所以有内鬼！

问题扩大了。乾隆帝要想维持国内的安定局面，除了阉割每个子民的自发性之外，还要杜绝外界有机会带给他们诱惑，不然一切防范都是枉然。在打发走洪仁辉之后，乾隆帝严令追查在各个环节帮助他上访的人。

不久后，两边的追查都有了结果。广州方面，粤海关监督李永标贪墨事实成立，被革了职，黎光华欠东印度公司的钱款也被勒令归还；但洪仁辉所述的海关各处陋规并没有取消，只是被折算成了一个整数，纳入正式关税，由国家公开征收，等于是把马仔们背着大哥偷偷勒索的保护费又抢回到了大哥的荷包里；洪仁辉提出的其他请求则全被驳回。

另外一边，直隶总督方观承挨了皇帝的骂，帮洪仁辉递状子的天津知府灵毓则掉了脑袋。帮洪仁辉润色状子的人也被查了出来，不过是个落魄书生，被以"里通外夷"的罪名斩首示众。

洪仁辉先生，则被判了个"勾结内地奸民"的罪，遣送至澳门圈禁三年后驱逐出境。

乾隆二十四年，公元1759年的12月，洪仁辉一案全部了结。作为善后措施，由两广总督李侍尧草拟，经乾隆帝御批同意的《防范外夷规条》颁布实施。此乃清王朝第一个全面管制外商的正式章程，规范强化了广州十三行的行商制度，严禁外商同中国官民随便接触。

驱走了眼前的苍蝇，乾隆帝终于可以收拾好心情迎接从西域凯旋的将士们，那是他期盼已久的荣耀。

"一口通商"的政策自此完全确立形成，垄断中国对外贸易的广州港从此开始了它历史上最为辉煌的时代。但后来我们也知道，在这个时代出现的这种辉煌，其实已经没多大意思。

随着西域大规模战事的终结和《防范外夷规条》的颁布，乾隆帝同时在帝国的西北内陆和东南沿海扎稳藩篱，有可能威胁帝国安定局面的外界因素被体系化地降低到最低水平。现在，乾隆帝觉得只要做好内部的事情，大清江山就能一直这么安定下去，千秋万载。

安定，在乾隆帝看来到底是个什么意思？安定为什么如此重要？

奇迹

普鲁士国王弗里德里希此刻想要哪怕片刻的安定都不可能。虽然盟友英军已经加入战争，在西线战场上帮助自己阻击法国，但对于东线的敌手俄奥两国，英军鞭长莫及，还得靠弗里德里希自己去应付。

乾隆二十四年，公元1759年8月12日的库涅斯多夫会战几乎成为普鲁士的末日。会战中，死神连发四招向弗里德里希索命，都被他幸运地闪过。他率队三次冲锋，就有三匹战马阵亡。胸兜里的一个小金盒子还为他抵挡了一颗欲直取心脏的子弹。

心情低落到极点的弗里德里希却对幸运的眷顾并不领情。让他这样看不到任何希望地活着受苦，还不如干脆死了来得痛快。他悲号道："为什么没有一颗子弹射中我?！"

仅余的三千军队拼死护送他撤离战场。到达安全地带后，弗里德里希倒在地上不省人事，不知道是睡着了还是晕倒了。等到第二天醒来时，眼前出现的一幕令他感激涕零。

在昨天的会战中被打散的士兵放弃了自行逃命，都回到了他的身边，七七八八数一下居然有两万多人。这时，他又想起了他的父亲，那位赋予了这支军队纪律与意志力的"士兵王"……

弗里德里希再次打起精神，此刻他的战斗已经没有了任何主动权，他只能将这支军队部署在俄奥军队通往柏林的路上，等待敌军来临后决一死战。

1759年的冬天很冷，冷得俄罗斯的士兵们都叫唤受不了，远离本土的他们只能后撤至奥德河进行补给。一路急行北上的奥地利军队也不得不南撤萨克森做同样的事。

普鲁士得到了整个冬天的喘息时机，勉强足够支持弗里德里希再跟俄奥联军周旋几个回合，但还远不足以令普军完全恢复元气。

乾隆二十五年，公元1760年刚一开春，俄奥联军攻势再开，很快再次攻占柏林。弗里德里希费尽了九牛二虎之力，使出三头六臂的功夫，才于当年10月收复首都，还顺手击败了狐假虎威的瑞典人，将其淘汰出局。

一位效力于瑞典的年轻波兰贵族格布哈德·冯·布吕歇尔投降了弗里德里希，加入了普鲁士军队。他的价值在遥远的未来，此刻还不值得弗里德里希多加留意。

值得这位绝境中的国王关注的，是1760年9月在北美洲发生的另一场战事：英军攻陷了法国在北美最后的堡垒——蒙特利尔，法属加拿大总督向英国投降，至此北美战事彻底终结。

"英国总算该全力加入欧战了吧。"弗里德里希心想，"我普鲁士为英国人挡了这么久的子弹，也该到了他们报答我们的时候了。"

也许英王乔治二世也是这么想的，可这位老迈的国王却在该年10月25日的早上起床拉大便时用力过猛，引起夹层动脉瘤破裂，就这么驾崩了。他的儿子即位，是为英王乔治三世。

"乔治，做一个真正的国王！"这是乔治三世的母后常常教导儿子的话。乔治三世是汉诺威王朝第一个出生在英国的君主，跟他的爷爷和爸爸不同，他的母语就是英语，听说读写的能力都很强。他与汉诺威的联系稀疏，没有先王们那份浓重的乡愁。他自认为自己是，且只是英国的国王。他要做一个真正的国王，真正地掌控英国。

他烦透了大权独揽的首相威廉·皮特，觉得他是"草丛中真正的毒蛇"，是"心肠最黑的人"。此外，他也讨厌使得首相大权独揽的议会制度，认为"首相应成为君主的代言人，而非像沃尔波尔和皮特那样成为国家政策的独裁者"。

英国人会认为他们的新君乔治三世说的都是些疯话吗？倒也不会。英国人并不是喜欢议会制度，只是利用这种制度来避免权力垄断而已。

但随着光荣革命后连续数十年打压君权，现在反而出现了议会垄断权力的趋势。许多英国人开始担心这同样会造成英国宪政失衡，于是呼吁适当抬高国王来制衡议会。

当时英国著名的法学家威廉·布莱克斯通也站出来为国王说话，他认为：君主是议会的一部分，这也是其正当地享有立法权的理由；我国宪法所赋予君主的否决权，绝不能遭到侵蚀，而应得到充分的尊重。

这为乔治三世提供了复兴王权的法理依据，所以乔治三世的志气也算是生逢其时。

要打倒议会，就要打倒议会所支持的事业。眼下议会的事业，无非是在威廉·皮特的领导下进行的这场全球争霸战。战争已到了最后时刻，只要再帮助普鲁士在欧陆击败俄罗斯、奥地利和法国，要收拾这几只已经斗得筋疲力竭的乌眼鸡并不难，英国的霸业即将完成，威廉·皮特的声望也将达到顶点，功高震主。

乔治三世当然不想看到这样的景况。既然英国已经在印度和北美取得独霸权，实际的好处已经到手，那就不能再让威廉·皮特四处立威。

于是，新国王聪明地化身为国内反战浪潮的扩音器，指责这场战争加重了民众负担，夺得的领土也超出了本国的守卫能力，要求议会立即停战。

已经发动起来的全球战争机器自然不会马上刹车，但也无可避免地因为指挥意志不统一而出现了迷茫和摇晃，英国已经停止在欧洲大陆加大投入兵力。

1761年整整一年，英国内部都在进行威廉·皮特和乔治三世这对君臣的拉锯战。最终国王赢了，威廉·皮特被迫于当年10月辞职，议会中

45
奇迹

253

的其他主战派随之失势，支持国王的官员们大量进入议会。乔治三世的意志得以实现，他开始撤回欧洲大陆上本就不多的英军。法国趁机动起来了，路易十五拉西班牙入伙，再次整顿军马，准备适时向普鲁士的西部边境施压。

可怜这边的弗里德里希等英国援军等得花儿都谢了，却等来乔治三世说他们英国不打了。这是什么队友啊！

苟延残喘的弗里德里希这会儿已经没力气咒骂他这位无情无义的英王表弟了，他要集中精神向曾经被他漠视的上帝祈祷。

祈祷奇迹出现。

接下来发生的事情的确很难用逻辑去解释。

乾隆二十六年，公元1762年1月5日，俄国沙皇伊丽莎白一世突然去世。这位女沙皇生前痛恨喜欢欺负女人的弗里德里希，铁了心要帮助奥地利女王特蕾莎教训普鲁士。但她的继承人、新沙皇彼得三世却莫名其妙地崇拜普鲁士国王，那种崇拜几乎狂热。

这位彼得三世是战斗民族中的一个异类，他是无比阳刚的俄罗斯男人中难得的娘炮，而且他还怕老婆，可能就是因为如此，他才无比崇拜胆敢欺负女人的弗里德里希吧。

不过，他的老婆也的确很可怕。她是普鲁士的安哈尔特·采尔勃斯特公爵的女儿，原名索菲亚，十六年前嫁到俄国，俄文名叫叶卡捷琳娜。

新沙皇为了向他的偶像致敬，顺便也讨好一下自己的老婆，于1762年的2月23日宣布停止与普鲁士的战争。俄罗斯不仅将巨手从敌人的咽喉上松开，还转而温情地拉起了敌人的手：彼得三世宣布与普鲁士结盟，将军队调往西线，准备帮助普鲁士对抗法国和奥地利！

人生大起大落得太快，真是太刺激了。弗里德里希蒙了，他暗自忖度自己的这位粉丝，或者说自己的救世主彼得三世会不会真的是个疯子？

疯子就该被关起来，免得在外面惹事出丑。

6月28日，彼得三世在政变中倒台，被关押起来，几天后神秘死去。

新任沙皇是他的妻子，也是这次政变的主谋，史称叶卡捷琳娜二世。

这是个极其理智的女人，对于故国、夫婿，她都没有什么特殊的情感，唯有权力是她一生的真爱。她终止了丈夫的糊涂指挥，命令在外征战的俄军全部回国。

弗里德里希赶紧请求叶卡捷琳娜留下俄军继续和他一起打仗。掂量一番后，叶卡捷琳娜决定做个顺水人情。她推迟了命令下达的时间，让前线俄军再会同普军跟奥地利打了一仗，将道恩元帅逼退。

郁闷的道恩元帅也只能把这笔血债记到彼得三世那死人身上，因为会战结束后，叶卡捷琳娜的撤退命令也立即到达了，这让他以为俄军倒戈与自己对战是在执行彼得三世的命令。

俄罗斯这场令人眼花缭乱的谢幕表演结束之后，各国都打不下去了。乾隆二十七年，公元1762年，普鲁士、法国、奥地利都已经无力再战。沦为欧洲主战场的普鲁士最惨，几乎所有十四岁以上的男人都上了战场，数百城镇被毁，十八万将士阵亡，五十万平民送命，国内的工农商业全线瘫痪。

其他参战国也好不到哪儿去，奥地利背负的国债高达上亿；法国丧失了北美和印度，国内财政也破产了；俄罗斯尚能再战，但新沙皇需要军队回国稳定局面，所以尽管没吃饱也得走了。

唯有英国不仅吃饱了，还得以安然地离去。1762年9月，英国抛下盟友普鲁士与法国讲和。两个月后，《枫丹白露条约》签订：法国丧权辱国了一回，将加拿大正式割让给英国，在印度只保留五个贸易据点，但不能武装；英国则把已经吃不下的菲律宾和古巴交给法国的小跟班西班牙，用以安抚和拉拢。

俄、法、英先后退出，荒凉的战场上又只剩下弗里德里希和特蕾莎这对相互怒视的冤家。但最终大势所趋，他们也只能于乾隆二十八年，公元1763年2月签订和约，尽管签字的时候普奥双方依然怒视彼此。和约确定了普奥两国打成平局，规定了两国的国界和势力范围回到战前状态，就像这场战争没发生过一样。

至此，这场主要始于1756年，历时整整七年的"第一次世界大战"落幕，史称"七年战争"。战争的过程中，表现最活跃、戏份也最多的无疑是弗里德里希和他的普鲁士军队，他们以过硬的战斗力和坚韧的战斗意志为国家赢得了威望，普鲁士从此正式进入欧陆豪强之列，没人再敢小看他们。

但短期来看，除此之外，遍体鳞伤的普鲁士没有获得任何实际利益。

奥地利也是如此。特蕾莎女王同样向欧洲展示了维也纳的刚毅和智谋，提高了声望，但也同样没有获得实际利益。

俄国也一样。俄军是战争中唯一不需要智谋，单凭蛮力就能撂倒强悍普军的一方，但俄国也没有得到实际利益。

法国呢？法国这次糗大了，糗得太大了，不仅没有得利，反而败了家，丢了加拿大和印度，还背上一屁股的债。波旁王室声名扫地，债主们没有信心像奥地利人安心等待他们的女王那样等待法国王室如数偿还，法国财政陷入长久的疲软状态。

那么，谁赢了？

英国赢了，通吃。

英国玩弄了所有的敌手和盟友，以世界级的战略眼光为自己赢得了几乎整个世界。继两百年前击败西班牙，一百年前击败荷兰，这次又击败了法国这个最终敌手，英国终于即将完成自伊丽莎白女王以来就确立的一个伟大目标：真正升格为一个世界性的大帝国。

会这样顺利吗？"出来混迟早要还"难道不适用于英国？

一位战败的法国外交官冷冰冰地提醒英国人注意在战争中得到历练而逐渐成长起来的英属殖民地："他们已不再需要你们的保护。当你们再次要求他们像过去那样帮助你们承担责任时，他们将以摆脱依赖关系作为回答。"不过，志得意满的英国人只把这句话当作失败者的一句酸溜溜的嘟囔而已。

46
发明

虽然迟早要还，但还不是眼下。

整整打了七年的仗，却没有一枪一弹落到英国本土。除军人外，大部分英国人在这段时间该干什么还干什么，英国本土的经济状况保持总体稳定。这让英国在战后的和平竞争中，又赢在了起跑线上。

乾隆二十九年，公元1764年，英国兰开夏郡，工程师詹姆斯·哈格里夫斯正在按部就班地完成雇主交给他的任务：制造一架新的纺纱机。

哈格里夫斯明白雇主的烦恼：自从多年前凯伊发明了飞梭，让织布的产能有了飞跃式提升后，纺织行业内部的供给与需求就严重失衡。

就像把跑车的发动机安在了拖拉机上，织布织得太快，纺线这边完全跟不上节奏，累死累活地搓出几段纱线来，拿去喂给织布的，装备有飞梭的织布机三下五除二就给消化掉了。这边的织布机经常闲置，织工们无事可做；那边的纺纱机得不到片刻歇息，却仍然无法满足市场需求。

有那么多人要出钱买纺织品，自己却拿不出足够的货源，有钱没法赚，眼睁睁地看着东印度公司运来的印度纺织品把这些钱给赚走，英国本土的纺织工场主们心里着急啊。

在七年战争胜利之后，辽阔的世界市场在英国人的眼前展开。不论是北美还是印度，都有无穷无尽的钱等着他们去赚，可货源不够，该怎么办呢?

　　哈格里夫斯的雇主干脆让他造一台纺纱机,将业务向产业上游拓展。自己生产棉纱,来供应自己的织布机,总比在市场上求之不得要好些。哈格里夫斯应承下来了,但他心里觉得这样的扩张会使得成本难以控制,不是长久之计。

　　根本的解决方案是有一种更强大的纺纱机,让上游纺纱的产能与下游的织布能力相匹配,才能跟上产业的发展,在更高的层次上达到新的平衡。

　　四十出头的哈格里夫斯是个平凡的工程师,至少此前一直如此。和不列颠岛上无数受雇于私人工场主的工程师一样,哈格里夫斯擅长各种各样的工程实际操作,能够亲自动手处理工场的各类器械(不论是小巧的钟表还是巨大的水车)出现的常见问题。工程师们还懂得牛顿的学问,掌握着物理学的基础理论,知道如何通过严谨的实验去验证他们的脑海中时不时冒出的天马行空的抽象想法。

　　哈格里夫斯提前回家。家里有一台他的妻子自用的小型纺纱机,他决定照着那台机器的样子为雇主造一台新的。

　　他大步流星地赶回家,急匆匆地闯入家门,吓坏了独自一人在家的小女儿珍妮。她赶紧丢下正在偷偷摆弄的纺纱机,躲回自己的屋里。

　　纺纱机被慌乱的珍妮撞倒了,哈格里夫斯很生气。那可是家里的宝贝,除了他的工钱之外,还得靠妻子用这台机器纺线来挣点儿外快。所以他从不允许年仅八岁的珍妮把它当作玩具,碰都碰不得。但女儿总喜欢趁着父亲上班、母亲去卖纱线的机会玩儿纺纱机。

　　看着倒在地上的纺纱机,哈格里夫斯心疼得很。他没去搭理已经躲起来的女儿,箭步上前,要把纺纱机扶起来。

　　倒着的纺纱机看上去并无大碍,尽管原本横着安装在机器上的转轮和纺锤都摔得竖立起来了,它却依然借着珍妮留下的惯性运转着。

　　哈格里夫斯停住了,他蹲下来观察这令他意想不到的运转。蹲了一会儿，他看入了神，索性坐下来继续观察。

珍妮也从门缝里悄悄地观察着父亲的奇怪举动，心惊胆战地等待父亲回过神来叫她出去挨打……

那时的纺纱机，简单地说就是把棉纤维捻成纱线，再通过一个转轮把纱线有秩序地缠绕到纺锤上。纺锤横放在纺纱机上，缠满一个，再换上另一个。

如果让几个纺锤竖着排列，再添加一个分股的装置，那么用一个纺轮不就可以纺出更多的纱了吗？哈格里夫斯忽然亢奋起来，趴到桌前，很快绘出一张全新的纺纱机设计图。图上的机器和原来的纺纱机的样式大不相同：在机器的顶部，竖直排列着八个相互连接的纺锤。仍然只需要一个人转动转轮为机器提供动力，这八个纺锤就能同时带动起来。

也就是说，一个人能同时纺出八条线，产能达到了原来的八倍！而且，只要把纺纱机做得更大，使其上方能够排列出更多的纺锤，一个人同时纺十条、二十条、五十条线都不是问题！

看着自己设计的纺纱机，哈格里夫斯陷入狂喜。这机器简直和自己的女儿一样可爱，因此他为它起名叫"珍妮纺纱机"，和女儿的名字一样。

卷起设计图，哈格里夫斯准备去工场制造。临走时看见还在恐惧中的女儿，他抱起她疯狂亲吻，被胡子扎得生痛的珍妮不知所措。

珍妮纺纱机迅速普及，使得英国纺织业的产能向前迈进了一大步。但幸福的烦恼也随之而至：纺纱变得飞速，织布那边又相对成了龟速。海量的纱线投入市场，织布工场应接不暇。如此看来，哈格里夫斯最初想要实现的平衡并没能出现，纺织业要想实现内部供需平衡，还要等产能升级到更高的水平才有可能。

不论是飞梭，还是珍妮纺纱机，都得靠人力驱动。如果没有市场需求的诱惑，单凭人力生产出来的货物也够用了。像世界另一边的中国，靠人力织了几千年的布，从来没有出现过如此严重的供需失衡。

但是在宏大的世界市场的需求面前，人力供应就显得过于弱小了。忙着争金夺银的工场主没有工夫等待他的工人们"轻拢慢捻抹复挑"，如果人力不能满足他们的要求，他们就将希望寄托于人力之外的其他动力。

人力之外还能有什么动力？

别忘了，前面我们早就说过，那时英国的采煤已经在使用一种叫作"蒸汽机"的机器，来抽出深层煤矿里的地下水。这种机器使用的就不是人力，人们只需要为其添加燃料让它动起来，它就能产生热能，推动机械完成一些预设动作，比人力要高效得多。但距离人们的需求还有很大的差距，燃料消耗量也大，而且不安全。

英国人对这种蒸汽机有所期待，但自从公元1712年托马斯·纽科门对其做出重大改进，五十年来，蒸汽机没有什么变化。除了煤老板们实在没办法才使用它之外，没人敢用那东西，也用不起，成本太高了。

那时候的蒸汽机，除了为煤矿抽水，没有别的用处。

但格拉斯哥大学的数学仪器制造师詹姆斯·瓦特在一次修理纽科门蒸汽机的过程中，发现了这种机器被封印的天生神力。

是的，就是我们在前文中说到的出生于雍正十三年的那个瓦特。乾隆二十九年，也就是公元1764年时，他二十九岁了。

这个年轻人的爷爷是一位善于抽象思考的数学老师，父亲则是一位长于实际操作的工匠。詹姆斯·瓦特是他们二人的结合体，他懂得科学，也掌握了技术。受聘于格拉斯哥大学时，聘用他的校方人员惊叹道："我希望找到一个工人，却碰到了一位哲学家。"

詹姆斯·瓦特配得上这样的惊叹。他的学习能力极强，懂得法、意、德三种外语，加上母语苏格兰盖尔语和国家官方语言英语，他一共掌握五种语言，这使得几乎整个欧洲的科技成果都成了哺育他成长的乳汁。

他懂得英国的经验主义哲学，也喜好法兰西、德意志的理性主义思辨；他还爱好历史、法律、美术等；他本来不懂音乐，但因为一次帮学校修理钢琴，他边修边学，居然很快就能跟音乐教师们谈论巴赫的乐章了。

承载着西方世界多年知识累积的瓦特，即将代表英国完成一次变革世界的厚积薄发。

1764年，格拉斯哥大学把一台在物理实习课上出了故障的纽科门蒸汽机交给瓦特维修。理性思辨的超越型思维让他有能力不止于修好这台机器，他还能够设想出方案来改进它。

但那样做的话，势必会耗费瓦特大量的时间和精力，有什么理由让他放下自己谋生的正事不做，而把改进方案设计出来并最终实现呢？谁来鼓励发明？谁在刺激创造？单凭科学家和工匠们对自己事业的热爱，足以支撑起发明创造的黄金时代吗？

我们来认真地聊一聊这个问题。

专利，大家很熟悉的一个词，它的本意却不是大家心中熟知的那个意思。它是起源于古罗马时代欧洲君主的一项特权，是授予某些特定人群生产和销售某种特定商品或服务的专享权利，本与发明创造无关。

欧洲各国国王大多并不重视他们手中授予专利的权力，但在英国，这种权力却得到历代英王的格外青睐。倒不是因为他们高瞻远瞩，而是因为议会的严厉监控搞得英王们很穷，他们只好想办法绕过议会去挣些外快，出售专利权就是方法之一。

在可怜巴巴的英王们看来，现金远比发明创造什么的重要得多。但当议会发现英王通过出售专利权已然让自己的私房小金库膨胀起来，他们决定施加限制。

明万历三十年，公元1602年，一起诉讼案使专利制度开始了现代化进程。得到英王特许，在英格兰拥有扑克牌生产销售专利权的宠臣爱德华·达西状告从外国进口扑克牌的商人托马斯·阿联侵犯了其专利权。

由于司法体系在英国拥有独立地位，不受王室干涉，英国法庭在

"民告官"的案件中往往能够做到秉公执法。这起案件，法庭的判决逻辑十分清晰：达西的扑克牌并不见得就比别家的好，英王将专利权授予达西的扑克牌，没有使除达西以外的任何人获益，反而造成了不公平，因此判处无理垄断的达西败诉，撤销了英王授予他的专利权。

法庭进而认为，除非申请专利者能证明自己确实在所申请的商品生产销售领域有旁人没有的优势，否则英王不能随意授予某人专利权。也就是说，要获得专利权，不需要通过向英王进贡谄媚，而是得拿出别人没有的真本事！

英国的法律是判例法，历史上的判例就是下一起类似案件的法律，通俗地说，即以前是怎么判的，以后大概也就这么判。因此，这起案例也就成为现代英国乃至世界上所有专利法案的渊源。从此，专利不再与王权相关，开始向发明创造靠拢。

明天启四年，公元1624年，英国议会颁布《反垄断法》，对专利权做出更加详尽的规定，明确了只有通过发明创造才能获得国家授予的专利权，且专利权只授予发明者本人。

产权，现代经济学的一个核心概念，指某人对某种财产确定的、具有排他性的所有权、支配权和收益权。当代制度经济学巨擘罗纳德·科斯先生认为产权明晰是经济活动取得效率的前提条件。通俗地说，即确定是我的东西，我一定会好好打理；稀里糊涂地不知道是谁的东西，谁都不会爱惜。

发明的产权从此得到了法律的确认与保护。

此外，弗朗西斯·培根、约翰·洛克等哲人则从哲学层面为保护发明的产权提供了理论支持。

最终，到了瓦特的时代，法律已经为他铺就了康庄大道，在这方面他不需要有任何顾虑。瓦特只要能设计出可靠的蒸汽机改进方案，就能申请到专利，并在很长一段时间里独享蒸汽机带来的直接财富。因此，瓦特放心大胆地决定用才能兑现财富。

瓦特细致地观察了纽科门蒸汽机的运转，并把运转的原理系统地还原出来。通过将现状与原理进行比对，他发现纽科门蒸汽机产生的热能大部分没有充分发挥出来，无谓地浪费了。

问题就在纽科门蒸汽机的结构上：它只有一个汽缸，活塞每动一下，汽缸内部的温度就会降低，要恢复原来的高温，就得折损许多热量；另外，汽缸冷却不足是纽科门蒸汽机安全性不足的原因所在。

一句话，要热的时候不够热，要冷的时候不够冷。

怎么办呢？瓦特认为：为了避免任何无益的冷凝，蒸汽对活塞发生作用的那个汽缸，必须时时同蒸汽本身一样热……冷凝必须发生在一个单独的容器里，这里的温度能够按照所需要的程度得到降低，而原来汽缸的温度却不会发生改变。

在这个汽缸之外，再增加一个独立的汽缸作为冷凝器，专门用来冷却蒸汽，原有的汽缸的内部温度就能长时间保持稳定。

冷凝器怎么做？循着牛顿开辟的探索之路，瓦特走进了实验室，用实验的科学方法解决问题。他即将揭下笼罩在蒸汽机上的封印，真正释放出一股地球都为之颤抖的洪荒之力。

乾隆三十年，公元1765年夏，在多次试验之后，瓦特造出蒸汽机的初步改良模型，改进了纽科门蒸汽机的冷凝装置，将它与汽缸分离。如果这种在模型上实现的改进能真正应用到蒸汽机上，那么蒸汽机的工作效率将大大提高。

多年之后，当人们回顾历史时，把这个夏天定义为人类文明史上第一次工业革命的开始。对于瓦特本人来讲，这也的确只是个开始，他心目中蒸汽机的完美蓝图远不止如此。瓦特与普通工匠哈格里夫斯不同，他对未来的想象有逻辑延续性，他所擅长的理性思辨方法使他不需要得到特殊现象的感官启迪就能抽象地推论出未来的样貌，然后再回过头来用这种预想来指引当下的操作。

但是，为了这第一步的改进，瓦特就已经向所有愿意借钱给他的人

46
发明

都借了个遍。以后的实验还需要更大的投入，谁出钱？

一点钱只是钱，一大笔钱就叫资本。资本天生趋利。既然法律对专利的保护让发明创造有利可图，资本就少不了要来凑凑热闹。那时的英国有很多有钱人热衷于帮助发明家做研究，以从日后的专利得到股份分红。

这样的投资人也找上了瓦特，大工场主约翰·罗巴克同意负担瓦特的全部研究费用，回报是蒸汽机未来利润的三分之二。就这样，在法律的护佑下，知识与资本联手推动人类历史的巨轮进入下一个时代。

工业时代到来了！

事业

工业时代天边泛白的黎明，恰逢启蒙时代如日中天的正午。

乾隆三十年，公元1765年，詹姆斯·瓦特在不列颠岛上为自己的重大突破而欢欣鼓舞时，在英吉利海峡的东岸，《百科全书》总编辑狄德罗先生的心中却是五味杂陈、百感交集。

年底将近，瑞士那边的印刷商来催他好几次了，要他赶快把《百科全书》的前言写好送过来，整个《百科全书》就差他这最后一篇文章就可以付印了。可狄德罗先生，这位日日笔下千言万语的人，却在写这篇短小的前言时文思凝塞了。

对于他来说，这不是一篇简单的前言，而是一份告别，与《百科全书》编辑工作的告别。这份他做了十多年的工作，如同他的挚友、伴侣，甚至就是他的生命本身。

此刻距离他1747年出任《百科全书》的总编辑已经过去了十八年。这是一段足以让一个男孩变得英挺，让一个女婴变得婷婷的漫长时光。

除了撰写这最后的一篇前言，狄德罗找不到更好的机会向大家倾诉，向自己交代这十八年的岁月。但前言，毕竟应该是一篇短小的文章，笔太细，纸太薄，载不下他那许多心思，就像双溪舴艋舟，载不动许多愁。

前尘往事，从何细数？他只能努力克制，用最凝练的笔法勾勒自己十八年的生命。

记忆一旦起飞，最先跳出来的往往是那些曾经的苦痛。

"当我们最初投身于这个可能是历来的文献中涵盖面最广、内容最完备的项目时，我们只料到会遇上我们目标的广泛和多样性而导致的困难。"狄德罗在前言的开头如此写道。

他是启蒙运动的学生，如今已经成长为这场运动的旗手，他深知启蒙的意义。从前有许多知识扑朔迷离、模棱两可，只能靠意会、顿悟来理解，而对那些声称自己掌握了这些知识的人，人们也无法验证他们是否真的掌握了，反正这些知识都是神秘兮兮、不可言传的，只好他们说什么就是什么。这使得当权者得以用权威构成虚伪骗术来欺骗大众，使整个社会长时间处于蒙昧状态。

启蒙就是驱散这些人为的妖雾，把扑朔迷离的知识变得清晰明确，使大众可以学习，可以掌握。狄德罗主持的《百科全书》编撰事业，就是启蒙思想最彻底的一次实践。

知识最基本的单位是各种概念，用启蒙思想武装了概念，那么用这些新概念所组合起来的知识就具有启蒙意义。《百科全书》的立意是彻底解释法语中的所有名词概念，因此狄德罗自豪地宣称它是历来的文献中涵盖面最广、内容最完备的项目。

"然而，这已经是过去的幻觉了。没多久，我们就碰上了数倍于所预料的物质障碍，以及无数我们根本没有想到的道德障碍……我们领教了历史留给我们的，出于嫉妒、愚昧和盲从的种种卑劣行径。在长达二十年连续不断的日子里，我们几乎没有几个月是太平的。"

狄德罗自接任《百科全书》总编辑后，的确没过几天太平日子。敏感的天主教会最先发现《百科全书》中有关宗教的词条并没有按照以往正统的解释方式，稀里糊涂地讲述一番神话故事后就莫名其妙地大唱赞歌，而是把这些神圣的概念挨个儿摆上解剖台，一阵儿认真分析之后，将赤裸裸的真相呈现给读者。

自1751年《百科全书》第一卷出版，天主教会就站到《百科全书》的对立面，百般阻挠该书的发行。他们还列出参与撰写《百科全书》的作者名单，将其称为"百科全书派"，挨个儿谩骂。

但天主教会彼时已经衰落，他们没有了当年逼伽利略下跪认错，把布鲁诺送上火刑架的穷凶极恶的能力。要阻止狄德罗，他们需要盟友。

他们把《百科全书》中有关政治的词条送给当权者看。与解释宗教一样，这些词条懒得为现行的政治体制编造赞歌，而是为读者指出了一种全新的政治可能，而在这种新的政治构想中，并没有国王的立足之地。

法王动怒了，下令毁禁已出版的《百科全书》，以后也不许再出。这让狄德罗的工作陷入绝境。

幸而，欧洲无休止的战争及其带来的法国政府的经济困难和威信瓦解，使得法王的禁令只得到了抽风一样的间歇式执行。狄德罗趁机通过巧妙的社交手段，贿赂拉拢了一大批体制内的人为《百科全书》保驾护航，这其中竟然还有法王路易十五的情妇、美丽的传奇女子蓬帕杜夫人。

狄德罗面对的困难不止来自对手，他的队友们也时常让他为难。在政治法律领域拥有至高威信的孟德斯鸠先生出于安度晚年的想法，不愿意为《百科全书》撰写那些他最有发言权的词条；伏尔泰也因为和卢梭的分歧而推掉了狄德罗许多词条的约稿；终生好斗的卢梭更是因为和狄德罗的学术争执，干脆和狄德罗翻了脸，丝毫不顾及他俩曾在狱中抱头痛哭继而相互鼓励的那份友谊。

战友之间的不和谐使得狄德罗愈加珍惜《百科全书》，这已经成了他唯一的精神支柱，他不愿《百科全书》受到一丁点儿伤害。然而，就在去年，他无意间发觉的一件事差点儿摧垮了这个精神支柱。

他的投资人、出版商布勒东因为害怕政府的追究，竟然背着狄德罗，在印刷之前密令校对人员把他认为"可疑"的内容随意删掉；并且原稿也在他的手上，狄德罗竟然无法核对布勒东到底删改了多少

事业

47

内容……

即便如此，狄德罗也必须强压怒火，原谅布勒东。他心里很清楚，布勒东带给自己的帮助远大于在背地里搞的这些小动作。毕竟如果没有这个商人看到知识本身的价值，看准《百科全书》带来的商机，耐心地给与《百科全书》长近二十年的编撰周期，狄德罗的启蒙梦想就永远只能是个梦想。

因此，狄德罗必须明确地表态感谢投资人：除了有限的几个人敢于说话之外，没有人支持过他们（指与他共同致力于《百科全书》工作的所有人）；而除了三四位商人信任他们之外，再没有人援助过他们。

说完曾经的困难，狄德罗使劲儿揉了揉涨红的眼睛，叹出一口长气，换上一种豪迈的心绪，畅想起《百科全书》的未来："一场革命的种子，可能会在地球某些未知的地方生长起来，或在一些文明国度的中心悄悄地萌芽。它将在未来猛然爆发，毁灭城市，瓦解国家，使世界再次陷入愚昧和黑暗。但只要这部著作还有一套完整地保存下来，一切都可以得到挽救。"

他是在预言法国即将爆发大革命吗？不，不仅如此，他说的是人类兽性暴力狂的周期性复发及其医治之道。

"我们的著作无愧于时代的水平……如果我们能夸口说，我们曾削弱了那种有碍于社会和平的混乱和迷茫的情绪的话，那么，对于我们曾经遇到过的种种困难，对于这些年的工作，我们也就无所抱怨，无所遗憾了。如果我们确实引导了我们的同胞去爱，去彼此包容，使他们懂得，世界普遍的道德要比一些特殊的道德更崇高的话，我们还有什么可抱怨的呢？那些特殊的道德总是激起仇恨和争议，破坏和削弱社会普遍的、共同的纽带。"

在这豪情万丈的宣言中，狄德罗突然找到了自己的人生价值的明确表达方式："我们将接受同代人和后辈的嘉奖，如果我们的所作所为使他们有朝一日能够说，我们确实没有虚度年华的话。"

写到这里，狄德罗搁笔了。那一瞬间的满足感，即使要他这辈子都不再说了，不再写了，也行。

乾隆三十年，公元1765年12月12日，《百科全书》的后十卷全部在瑞士印刷完成，通过走私的方式陆续到达四千位预订者的手中。法兰西就这样蓦然多出了四千座图书馆，而且是具有启蒙意义的图书馆。

由副主编达朗贝尔执笔的《百科全书》绪论开宗明义地说："作为一部百科全书，它理应阐释人类的知识体系及其相互关系；而作为一部科学、技术和工艺方面的系统的辞典，它又不仅应当包括作为各门学科、技术或人文学科基础的一般原则，而且也应该包括那些作为它们的实质性内容的最主要的细节。"

之后，达朗贝尔理性地分析了人类意识的起源和知识的分类，丝毫没有提及上帝及其创造世界的丰功伟绩。相反，他却说："只有有了行动和思想的自由，才有可能产生出伟大的作品，而自由又正需要启蒙来防止它失去节制。"

这句话让当权派暴跳如雷。

"上帝啊，您创造了世界，您是多么伟大呀！"基督教的卫道士们希望在《百科全书》里找到这样干吼式的歌颂，至少应该在"宗教""圣经"这些重要词条里有吧。

可惜没有。在有关宗教的重要概念的词条中，《百科全书》冷冰冰地分析了该概念的主要内涵，做完这基本的去伪存真工作后就煞尾了，并没有为任何宗教、任何教派唱赞歌。

这也就算了，在那些相对不那么重要的宗教词条中，《百科全书》火力全开地对宗教的虚伪与无聊进行了挞伐。

例如词条：圣饼。

圣饼是天主教仪式中的一种道具。这种用面粉和水调合成型，不加油盐就直接烘烤的食品，在基督教的圣餐仪式上象征耶稣基督的身体。后来，教士们嫌圣饼不好吃，就逐渐改成了各种精致的糕点。

《百科全书》在将这些基本信息介绍完毕后，还计算了当时全法国每年用在圣饼上的巨大花销，然后阐述了对这种无聊的浪费的观点："我们为什么不能为公众节省这笔开支呢？……为了那些繁缛的装饰品、大钟、游行队伍、圣谷盒、祭坛等所花费的昂贵而无用的东西，还有多少呢？"

随后，《百科全书》否定了天主教有自行改过的可能性，并断言："这些正是上帝为我们规定的宗教，而又恰恰是人们不肯去身体力行的那个宗教。他们试图以另一种方式来弥补这一失败，负担诸如装饰祭坛、渲染典礼的开支，在购置装饰品、灯烛、唱诗班和钟等方面不遗余力。严格地说，所有这些就构成了他们的宗教灵魂，而除此之外，他们也一无所知。庸俗而虚伪的虔诚与专为启发人类的慈善心和博爱心的基督精神毫无共同之处。"

文中的"他们"，当然是指天主教会。

《百科全书》用一个小小的圣饼，轻巧地掀起天主教会的遮羞布，使其虚伪本质在民众面前一览无余。教士们越读越恼怒，认为《百科全书》简直是魔鬼辞典，狂喊着要烧书杀人。可民众却毫不理会他们的歇斯底里，反而越读越过瘾。

人们又翻到一个词条：宗教狂。《百科全书》说这是一种因迷信而产生的盲目的狂热情绪，可导致人们采取怪异、偏激和残暴的行动，而这样的人不仅不为之感到羞愧和懊悔，反而从中得到某种快感和安慰。

《百科全书》分析了宗教狂的成因，并得出结论："宗教狂者对世界的危害远远大于不信教者。"人们看着身边那些动辄就想要烧书杀人的教士们，纷纷对《百科全书》的判断点头称赞。与其陷入那般癫狂丑态，我不如不要信教为好啊。

而且，人家《百科全书》也说了："我们不能把不道德与无宗教信仰混为一谈。没有宗教信仰也可以有道德，而宗教却常常可能是不道德的。"这些话出自书中"无宗教信仰"这个词条，由主编狄德罗亲自撰写。

那么，走出千百年来人们安放心灵的阴森教堂，又该何去何从呢？首先，应该让自己快乐起来。在"享受"这又一个狄德罗亲自撰写的词条中，主编先生重新定义了这个曾经因为天主教的禁锢而被人们避之唯恐不及的贬义词：

"享受的意思，就是去了解，去体验，去感受占有的好处。人们常常占有，却未能享受。"

随后，狄德罗举出一个尺度很大的例证："在自然为满足我们的欲望而提供的一切东西中，有什么能比占有和享受一个能和你一样地思考，与你有相同的感情，有同样的想法，体验着同样的感觉和狂喜，把她那亲热而敏感的两臂伸向你、拥抱你，而她的抚爱将带来一个新的生命的人更值得你去追求，更能使你幸福呢？"

毫无疑问，这种享受指的是以性爱为基础的爱情。

"狄德罗先生，你好污啊。"如果你这样对狄德罗说，他会这样回答你："你为什么在听到快感这个字眼时脸红，而在夜幕的掩盖下，当你耽于快感的诱惑时，为什么又不脸红了呢？……闭口吧，不幸的人！想一想，正是那种快感使你从无到有。"

在词条的最后，狄德罗提醒人们："当人们有着年轻而敏感的器官，有着一颗温柔的心和一个纯洁的灵魂，而这灵魂还未有过认错人并悔恨的经历时，这一切都是真的。"

为享受正名后，《百科全书》进而为因提倡享受而被长期指责的古希腊哲学家伊壁鸠鲁正名。在"享乐主义"这一词条中，《百科全书》全面而非断章取义地介绍了伊壁鸠鲁的学说，指出："我们不应鄙视肉欲的快感，但是在分辨什么是高尚的，什么是肉欲的时候，不要自欺。如果一个人选错了自己的事业，他怎么可能幸福？一个人如果不了解自己，他又怎么可能选择自己的事业？如果自然的要求、情欲的引诱和幻想的驰骋都乱作一团，人们又怎么可能对自己的事业感到满足呢？"

除了肉欲，能让人们快乐的还有事业。事业必然要通过一定的职业来实现，但当时法国社会仅有的那几个职业门类，似乎都不能让人们感到快乐。

法国政府及宗教体制内中级以上的职务由贵族垄断，平民无法进入。法国军队近年来屡战屡败，军人也没有什么快乐可言。农民受尽压迫，商人四处受限，工匠也在社会底层挣扎。

《百科全书》——为他们立言。对于农业，重农学派经济学家魁奈在其撰写的"农业劳动者"词条中警告统治者："政府必须随时对这个与之有利害关系的阶级的状况十分注意。如果他们处境恶化，受到打击和无理盘剥，他们就不愿再从事这个无利可图而又被人看不起的行当，而把自己的资金转入别的、不那么有用的部门中去。这样，农业就会衰败和贫困下去，其结果将在很大程度上使整个国家变得贫穷和衰弱。"

魁奈认为解决之道在于：他们可以不受限制地出售自己的产品，他们享有耕作土地的完全自由，而且，政府不会对他们为进行农业再生产而必不可少的资金任意课税。

这是《百科全书》在为法国农民呼吁自由，并向资本的力量介入农业生产发出邀请。

在商业方面，《百科全书》同样要求当局取消各种限制。例如在词条"集市"中，经济学家杜尔哥说破了当时法国集市制度的虚假繁荣，严厉地批判了由当局在规定时间、规定地点举行集中商贸活动的这种做法："大型集市的好处永远也抵不上它所引起的强制做法的害处，它根本无助于使国家商业繁荣；相反，只有在那些由于受到压制和课税过度而商业萧条的国家，它才能存在。"

而对于工业这个当时突破最大、最具时代特色的行当，《百科全书》更是对其倾注了极大的热情。狄德罗在其撰写的词条"手艺"中质问当时的社会："在古代，人们把发明手艺的人奉为神，而后来，使同样的工作更加完美的人却被抛入泥污。我要请那些略知平等原则的人评判一下，我们以如此轻蔑的眼光来看待这些不可缺少的人，是合乎理性呢，还是一种偏见？"

在词条"艺术"中，《百科全书》将工匠技艺与科学研究和艺术创作放到同等地位，我们如今常说的"科技"，即科学与技术并称的说法由此开创。

另外，《百科全书》除文字部分共计十七卷之外，还有五卷图册，其中大部分图画都与工匠技术门类有关。《百科全书》以图文并茂的方式为当时不受人尊重的工匠阶层立碑写传。

《百科全书》最受人瞩目的词条集中在政治方面。这些词条真正地在民众的心中点燃了星星之火，也让当局坐立不安、提心吊胆。

《百科全书》中关于政治制度的设想将在不久的将来被法国人拿来挨个儿兑现，我们到时候再跟大家细说。只举一例，在词条"政府"中，《百科全书》指出："一个社会有按照自己乐意的方式来形成其政府，以不同的方式来协调和安排其组成成分的自由……一个人，除非得到他本人的同意，决不因其出身就天然地成为其父亲或国王的下属而有义务承认这些最高权威。"

怎样概括《百科全书》的历史地位？中国北宋儒学家张载曾经这样表述知识分子的社会责任："为天地立心，为生民立命，为往圣继绝学，为万世开太平。"笔者认为，十八世纪法国的《百科全书》正是做到了这些。

48

匪徒

　　"为天地立心，为生民立命，为往圣继绝学，为万世开太平。"在那时的中国，几乎所有的读书人都记得这句话，但也几乎所有的读书人都没想过要去实践这句话。

　　公元1765年，乾隆三十年年初，时年六十四岁的云贵总督刘藻的心情很是烦乱。云南西部和南部边境连续传来警报，说是有大量境外土匪屡次侵入清王朝所拥有的傣族地区作乱。西线这边的土匪似乎是来自邻国木邦（一个傣族小国家，在如今缅甸掸邦境内），所以被称作"木匪"；南边的那一伙则被称为"莽匪"，好像跟另一个邻国缅甸的政府军有些关系，但具体是啥关系，清朝方面搞不清楚。

　　与云南的西南边境相邻的国家是缅甸。此前不久，缅甸刚刚经历了一场翻天覆地的王朝更迭战争。但清王朝并不关心那事儿，在中国的眼中，那不过是外国蛮夷一场普通的窝里斗，所以，那场战争到底打完了没，最后谁赢谁输，赢家发展成什么样了，清王朝这边一点儿也不知道。

　　刘藻，这个来自孔孟故里山东的高级官僚，在云贵地区做官已经八年有余。他在这里从布政使高升到总督，成为帝国的封疆大吏，但他依然不喜欢云贵高原。比起其他设立了总督职务的地区，地处边缘的云贵最穷，云贵总督在所有总督当中最没有存在感和话语权，而且这里的民风与内地迥然不同，与刘藻热爱的孔孟之道更是相去甚远。

刘藻本名刘玉麟，乾隆元年应试博学鸿词科入仕。后来他那些鼓吹儒家道德的假正经文章得到乾隆帝的赏识，皇帝赐名"藻"，夸奖他辞藻华美。乾隆帝的国学水平很高，高过如今绝大多数笑话他的人，能得到他的肯定并不容易，这说明刘藻的道德文章的确写得不错。让他做云贵总督，可能也是想叫他来教会桀骜不驯的云贵各族忠君爱国吧。

可惜他上任的时候不是上课的好时机。

木匪、莽匪连年惹事，没有一刻消停，刘总督终于坐不住了，决定采取维稳措施。公元1764年，乾隆二十九年年底，刘总督决定在云南西部边界线外缅甸一侧的滚弄设卡驻军，防止木匪入境。

但还有南面的莽匪呢。乾隆三十年四月以后，大批莽匪入境，洗劫臣服于清朝的车里土司（今云南西双版纳）地界，威胁滇南重镇思茅。莽匪们还向云南地方官员发出通牒，说车里地区本就是属于他们的。官员们被搞得一头雾水，你们的？你们倒底是谁呀？土匪而已，要这么大的地盘干什么？

无论如何，事情闹大了。这年七月，刘总督只好把情况给乾隆帝做了报告，向皇帝倾诉他的烦恼并请示皇帝应该咋办。

还咋办？打呗。看完刘藻的报告，乾隆帝觉得这事儿很简单。剿匪并不是什么难事，授权刘藻指挥云南地方驻军去做就是，而且"必当穷力追擒，捣其巢穴，务使根株尽绝，边徼肃清"。

虽然刘藻是个老书生，这辈子都没碰过刀剑，但乾隆帝依然觉得剿个匪这种最基本的军事任务他还是能够完成的，只是提醒他："恐刘藻拘于书生之见，意存姑息，仅以驱逐出境，畏威逃窜，遂尔苟且了事。"

就是说，乾隆帝不担心刘藻打不过土匪，只是怕他偷懒，故意不把事情彻底做好而已。刘藻并没有报告乾隆帝，土匪对西双版纳地区提出过领土要求，不然以乾隆之政治敏感度，应该会从中品出意味的。

接到旨意的刘藻战战兢兢地行动起来。此时他的心情更加烦乱，六十多岁的他生平第一次指挥军事行动，而且，皇帝不仅要求驱逐土匪，还要直捣匪穴。可是，这匪穴在哪里呢？

望着巍峨的哀牢山，前往普洱靠前指挥的刘藻愈发觉得心里没着没落。他无法想象在那山高谷深的热带丛林里，自己会遭遇些什么。

很快到了乾隆三十年年底，迟迟没有战况报告从刘藻那边送到北京来，这让乾隆帝开始担忧。让一个老书生去打仗，真的对吗？他开始做起两手准备，命令时任陕甘总督杨应琚待命，准备入滇接替刘藻。杨应琚参加过西征准噶尔，在打仗方面很有经验。

公元1766年，乾隆三十一年正月，刘藻的战报接连送到，乾隆帝终于知道刘藻遭遇了什么。

果然，乾隆帝最担心的事情发生了，在刘藻的指挥下，清军的第一场战斗就吃了败仗。在首先送达的那份战报中，刘藻说清军于十二月二十日由小勐养出发，进抵一个叫橄榄坝的地方，次日又挺进勐往（上述三地都在今云南景洪一带），在那里与同样来自小勐养方向的莽匪遭遇，激战四日，八百余人全军覆没，还死了个参将。

而在紧接着到达北京的第二份战报中，刘藻又说那八百多人没有死绝，后来大多数又回来了，那个参将也没死，刘藻说他本来是骑着大马被敌人打翻到了河里，但他又骑着大马拿着盾牌从河里翻身而起，奋勇突围而回。

前后一比对，乾隆帝郁闷了。反正仗是打败了，不管那八百多人有没有死绝都是如此。那么既然没有死绝，大部分都还活着，那什么"激战四日"就根本是不可能的，实际情况应该是，八百多清军遭遇敌人后很快被轻松击溃，四散而逃。

至于那个所谓勇猛突围的参将，乾隆帝虽然没有亲身上过战场，但也算是个军迷，军事常识还是知道的：连人带马翻进河里，河水深的话就不说了，肯定起不来，水浅也会被马压得够呛，那参将居然还能在枪林弹雨里连人带马一起站起来？还是拿着一面笨重的盾牌站起来的？

刘藻，朕今年都已经五十五岁了！你糊弄谁呢？

最后，刘藻你说的这个行军路线也有问题啊。你说部队是先从小勐养到橄榄坝，最后再与敌军在勐往交战，而清军是从北面过来的，那么这三个地方就应该是小勐养在北，橄榄坝在中间，勐往在最南边。

问题来了，乾隆帝察看了自己的地图，发现其地理方位和刘藻所述大不相同，清军由北南下，应该是先到勐往，再到小勐养，最后才是橄榄坝。乾隆帝也不知道到底哪一幅地图是对的，只好派人再去好好画一幅西双版纳地图来。

但不论哪一幅地图是对的，刘藻的说法肯定都有问题。你们从小勐养出发，敌人怎么也能从小勐养出发呢，而且还在勐往追上了你们，打败了你们，这到底是谁在追击谁，谁在剿灭谁？

这老书呆子，剿匪剿不好就算了，居然连扯个谎都扯不好，真是让人又好气又好笑。得趁现在损失还不算大，赶紧把他换下来，乾隆帝赶快让待命的杨应琚去昆明接任云贵总督，把刘藻降为湖北巡抚，调回内地做内政工作。

看样子，乾隆帝的确很是看重刘藻，要是换了别人，打了败仗还扯谎，那肯定死得很难看。

刘藻也以为自己会死得很难看，他并不知道乾隆皇帝愿意对他网开一面，他只是根据以往在官场上的见闻，断定乾隆帝肯定会像当年处置张廷玉、讷亲等人那样先羞辱他，再终结他的政治生涯，乃至终结他的自然生命。

对于刘藻这样爱护自己的名声超过性命的古板老官僚来说，与其晚节不保、身败名裂，他宁愿主动去死。公元1766年，乾隆三十一年三月，在杨应琚抵达昆明的前一天晚上，刘藻在府中对月枯坐，继而支开了随从，拔剑自刎……

这个老书生不会使剑，脖子抹得不够深，白痛了老半天后被人发

48
匪
徒

现，送去抢救，又白痛了整整七天才终于因为失血过多而死。

北京的皇帝得到消息之后顿感哭笑不得。你刘藻真是个书呆子，朕儿时说过要整治你了？你就这么急匆匆地去死了？这反而激怒了乾隆帝，他下旨说："今伊（指刘藻）无故自刎，罪愆实由自取，不可不加以严惩！"命令官方及家属不准给他树碑立传，而这本是总督级别的官员死后应有的基本待遇。乾隆帝整人的手段一如既往地稳准狠，你刘藻自刎为的不就是个名声吗？好嘛，朕就是不要你得逞！

但乾隆帝万万没想到，这刘藻还仅是因边境"剿匪"而死的第一个云贵总督，一切才刚刚开始。

好了，刘藻这一页翻过去了，现在看新任云贵总督杨应琚如何出招。杨应琚不愧见识过真刀真枪，通过对战场的观察，他很快就发现了一个重大问题：所谓的木匪、莽匪根本就是同一伙人，傣族小国家木邦早已被莽匪势力控制，所以从木邦方向过来的土匪，其实也是莽匪。

而且，他还搞清楚了莽匪的巢穴在孟艮（今缅甸景栋），给莽匪带路的是孟艮土司——傣族人召散。

杨应琚雷厉风行地于公元1766年，乾隆三十一年三月初出兵攻占孟艮，端了莽匪的巢穴，召散逃往缅甸首都阿瓦（今缅甸曼德勒）。吸取西北战场上阿睦尔撒纳和大小和卓作乱的教训，杨应琚认为必须抓住召散，不然他肯定还要再生事端。因此他致信缅甸君主，要求其交出召散。

也不知道这封信到底送到了缅甸没有，总之莽匪的问题，似乎三下五除二地就被杨应琚快要收拾干净了。

杨应琚暗地里嘲笑他的前任刘藻，这么点儿小事都办不下来，的确是该死了。在等待缅甸君主回复的日子里，杨应琚开始在孟艮实行改土归流，准备将这地方当作自己为国开疆拓土的勋章，彻底划入清王朝的治下。

等到那年七月，还不见缅甸君主就召散的问题回话，杨应琚急了，上报乾隆帝说："现今召散逃往缅甸，已行文前往索取，如其不献，应发兵办理。"

他缅甸再不交出人犯，我们就打吧！但乾隆帝没有明确表示意见。等到十月间，雄心勃勃的杨应琚等得不耐烦，又上奏请求允许出兵。这下子乾隆帝那颗同样好大喜功的心也按捺不住了，同意了杨应琚的请求，并将这场战争的战略目标升级为征服缅甸，将缅甸纳入中国的藩属体系。

杨应琚立即调集云贵各地官兵，越过边界线，进驻木邦、八莫、整欠等境外地区，做出最强硬的姿态向缅甸君主施压。

尽管他此刻依旧不知道缅甸君主到底姓甚名谁。

49 缅甸

缅甸贡榜王朝的第三代君主孟波，此刻并不清楚中国军队为啥突然要来对付他。他的王朝由其父雍籍牙开创于1752年，乃是继蒲甘、东吁两个王朝之后，缅族人在缅甸建立的第三个王朝。而根据前两个王朝的成功经验，要想在缅甸根基安稳，缅族人就要制服缅甸境内及周边的其他民族，包括西南沿海的阿拉干族、南部的孟族以及在北部内地分布十分广泛的掸族，控制了他们才算统一了缅甸。

贡榜王朝的前两位君主已经完成了征服阿拉干族和孟族的任务，现在只剩下掸族还没有收拾干净。

掸族，东南亚地区重要的跨境民族。掸族在泰国是该国的主体民族，称为泰族，在缅甸被称为掸族，在中国叫作傣族，在印度则叫阿萨姆族。缅掸两族关系历来紧张，除非两族都处在衰落期，才会消停一些，只要其中一方实力尚可，双方就必然爆发战争，争个你死我活。

眼下实力占优的是新生的缅甸贡榜王朝。经过前两代君主的不断扩张，到了公元1765年，乾隆三十年孟波继位时，缅族已经在与掸族的竞争中占据了压倒性的优势。不仅包括木邦在内的一系列掸族小国都已经被缅甸征服，就连掸族最大的国家阿瑜陀耶王朝，也就是暹罗——现在的泰国，也在贡榜王朝的攻击下岌岌可危。

孟波正在全力指挥攻击暹罗首都阿瑜陀耶城的战役，得知清朝云贵总督杨应琚越境出兵的消息，他一脸蒙，不知道中国为何这时候突然来插上一脚。难道中国是泰国的队友？没听说过有这回事儿啊。

过了老半天他才搞明白，原来清朝方面要他交出那个逃到他家来的孟艮土司召散，说召散带领"莽匪"侵犯了清朝的土地。

孟波一听就怒了，什么"莽匪"！那是老子贡榜王朝的正规军！召散凭什么要给你？他是我们在掸族人里的内应，孟艮是老子征服掸族的战利品！再说，老子什么时候侵犯过你们汉人或是满人的土地？老子打的都是掸族，不管是木邦还是孟艮，不管是整欠还是车里，这不都是掸族聚居的地方吗？关你们清朝什么事？

原来在贡榜王朝的逻辑中，掸族，或者说傣族地区，与中国无关。那么，他们为什么会这么认为？

说来又话长了。

古代中国对云南的统治，在元朝之前只局限于滇北地区，没有深入到滇西和滇南。元朝征服大理，接过大理的版图，介入东南亚事务的同时，也将中国的控制力延伸到热带丛林中。承续元朝留下的强大惯性，明朝在滇西、滇南掸（傣）族地区一口气设立了包括木邦、车里在内的八个"宣慰司"，册封当地首领为明朝的宣慰使，其名义上的所辖范围甚至达到了如今的泰国北部。

但这些"宣慰司"都是土司，由当地人世袭。明朝国力强大的时候，他们还听朝廷的招呼；一旦国力下滑，他们就逐渐自行脱离中国。

明朝中期之后，中国朝廷对这些地区的控制力慢慢消失，这些"宣慰司"有的被邻国征服，有的则同时臣服于中国及其邻国。木邦、车里等小国都采取了这样的策略，一边接受来自北京的土司名号，一边向缅甸称臣进贡，以此求得夹缝中的生存，也成为中缅边境的缓冲地区。

当时，无论是缅甸还是中国都有理由宣称拥有这些地方，关键看有没有实际的控制力。可惜那时候缅甸有，明朝没有，这些地区也就逐渐被缅甸蚕食。

清王朝的西南边境继承了明朝后期收缩之后的实际控制范围，没有为此向缅甸等邻国提出异议。

而缅甸在这段时间陷入了长期内战，中缅边境的掸（傣）族地区趁机脱离了缅甸的控制，建立起众多的独立小国，他们又拿出当年两边称臣的策略，使得边境局势再度模糊。

雍正年间，清王朝在境内一些掸（傣）族地区谨慎地进行改土归流，加强控制。到了乾隆时代，随着贡榜王朝崛起，清缅之间的冲突在所难免。缅甸在贡榜王朝建立之前经历了长时间的内战，战后的缅甸除了拥有一支百战余生的强健军队外，几乎一无所有。他们急于恢复对中缅边境的控制，跑来掸（傣）族地区抢人抢粮抢钱。

他们陆续征服了中缅边境地区归属模糊的缓冲地带，再动弹两下，就踩到中国的脚上来了。

这就是所谓"莽匪"的由来。

因为中缅边境的掸（傣）族人本也同时向缅甸称臣，所以缅甸王孟波理直气壮地认为他只是在恢复对国内掸（傣）族人的实际控制而已，丝毫不觉得这是在与中国为敌。相反，云贵总督杨应琚越境进入缅甸，在他看来却是对缅甸赤裸裸的侵略。

被侵略，就要回击，孟波意志坚定。他一面稳住在泰国前线的主力部队，一面抽调其他地方的军队，静悄悄地依次安插在清军深入的伊洛瓦底江的各处险要。

既然杨应琚至今还不知道自己的姓名，孟波决定用一种最具魄力的方式振聋发聩地告诉他。

公元1766年，乾隆三十一年八月到九月上旬，坐镇昆明的云贵总督杨应琚不断收到前线部队发回的捷报，说他们昨天攻克了这里，今天又攻克了那里。看着捷报上这些陌生拗口的地名，杨应琚就像看到了自己即将得到的彪炳史册的奖赏一般志得意满。

九月中旬，风云突变。杨应琚看到战报上写着缅军突袭本已被清军攻占的新街（今缅甸八莫）得手，截断了清军的补给线。杨应琚立即派兵万余前往争夺新街，却被缅军的另一支部队阻拦在密支那。

孤军深入又失去补给的前方清军很快陷入混乱，在能把人逼疯的酷热雨林中无助地溃散了。蛰伏在灌木丛里的缅军用恐怖的短箭悄无声息地轻松收割着清军士兵的性命。

即使能遇上几次堂堂正正地短兵相接的机会，清军也占不到什么便宜，缅军装备着许多来自欧洲的枪炮。要知道，这个地处印度洋航行要道上的国家，已经和西班牙、葡萄牙、英国、法国等西洋国家打了两三百年的交道，西方最新款式的枪炮往往能第一时间在缅甸出现，这里的人早就明白了枪炮的威力及其使用窍门。

在一连串的打击下，清军仓皇逃回国内。缅军乘势追击，逆伊洛瓦底江北上，夺回木邦，进入滇西。到了乾隆三十一年年底，战场已经完全转入中国境内。现在，杨应琚吞并缅甸的计划泡汤不说，连原有的疆土也很有可能要被缅甸啃掉一块。

杨应琚完全应付不了邪灵般神出鬼没的缅军，他被敌人吓病了，还病得不轻。病中神思恍惚的他似乎看到了曾经被他嘲笑的前任刘藻，看到了他自刎时的无可奈何，看到了他自刎不成后缠绵病榻时的尴尬难堪，甚至看到了他从另一个世界向自己投来的嘲笑。

如果他刘藻只损失百八十的兵力就该去死的话，那么自己这场已有近万人死伤的大败仗，又该当何罪？他开始费劲儿地考虑该如何向皇帝交代。

不想死的话，也只能扯谎了。

而此刻，缅甸王孟波因为更加关注与暹罗的战争，在击退清军之后决定见好就收。乾隆三十一年年底，缅甸主动向清军要求和谈。这给了杨应琚扯谎的机会。

当年年底和次年年初，杨应琚连续向乾隆帝汇报，将大败说成大胜。做足铺垫后，他在公元1767年，乾隆三十二年正月报告皇帝说：

"缅匪……恳请罢兵归顺……查缅甸原系边南大国，密箐崇山，阻江为险，水土恶劣，瘴疠时行，若欲直捣巢穴，恐旷日持久，得不偿失。如猛毒（指孟波）果倾心禀惧，愿效臣服，似即可宥其前愆，酌与自新之路。"

缅匪啊，现在已经被打怕了，想投降了。臣觉得那缅甸穷山恶水的，打下来也没什么意思，既然我们已经把他们收拾够了，臣觉得就干脆放过他们吧。

没什么意思是什么意思？即使远在北京，乾隆帝也依然看出了杨应琚报告中的逻辑混乱。半年前，仗还没开打的时候，你杨应琚不是说打缅甸有意思得很吗？现在怎么打了胜仗，却反而说没意思了呢？

杨应琚，你这到底是怎么个意思？乾隆帝开始质疑云南方面消息的准确性。他下达谕旨，详细地向杨应琚追问真实战况，尤其是木邦等地到底是否还在掌握之中。

杨应琚依然用谎言来应付。几份奏折下来，他声称消灭的缅军人数累加起来已一万有余，还说缅甸王已经亲自给他写信求和。

这个谎扯大了，乾隆帝怎么也无法相信杨应琚会一边打着大胜仗，一边还替敌人求和。他必须立即知晓实际情况，但想起刘藻莫名其妙地被自己吓死，害得战败的消息传遍了全国，自己为了保全脸面而不得不将战争升级的教训，乾隆帝按下心中怒火，没有立即发作。

公元1767年，乾隆三十二年三月，皇帝命令杨应琚回京"入阁办事"，旁人看样子还以为他因"大胜缅甸"而将升任军机大臣。同时，乾隆帝派出的秘密调查小组也从北京出发，前往云南查访战况。

秘密调查小组到了云南哪里用得着调查？前线战败的消息在云南是尽人皆知的事，杨应琚损兵折将不说，还丢失了大片国土，所谓"我军大胜，敌军求和"的事情完全是子虚乌有。

乾隆帝愕然……

御极三十年来，乾隆帝已经从刚刚走过少年时代的青年，进入日渐老去的中年。这些年来，属下的阳奉阴违、虚与委蛇他见得多了，但那多半是官员们隐瞒自己的经济问题，乾隆帝已经见怪不怪，只要他们还算在认真做事，执行了自己的意志，只要还说得过去，他一般也懒得说破。

但现在，竟然连对外用兵这样的军国大事，刘藻、杨应琚这些封疆大吏居然也敢完全黑白颠倒地欺瞒他，这让他心里发毛，后背发凉。如果官员们对他的态度都到了这种地步，那这个皇帝还怎么做？皇权该如何落实？独裁还如何实现？

什么叫独裁？独裁就是将本该分离开来的各种独立运行的决策权、执行权与监督权合并到独裁者的身上。如果独裁者忽略了其中某项权力的正常运行，那么这项权力及其相关制度就会停滞或被窃取。独裁者可以在自己生命力强盛的那段时间里，同时维持各项权力制度的正常运行，但再强盛的生命力，又怎能拗得过生命自然规律的强横？

乾隆帝不明白这些，他只是认为自己的朝廷又周期性地到了该严打一番、强调监督的时刻，于是他打起精神，要拿杨应琚来给所有人做个示范，以儆效尤。

杀鸡给猴看，这是没有法治规范的独裁权力体系行使监督权的唯一手段。这种手段的问题太多了：该杀的是哪只鸡，抓不抓得住，杀不杀得了……都是问题，都有极大的偶然性，说不上什么普遍性。另外，最重要的是，猴子们有没有认真看，看完之后怎么想？这些杀鸡人都无法控制。

杀个杨应琚并不难，但杀了他之后，乾隆帝还必须再找出几个典型案例杀给大家看。

乾隆帝也必须考虑，杀了杨应琚也无助于缅甸问题的解决，这依然是一件关系自己颜面的大事。前面我们说过，在独裁体系下，独裁者本人的颜面不是一件可有可无的东西，而是他维持统治的必要条件，没有颜面支撑起来的威望乃至个人崇拜，独裁体系就无法维持。

杨应琚进京之后，很快被定罪，于当年六月被赐死，悲催地成为因缅甸问题丧命的第二个云贵总督。但他为皇帝挖下的大坑，还得皇帝自己去填，而且还必须填得很好才行。

公元1767年，乾隆三十二年七月，皇帝任命明瑞为新任云贵总督，将与缅甸的战争继续进行下去。

明瑞是谁？

50 填坑

官场上没人不知道明瑞是谁。一等公富察·明瑞，乾隆帝亡妻富察皇后和当朝首席军机大臣傅恒的亲侄儿。无人不知富察皇后在乾隆帝心目中的地位，虽然已经离世近二十年，乾隆帝依然对她念念不忘，亡妻的家人，只要稍微有点儿才能，乾隆帝就会全力提携，更何况明瑞这个年轻人的确很能干。

明瑞的军旅生涯始于十年前的西征准噶尔。在战场上，他没给自己的皇帝姑夫丢人，再加上皇帝姑夫的特殊关照，他每积累一点儿功劳都会被姑夫及时兑现为奖励。到准噶尔战争结束时，明瑞已晋升为独当一面的统帅。大家一致认为，不出意外的话，他会平步青云，出将入相，最终成为叔叔傅恒的接班人、未来的首席军机大臣。

公元1762年，乾隆二十七年，明瑞出任清王朝首任伊犁将军，替姑夫统御新征服的万里西域。公元1765年，乾隆三十年，新疆乌什维吾尔族叛乱，明瑞坚决执行姑夫的旨意，以铁腕手段血洗乌什，令清王朝的势力进一步在新疆站稳脚跟。

乌什的事情刚刚搞定，乾隆帝就着急忙慌地让明瑞顶着兵部尚书的头衔出任云贵总督。这位未来的重臣之首，带着西北的杀气，风尘仆仆地转战西南。

明瑞的能力、地位，以及他和皇帝的亲属关系无不彰显其出征代表了皇帝本人志在必得的决心，对缅作战从云南一地之事升格为清王朝的国家战略。

除高规格配置作战统帅之外，乾隆帝还以当年西征准噶尔的标准为明瑞部署战争力量。他在云贵川湘粤桂六省范围内为明瑞筹集了两万六千大军，并抽调自己身边的京城卫戍健锐营精锐力量五百人，为明瑞充当尖刀部队。乾隆帝要求明瑞主动出击，寻求与缅军主力决战，且战而胜之，以求速决。

一切准备停当后，乾隆帝告知明瑞此次作战的战略目标："自当犁其巢穴，翦彼鲸鲵，以彰天朝威远服叛之典。"也就是说要一直打到缅甸首都阿瓦去。

然后再"量各城大小，分置土司，使各守其疆界，不相联属，则伊等势涣情暌，不能骤合为一，或可不致滋生事端，亦众建而少其力之意"。

就是说打下缅甸后，我们大清朝也不强占他缅甸那穷山恶水，我们是要阻止缅甸统一，要把缅甸打成一堆碎片，瘫在西南边上再也没法闹事。

公元1767年，乾隆三十二年九月二十四日，清军分两路挺进缅甸：明瑞亲率主力一万两千人马向木邦方向进攻；另一路由部将额尔景额带领，向新街开进，策应主力行动。

代表着天朝的震怒，明瑞大军气势恢宏地向缅都阿瓦倾压而来。这让缅王孟波也紧张起来，但他派去的好几路阻击部队都被明瑞依次击败。到了十月底，木邦、新街等地再次被清军控制。看样子天朝这一回发的是大招，缅甸有些抵挡不住了。

此时缅甸已经攻陷了泰国首都，消灭了阿瑜陀耶王朝，缅泰大规模战事告一段落，于是缅甸撤回在泰的主力部队前来应付清军。

明瑞这边，占领木邦后，回头看看后面额尔景额的部队还稳稳地守着自己的后路，便没有停歇太久，继续向阿瓦挺进。一切看起来都很顺利，只是燠热的天气让他怎么也无法相信已到了农历年年底，此前人生都在北方度过的他还从来没有见识过这般光景的冬天。

虽然见惯了刀光剑影，但密林中的战斗还是让他感到心惊胆战。这里不像北方的草原。在草原那一望无际的开阔天地中，战争的谋划是战略层面的，攻防计划在地图上确定之后，他只需要放心大胆地带着大部队前进，战略高明的话，他会在预定地区邂逅对手，敌我双方在几里开外就能看见彼此，那让他有足够的时间摆开阵势，与敌军明刀明枪地决斗。在那种情况下，背靠强大国力的清军总能占据上风。

而在这遮天蔽日的丛林里，战争是永无止境的捉迷藏游戏，敌人与丛林融为一体，你永远都不知道哪里正有双眼睛紧盯着你。从暗处蹿出的任何一只冷箭，都能让整支队伍陷入无边的惊惶。这种战争主要在战术层面谋划，更考验指挥者的临场应变而非以往惯常的深谋远虑能力。

然而战术指挥向来不是中国古代将领的特长。像《孙子兵法》这样帮助统帅制订战争计划的中国古代军事典籍有很多，但对于一线将领来说，《孙子兵法》的具体实施是个大问题。

指挥具体战斗的实际操作经验，只能在大量的战斗中自行累积。在战乱年代，这样的机会很多，但在太平年代就不那么容易了。

像明瑞这样颇有些实战经验的战将在太平年代已算十分难得，在战役初期，他尽可能地发挥了清军应有的实力，极大地震撼了缅军。

公元1767年，乾隆三十二年十二月十七日，明瑞所部杀到了一个叫作农怕南相孔的地方，此地距离缅都阿瓦只有七十里。

缅军主力也已从泰国回归，按照孟波的计划，悄然进入指定位置部署。闹腾了这么些年，缅甸方面动用主力部队来与清军作战，这居然还是头一次。

⑩ 填坑

泰国

51

湄南河东岸，泰国达府守将披耶达信看着缅甸军队渐次向西撤离，欣喜万分。泰国的旧王朝已经灭亡，可入侵者还来不及品尝胜利的果实就自行撤离。先下手为强，看样子，眼下谁先出手，谁就将拥有泰国。

披耶达信这年刚刚三十出头，乃是阿瑜陀耶王朝原财政大臣昭披耶却克里的养子。凭借养父的地位，披耶达信幼年与显贵的子女们一起接受了泰国最好的教育，之后进入泰国王宫做了几年的御前侍卫。在王朝大难临头之时，他被外派到地方做官，幸运地避免了祸及自身的人生悲剧。

乾隆三十二年，公元1767年1月，披耶达信率军参加了阿瑜陀耶王朝的最后挣扎。泰国六路大军为救援首都与缅军会战，但被缅军击败。溃散中，披耶达信为队友们断后，险些丧命。

在一个夜晚，披耶达信带领五百勇士挣脱缅军的包围，抢得船只，沿着湄南河顺流而下。一番亡命狂奔，披耶达信终于甩开缅军的追击，黎明时分来到一座佛塔下，脱离了危险。

那里是曼谷，那座佛塔后来被披耶达信命名为"黎明塔"；再后来，泰国人为了纪念披耶达信的这次夜奔，将这座塔称为"郑王塔"。

为什么叫"郑王塔"？

披耶达信的养父是阿瑜陀耶王朝的财政大臣，但他的生身父亲，却是一个下南洋的中国人，名叫郑镛，来自广东潮州澄海县。披耶达信的中文名叫作郑信。

潮州人多地少，生活不易。《澄海县志》上记载："土田所入，虽有大年，不足供三月粮。"单靠农业无法承载潮州地区的人口压力，于是潮州人自古就热衷于贸易。历代政府虽然三令五申地海禁，也不能磨灭潮州人下南洋求生存的意志。

然而，南洋之路也不是遍地黄金。正如泰国潮州会馆义山亭前楹联上所云："渡过黑水，吃过苦水，满怀心事付流水；想做座山，无回唐山，终老骨头归义山。"

解释一下，这里的"黑水"指的是七洲洋，南中国海的一部分。这个名字的来历浸满了辛酸：一般的旅行者，白天看海，晚上睡觉，在他们的眼中，七洲洋当然永远是碧水蓝天；而当年那些下南洋者，因为是非法偷渡，白天只能藏身于封闭货舱中躲避检查，到了晚上才能出来透透气，他们看到的七洲洋一直都是浓得化不开的深黑，所以叫作黑水。

"座山"是潮汕方言里有钱老板的意思。而"唐山"，则是海外华人心中的故乡——中国。

郑镛是幸运的，他只身一人来到暹罗，一番挣扎后活了下来，恰逢康熙帝迫于广东的人口压力，准许民间自行从暹罗进口大米。郑镛在这波大米贸易的春潮中发家致富，娶妻生子，在暹罗安定下来，还顺势跟暹罗政府攀上了关系，做了政府的包税人，并且把儿子郑信送给财政大臣做养子，为自己的家族在暹罗长期发展做起投资。

在郑信的记忆中，郑镛留下的印象不多。郑信只记得每次遇到不顺的时候，父亲总是嘟囔一句："无可奈何蒸甜粿。"郑信吃过甜粿，那是老家潮州的一种小吃，用糯米和蔗糖做的，很好吃，而且是一种高级食品，只有逢年过节时家里才会做，平时是吃不到的。

他不明白这种好吃的高级食品怎么会和"无可奈何"这样的词组成一句口头禅。父亲心酸地告诉他，除了逢年过节的餐桌上，甜粿还会出现在另一个场合：送别下南洋的家人时，蒸好的甜粿作为最后的祝福，总会塞满每一个离乡者的行囊。

如果没有这种无可奈何，甜粿只会出现在家人团聚的时刻。

不过生在暹罗、长在暹罗的郑信，作为移民二代，身上的乡愁已减轻了许多。比起家乡味道寡淡的饮食，他更习惯于泰国劲爽的冬荫功汤。与在国内的绝大多数同龄人相比，享受着更多自由选择权的郑信更像现在的年轻人，昂扬向上，敢闯敢干，他有着更多的机会向世界彰显中国人应有的魄力和创造力。

西洋人曾为郑信画过一幅肖像画。画里的这位海外华人，目光炯炯，放射出一个见识过自由天地的人所拥有的摄人精魄。

在那次涉险突围之后，郑信又两次击败缅甸的追兵，于当年2月退居泰国沿海城市罗勇，在这里建立了抗缅根据地。

他为什么不往距离敌人更远、地势更加险要的暹罗内地去，却来到距离主战场只有一步之遥，很有可能成为缅军下一步进攻目标的沿海？这是因为华商大量聚集在沿海，虽然郑镛此时已经去世了，但作为郑镛的亲儿子，郑信依然轻松地获得了华商们的支持。

手握大笔资金、依靠和平环境赚钱的华商自然不希望好勇斗狠的缅甸人掌权，既然郑信敢于站出来与缅甸对抗，又刚好是个华人，那华商们当然乐于支持他。

乾隆三十二年，公元1767年4月，泰国首都失陷，阿瑜陀耶王朝灭亡。在华商们的鼓舞下，郑信的目标升级了，他要建立一个属于自己的暹罗新王朝。

但缅甸依然声势浩大，郑信无机可乘，只能先去抢夺旧王朝崩溃后涣散的土地，以逐渐扩充自己的实力。占据罗勇后，郑信又出兵控制了另外两个重要港口尖竹汶（今泰国庄他武里）和达叻，在泰国东南沿海站稳了脚跟。

"就这么发展下去，也许十年八年之后，就能和缅甸一争高下了吧。"郑信这么计划着。可是他万万想不到，他的母国大清朝会在这个时候不经意地为他送上一份大礼，往他的计划里猛撒了一把催化剂，把一切都提前了。

在北方，明瑞率领的清军重拳出击，使得缅军主力不得不撤回本土防御。郑信的机会来了，收到明瑞进占木邦的消息，在华商们的倾囊相助下，郑信抢先一步率师北伐，攻占重镇吞武里后与留守的少量缅军决战于阿瑜陀耶，收复了这座被缅甸占据半年多的旧都。凭借此战所收获的威望，郑信确立了在泰国群雄中的领袖地位，为新王朝奠定了基础。

乾隆三十二年，公元1768年1月4日，郑信在吞武里加冕称王，建立了泰国历史上的吞武里王朝。

刚刚称王的郑信收到了一个令他震惊的消息：清军被缅甸击败了！

什么！居然败了？郑信难以置信，还派人前往缅甸打探消息。结果消息传来，清军的确败了，且是全军覆没，就连主帅明瑞都阵亡了！

"无可奈何蒸甜粿！"郑信嘟囔了一声。这下他只好再次整顿队伍，准备迎战那支似乎不可战胜的缅甸神鬼之师。

在此插播一则趣事。郑信觉得有必要跟大清国说一下自己已经称王，以便继承阿瑜陀耶王朝，跟清朝做一本万利的"封贡"贸易，于是他给乾隆帝写了一封国书。这封国书是用泰文写的，开头直译过来如下："室利阿瑜陀耶大城国之胜利君主，念及与北京朝廷之邦交，乃敕正使……"这是不卑不亢地平等交往的口吻，郑信并没有因为自己的华人身份而在母国的君主面前卑躬屈膝。

但清朝负责与东南亚国家外交事务的两广总督收到由泰国直译的国书中文版后，大呼不妥，命令中方翻译修改成了这样："暹罗国长臣郑昭（指郑信），诚惶诚恐，稽首顿首，谨奏请大清国大皇帝陛下……"

后来泰国写给清朝的国书皆依此模式翻译，许多历史学家就据此考证出泰国曾经向中国"称臣纳贡"的结论。

53
惨败

回过头来再说，那明瑞开始时打得好端端的，怎么突然之间就兵败阵亡了呢？

缅军主力从泰国撤回之后，并没有急于跟锐气正盛的明瑞所部交锋。在苍茫林海的掩护下，他们绕过清军的先锋主力，在新街地区阻挡了负责保护明瑞侧翼的额尔景额部的同步前进。

额尔景额苦战一月有余，仍无法突破缅军的阻截，而此时明瑞已进抵阿瓦附近，成了一支孤军。

雪上加霜，额尔景额可能是被毒蚊子给咬了，患了疟疾，很快暴死阵中。这支部队的指挥权只好交给其文职副官额勒登额。这人被缅甸吓破了胆子，不敢再与缅军正面交锋，命令部队向东回撤至云南畹町，把如今的整个果敢地区都丢给了缅军。后来果敢地区几经周折终被缅甸吞没，这跟清王朝时期把这里当作一个副油箱，出点儿问题就将其扔掉的做法不无关系。

这是后话，暂且不提。

额勒登额突然回撤最大的影响，自然就是害得明瑞陷于绝境。云南巡抚见势不妙，赶紧催促额勒登额再次出兵，但都被其拒绝。巡抚只好将情况飞报北京，乾隆帝也严令额勒登额立即出兵。

额勒登额依然故我，拿出各种理由搪塞，就是一动不动。

明瑞危矣，乾隆帝颓坐于龙椅上呆住了。他慢慢看出了这整场战争透出的那股子邪乎劲儿，先是刘藻、杨应琚先后对自己扯谎，现在又有额勒登额抗旨不遵。这到底是因为缅甸过于强大，还是因为自己已经指挥不动下属了？

这世界上不会有比大清朝还强大的国家，乾隆帝坚信这一点。那么问题就肯定出在自己这边，朕手下的这帮人自以为翅膀硬了，敢跟朕较劲儿了……

乾隆帝的愤怒值即将到达顶点。

"皇上，要不要撤掉额勒登额，另外派人去解救明瑞？"有大臣提醒乾隆帝。

"来不及了……"乾隆帝长叹，"既然如此，朕就多给额勒登额一个行不义的机会，让他死得更难看些！"他的眼中透出凶光。

在驱逐走额勒登额之后，缅军一部分继续追击，杀入中国境内施压，另一部分则掉头南下，与阿瓦地区的军队一起合围明瑞所部。公元1768年，乾隆三十三年正月十八，缅军再次攻克木邦，斩断了明瑞的后路，对其进行围攻。

直到这时，明瑞才看清了眼下的局势，开始后悔进军之时自己本该以兵部尚书兼云贵总督的身份坐镇后方总揽调度，而不是抱着所有的令牌冒冒失失地冲在根本看不清全局的最前线，害得看得清状况的战略后方却无人有权临机应变。

这就像在足球比赛中，出任场上队长的一般都是中后场球员，前锋一般不干这活儿。

但后悔也晚了。

明瑞的确骁勇善战，在向北突围的过程中屡胜敌军，就连缅甸人也在其史册中夸赞明瑞智勇双全。只要北边能出现一支援军，明瑞本可以安全撤回云南。

然而，援军一直没有出现。

公元1768年，乾隆三十三年二月十一日，明瑞在小猛育被缅军包围，身受重伤，为免被俘受辱，他挣扎着自缢身亡了。

他是连续第三位因缅甸问题而丧命的云贵总督。

在新任云贵总督到来之前，无人统领的清军单方面停火。缅甸也知道这次把中国皇帝给打痛了，像刚刚杀了关云长的孙仲谋一样，他们选择了收敛，避免招来清朝更大规模的报复。

再过几天，就是富察皇后去世二十周年的忌日。在这个时候，乾隆帝却不得不把爱妻亲侄儿的楠木牌位摆到她的身边陪她。痛心与自责的折磨让他再也没有心气去立即踏平缅甸，他需要暂时转移一下自己的注意力。

这时，他想起了战争中出现的皇权运行失灵的各种邪乎状况。他决定暂时不再去和缅甸纠缠，而是先解决掉这些状况，顺便也发泄一下胸中的郁闷。

年近六旬的乾隆帝早已是一位成熟的政治家，他要做的事，从来都不止一个原因，也从来都不只一个目的，而且，从来都要做得不动声色。

接到明瑞的死讯不久，乾隆帝即重新组建了云南前线的指挥领导层。新领导层成员的等级之高令人惊骇。

首席军机大臣傅恒任经略，坐镇北京总揽对缅战争事务，也会在适当的时候前往前线总揽兵权。大学士阿里衮、大学士阿桂为副将军，立刻赶赴云南指挥作战。参加过乾隆朝此前几乎所有大战的老将舒赫德任参赞大臣，为作战的总参谋。最后才是新任云贵总督鄂宁。其乃名臣鄂尔泰之子，但在这个新的领导层中，原本作为前敌总指挥的云贵总督的排位掉到了最后，新领导层几乎完全由清廷派来的高级别成员构成。

不明就里的人一看这阵容，都觉得乾隆帝这回一定会在西南边疆掀起猛烈的狂风巨浪，誓要蹂躏阿瓦，并吞缅甸。毕竟首席军机大臣傅恒都亲自出马了，他必须胜利，不然难道还要乾隆帝御驾亲征吗？

也有一些高人看出了这里面的门道。二十年前，乾隆帝在金川寻求体面收场时，就是由傅恒出面落实的，这次又点傅恒的将，恐怕也是这个意思。

当然，没人敢说破。

傅恒、阿里衮、阿桂、舒赫德、鄂宁这一套全明星阵容组建之后，并没有立马弄出什么大手笔。傅恒是当时世上最了解乾隆帝的人，他知道他的姐夫要体面收场，为此就必须在收场之前赢下一场拿得出手的胜利。当年在金川他就是这么做的，但这次，"不解风情"的缅甸人并没有给他任何获胜的机会，清缅两国的战事稀里糊涂地停顿下来。

得了便宜的是泰国的郑信。缅军长时间被中国牵制，再也没有机会去攻打泰国，郑信坐稳了泰国的王位。清王朝就这样莫名其妙地深刻改变了东南亚的政治局势。

欺瞒

缅甸的事情交给傅恒办，乾隆帝就放心了，他知道小舅子一定会找到一个合适的台阶下，不会让自己下不来台。

现在，他把注意力转移到整顿官场风气上来。这段时间，皇帝阅读各地奏折比以前仔细得多，他要从手下官员口径严密的欺瞒中找出些破绽，再以近乎无中生有的手段掀起几场大案来震慑人心。

公元1768年，乾隆三十三年五月十九日，在审阅新任两淮巡盐御史尤拔世的奏折时，乾隆帝的双眼终于如愿放出了凶光。

两淮巡盐御史，又称两淮盐政，是个重要职务。在中国古代，食盐由国家垄断专卖。两淮盐政主管国有的长芦盐场，负责供应湖南、湖北、江西、安徽以及江苏、河南部分地区的食盐，是清王朝和爱新觉罗皇室财政收入的重要来源之一。

尤拔世此次出任两淮盐政，接替的是已经调往山西任职的普福。履新之后，他首先对普福在任时期的财务账目进行了审计，并上报皇帝过目。这是官场惯例，新任官员们以此作为备案，将自己的财务与前任划清界限，免得前任出了问题，牵扯到自己头上来。

但尤拔世接任时，普福已调离多日，两人没有机会对好口径，尚未熟悉盐政事务的尤拔世懵懂地捅出了一个历任盐政多年来都心照不宣的大秘密。

尤拔世向乾隆帝报告了普福在任期间长芦盐场预提盐引的分派情况。

在中国古代，只有政府才能合法地生产、销售食盐。盐引是清朝的食盐专卖许可证，由盐政衙门颁发给政府指定的盐商。盐引规定了可支领、运销的食盐数量，每张盐引为三百六十四斤，也规定了该批次食盐的指定销售地点，以及应向政府缴纳的税费。在清朝前期，盐引的发放数量每年都有限额，不可随意增加。

但随着人口从康熙中叶开始迅猛增长，食盐的消耗量也大幅增加了。政府为了在这波婴儿潮中获利，避免被私盐挤占市场，于乾隆十一年，公元1746年颁布了"预提盐引"政策。这一政策名义上把本该以后颁发的盐引提前到现在来使用，说是以后再补上，但在实际操作中，每年都预提以后的盐引，以后补上只是个说法，所以"预提盐引"实际上也就是政府增加了食盐的计划产量。

保留"预提"这个名目，不过是借此向盐商们要价：我这可是为了你们的需要才勉为其难，额外开恩，预支了未来的食盐，所以你们必须多交一份钱。

按照户部的规定，预提那部分盐引每张要多缴纳八钱四分到一两一钱七分银子的税费。而在尤拔世的报告中，乾隆帝注意到两淮盐政衙门实际是以每张盐引三两银子的数额在向盐商征收这部分税费，比国家规定高出了三倍。

尤拔世说出这个，倒也不是故意要告谁的状，他以为这些事情皇帝都是知道的。所以在报告中，他大大咧咧地请示皇帝：去年（乾隆三十二年）预提盐引一共收入二十七万八千一百一十五两银子，其中有八万五千四百七十六两已经作为"公用银"给花掉了，剩下的近二十万两是不是要交给内务府？

注意，尤拔世请示的是要不要交给内务府这个皇帝的私人小金库，而不是要不要交给国家的财政部门户部。

乾隆帝生气了。原来他根本就不知道两淮盐政这些年背着自己私下收了这么多钱，更让他感到愤怒的是，盐政居然还把这些钱给私吞了，都不给自己分一点儿。要不是尤拔世傻不楞登地问自己要不要，朕还不知道要被瞒到什么时候去！

这食盐专卖的收入，和我们前面讲过的广东海关关税一样，除了大部分要上缴国家财政之外，还有一部分要交给皇帝的私库，也就是内务府。两淮盐政的这种作为，不仅侵吞了国家财政收入，还偷了皇帝的私人腰包。

乾隆帝决定追查此事。他先问了问户部官员，户部却回答说两淮盐政每年预提盐引的规定税费全部上缴齐全，并无短少。当然，他们是按照每张盐引缴纳八钱四分到一两一钱七分银子税费的国家规定来衡量的，至于两淮盐政每张盐引收三两银子的事，他们声称并不知情，多出来的钱上哪儿去了自然也不知道。

两淮盐政多收了这么多钱，自己一分没看见也就算了，你给国家财政多贡献一点也行啊，结果户部也不知道。乾隆帝火急火燎地掐指一算，每张三两银子，减去税费最高标准一两一钱七分银子，两淮盐政的每张盐引至少净赚一两八钱三分银子，从乾隆十一年开始预提盐引，一共二十多年，每年至少要预提二十万张，最多时有四十万张……

这至少是七百多万两银子啊！这些钱就算朕跟户部三七开，朕也能得个二百万两，二百万两银子够朕买多少件古玩，修多少座园子，下多少次江南啊。

就算不算这些细账，朕的钱包也是神圣不可侵犯的，哪怕是一文钱都不行！

必须追查到底！

既然户部无账可查，那就干脆直接审问历任两淮盐政。乾隆帝翻看盐政履历，从乾隆十一年开始，做过两淮盐政的除尤拔世之外还有三个人：吉庆、高恒、普福。吉庆当时已死。

都是朕的奴才！

在清代，这"奴才"还真不是想做就能做的，汉族官员只能对皇帝称臣，"奴才"是满族官员的专称，尤其是皇帝直辖的正黄、镶黄、正白三旗下的包衣奴隶，在皇帝看来才算是根正苗红的奴才。这些人被皇帝当作自家人，往往出任与皇帝的个人攸关的重要职务。因为是皇帝的自己人，他们一般都升迁很快，但是如果犯了事，皇帝收拾起他们来可是不择手段的，这也是因为自家人好下手。

公元1768年，乾隆三十三年六月初，皇帝组建了专案组，开始对预提盐引一案进行审讯。专案组由首席军机大臣傅恒挂名组长，大学士尹继善、刘统勋具体负责。高恒、普福二人被关押提审。

审了几天，高恒、普福都承认确实有这么一笔钱，但说这些钱都花了，而且花得很细碎、项目繁多，他们回忆起来的些许账目远不够填坑的。

那就直接翻账本！六月初七，乾隆帝密令江苏巡抚彰宝前往扬州两淮盐政衙门去跟尤拔世一起查账。

高恒、普福两任盐政突然被关押，虽然乾隆帝为免打草惊蛇，没有对外宣布原因，但善于揣摩圣意的人们还是从中咂出了味道。于是，密令也就不密了，消息灵通人士开始为各自所关心的可能涉案人员通风报信。

六月十一日，江苏巡抚彰宝收到乾隆帝的密令，他不敢有丝毫耽搁，立即奉命赶往扬州办差。同一天，来自北京的几个神秘人物赶到山东德州，向时年七十八岁的退休官员卢见曾透露了两淮盐政大案将起的消息。卢见曾闻讯立即转移家产，以防皇帝抄家。

卢见曾，东南文坛领袖，在文化圈里声望颇高，凭借一笔假正经的道学文章而被誉为"主东南文坛，一时为海内宗匠"。

那年月，写假道学文章的人很多，比卢见曾写得好的也有很多，却偏偏卢见曾能得到这么肉麻的吹捧，关键在于他曾经长期担任两淮盐运使，辅佐高恒、普福两任盐政，负责与各路盐商打交道，尤其是预提盐引的具体工作，都由他来操办。盐商们有求于卢见曾，就投其所好，发动文化圈的人拍他的马屁，这人就成了所谓的"海内宗匠"。

卢见曾在任时也很会做人，在自己名利双收的同时，也满足了各方需求，累积了广泛的人脉。这不，本已在德州老家安享晚景多年的他，到了这般风口浪尖，还有人冒死来报信。

关心卢见曾的人还有一个……

六月十日这天，侍读学士纪昀纪晓岚纪大烟袋同志在上班的路上听说了前任盐政普福因为滥用八万两银子正在被追查的事，立马就想到了卢见曾会被牵扯进去，为此十分担心。

正巧，六月十三日，纪昀的女婿进京赶考，前来拜访他老人家。纪昀的这个女婿不是别人，正是卢见曾的亲孙子卢荫恩。有这层儿女亲家的关系在，他纪昀能不关心卢见曾吗？

纪昀把他听说的那点儿消息告诉了女婿，让他赶紧写信回去问问卢见曾有没有碰过那八万两银子，如果有的话要赶快想好对策。

然而，此时追查范围早已超出乾隆三十二年那被花掉的八万两银子，皇帝要知道的是自乾隆十一年以来，这整整二十二年预提盐引规定之外的所有收入的去向。

六月二十日，彰宝和尤拔世一起把盐政衙门的账本给翻完了，查明了二十二年来，两淮盐政预提盐引共四百四十二万五千三百七十四张，违规收入累计一千零九十二万二千八百九十七两银子。这些钱都没有上缴，其中已经以"公用"等名义花掉的有四百六十七万两，记作两淮盐商为皇帝南巡做的"捐献"，以此冲账，其余六百多万两在账目上找不到，不知去向。

乾隆帝看完报告，惊怒交加。涉案金额居然有千万之多，而且还打着捐献给朕的名号！朕又不是贫困百姓，用得着你捐献？朕南巡的时候，也的确是用了你们两淮盐商不少的钱，但朕不也给你们加官进爵、免税赏钱了吗？怎么这里又有一笔账算到朕的头上来？且不说这些，还有六百万两银子上哪儿去了呢？

六月二十五日，乾隆帝下达了初步处理方案：将高恒、普福革职，继续关押审问，等结案后还要加罪，并剥夺了此前赏给盐商们的所有官衔。调查继续深入，果然不出所料，新一轮调查中首当其冲的就是原盐运使卢见曾。乾隆帝命令山东方面立即将其逮捕抄家，押往扬州交给彰宝审问。

次日，乾隆帝又找到了案件新的关键人物——苏州商人顾蓼怀。据彰宝调查，此人在高恒任盐政期间，充当高恒的代理人，为其代收盐商贿赂十多万两，他亲口供认这些钱全都进了高恒的腰包。乾隆帝命令将此人解送京城，交给刑部继续审讯。

而在刑部大堂上，顾蓼怀却翻供了。他宣称以前的招供是江苏那边的办案人员逼自己那样说的。这回他说，收的那些钱并没有交给高恒，他也没有私吞，那些是商人们主动交给他，托他去"代办物件"的款项，本就与国家财政收入无关，但在扬州受审时，办案的扬州知府不准他这么说。

为什么不准他这么说？"代办物件"是什么意思？代办的是些什么物件？乾隆帝有些似懂非懂，他觉得这里有些事情事关重大，于是他干脆让扬州知府过来，和顾蓼怀在刑部官员面前当面对质，求个实情。

另外一边，山东政府报告，查抄卢见曾的任务已经完成，在卢家一共只搜出几千文铜钱，什么像样的财产都没有。

怎么可能？我大清朝难道也出了个包拯、海瑞式的人物？这种事连乾隆帝自己都不相信。卢见曾在任期间办事还行，文章的名声也很大，但并没有听说他清廉到如此地步。

其中有诈！乾隆帝警觉，卢见曾肯定隐瞒了家产。不必多说，让山东方面继续彻查就是。不过，查抄卢见曾的旨意是以廷寄的形式秘密发送给山东，并无他人经手，是谁猜中了朕的心思，抢先把风声透露了出去呢？

从和缅甸的战争开始，乾隆帝就觉得官场风气似乎有些诡异。如今看来，这种诡异不是偶然的。官场内部为了欺瞒自己，已经形成了一整套封闭式信息网络，将自己排除在外；而在这套网络内部，有人负责观察自己，看透自己做事的逻辑，先自己一步主动做出针对性的对策，有人负责跑腿，在自己下达旨意之前将信息传递出去，让对方有充足的反应时间做好准备，来接自己的招儿。

果然，山东方面传来消息说，卢见曾从六月十一日就开始转移家产了，到十八日转移完毕。二十五日旨意从北京发出，二十七日到达山东，二十八日抄家队伍来到德州时，卢见曾已经恭候他们整整十天了。

该死的东西，速度这么快！乾隆帝忍无可忍，命令严加审问卢见曾，要他说出隐藏在紫禁城里的消息上线。为了找出这个危险的潜伏者，乾隆帝抛弃了仁君的伪装，严令山东方面："如卢见曾坚执不吐，即应加以刑讯！"

他不说就给我大刑伺候！

对一个年近八旬的嫌犯如此严酷无情，看样子乾隆帝这回真是急眼了。但卢见曾好歹还是挺住了，什么都没说。

山东政府无奈，只好建议皇帝逮捕还在北京等待科举考试的卢荫恩，看看能不能从他的嘴里撬出些什么。乾隆帝立即命令大学士刘统勋去执行这个建议。

卢荫恩这个年轻人没见过世面，刘统勋的十大酷刑还没用上两样，他就招供了一件事：六月十三那天，自己的岳父纪昀提醒过他，注意家里有八万两银子涉案……

纪晓岚你吃里扒外，亏得朕平日里还那么看得起你！前几天才刚刚任命你去做江南乡试副主考，你居然还敢出卖朕！乾隆帝撤销了给纪昀的任命，立即将其追回，发往乌鲁木齐充军。

对卢氏祖孙的审讯还在继续。据卢荫恩后来供述，纪昀给他的消息是在六月十八日传回德州老家的。但那时候，卢家转移财产的工序不是

🉠
欺
瞒

已经完成了吗?

看来纪昀的传话还不是案件的关键所在,乾隆帝略微后悔对纪昀的处分过重。但他并不打算马上放纪昀回来。管他是不是关键所在,透露朝廷机密本身就是罪,只不过纪昀这次还算不上罪魁祸首而已,卢见曾在朝廷里还另有高人护佑。

这时,山东那边儿,卢见曾终于熬不住开口了,供出给他传话的是军机处行走、内阁中书徐步云。这个身处机要部门的小官是卢见曾的学生,六月初五,他在上班时听说了两淮盐政会爆发大案的消息,就给卢见曾传了个口信,六月十一日到达德州,要卢见曾好生应付。

乾隆帝并不相信这个结论,区区一个军机处行走,哪来那么大的胆子?徐步云的背后一定还有人,于是他命令山东方面继续审问。但卢见曾坚持说除徐步云外,再没别人给他透风。

在北京,大学士刘统勋亲自提审徐步云,徐说自己只是在当值日中午吃饭时,和同是军机处行走的赵文哲闲聊时听他说的;又审问赵文哲,其招供确有此事。

乾隆帝还是不相信,他依然笃定这些个小官员没有能力知悉尚未发生的大案要案,更没有胆量透露出去,徐步云、赵文哲的背后肯定还有高人。

然而,徐步云、赵文哲官职虽小,却身处权力中枢,都是些前途无量的年轻人,想要他们来充当马前卒,一般人出不起那个价码。在这朝堂之上,有能力撬动他们作为工具,事情败露之后还能让他们主动背锅的人本就不多,乾隆帝拿手指头数都能数得出来。但是,到底是他们当中的哪一个,还是哪几个呢?乾隆帝猜不透,也没有证据可以借助。

想想身边傅恒、刘统勋、尹继善等几位大致与自己同龄、跟随了自己多年的老臣,乾隆帝忽然感到有些害怕。

在这些人面前,自己永远都只有君主这一张面孔、这一种思维方式、这一种处事方法。天子无私事,自己的一切都摆在他人的面前。不论自己的城府有多么深沉，心机有多么隐秘，历经这三十多年，自己也无可避免地慢慢被手下的这些臣僚们吃透了。

而反过来，这些人在乾隆帝的面前也永远只扮演着臣僚这一种角色。对于这种角色，乾隆帝也是能吃透的。

但转过身去，他们还都有各自的生活。那里对乾隆帝而言，充满了秘密。

他们在各自的生活中所扮演的角色，例如其他官员的同事，例如年轻官员的座主，例如下属们的上司，例如上司们的下属……种种复杂关系的利益交织的详细情况，皇帝永远不可能完全掌握，却又都和皇帝的切身利益密切相关。

在权力方面，皇上处于优势，官僚处于劣势。但是在信息方面，官僚集团却处于绝对的优势。封闭和扭曲信息是他们在官场谋生的战略武器。你皇上圣明，执法如山，可是我们这里一切正常，甚至形势大好，你权力大，又能怎样？

这世上的事情，一共有四种。你和大家都知道、你和大家都不知道，这两种很常规。另外两种则意义重大：你知道、大家不知道，以及你不知道、大家都知道。

前一种能让你在人际交往中占据主动优势，甚至为所欲为；后一种却会让你陷于被动的劣势，进入未知的黑暗恐惧。乾隆帝眼下的情形就是后一种。

乾隆帝要摆脱这种信息单向对对方透明的危险境地，就得逐渐清除那些已经把自己琢磨透了的老官僚，慢慢地提拔一批对自己心存敬畏的年轻人上来。这种洗牌得从长计议，且进行得不动声色。

这样一来，对卢见曾的调查只能到此为止。七月中旬，卢见曾和他的案件卷宗一起被移送扬州等待定罪。朝廷掌握的证据无法支持将他的问题定性为贪污国家财产，只能给他定个普通的受贿罪。因为在卢见曾家中费尽周折、挖地三尺查抄出来的东西，不过是历年来盐商们送给他

欺瞒

的一堆古玩字画，估值共一万六千两银子，其中包括旷世名作《清明上河图》。

这些艺术品最后都落到了乾隆帝的手里。

但是乾隆帝并没有感到多么高兴，他有什么珍贵的古玩字画没见过？比起这些，他更希望从卢见曾那里找回失去的千万两白银中的一部分，哪怕只是找到些线索也好。可卢见曾那里却全是些古玩字画。

为什么全是古玩字画？乾隆帝心里纳闷。他的文化素养很高，还是那句话，高过如今嘲笑他的绝大多数人。他也喜欢艺术品，承认这些东西的价值，但由于身份地位所限，一览众山小的他从来没想到过，这些艺术品除了满足精神需求之外还有另一种功能。

历史学者吴思先生介绍当时官场上流行这样行贿：清朝官员到北京行贿，先要按规矩到琉璃厂的字画古董店问路。讲明想送某大官多少两银子之后，字画店老板就会很内行地告诉他，应该送一张某画家的画。收下银子后，字画店的老板会到那位大官的家里，用这笔银子买下那位官员收藏的这位画家的画，再将这张画交给行贿者。行贿者只要捧着这张很雅致的毫无铜臭的礼物登门拜访，完璧归赵，行贿就高雅地完成了。这一切都是合法的，字画价格的模糊性提供了安全。

官员们大都是些科举入仕的文化人，文化人认可文化产品的价值。既然价值被这个圈子广泛认可，古玩字画这种高端文化产品就可以在这个圈子内充当金钱的等值替代物，可以保值、升值，并且能随时变现。就像网络游戏中的顶级装备一样，古玩字画就是宦海浮沉这场游戏里的"顶级装备"。

卢见曾家里放的这么多"顶级装备"，实际上就是他受贿的收据，而且需要钱的时候随便拿一张字画去卖了变现就行。在这个级别的官僚们的眼中，现银这种来去无常、购买力也不稳定的东西，不过是普通的价值流通工具而已，远不如古玩字画这些具体物件来得靠谱。

说到物件，现在可以说说案件的另一个重要人物顾蓼怀翻供的事了。在扬州，他招供说自己代上司高恒收了盐商们十多万两的贿赂；而到了刑部，他却翻供说这些钱并没有被高恒或自己私吞，而是受盐商所托"代办物件"。

除了给各路大佬们购置"顶级装备"，还有什么事花得了这么多钱？顾蓼怀以及其他一些人长期受历任盐政的委托，负责把违规收取的盐引税费给花出去，去买办古玩字画、奇珍异宝之类的现货，一部分用于本地官场收受贿赂，另一部分则作为贡品已经进贡给宫廷讨好皇帝了，二十多年来，进贡这部分的花销合计有一百零三万两银子。

刚刚看到这个结论时，乾隆帝心中还有些暗喜，失去的银子总算找回了一百万两。

但他很快就觉察到了办案官员们向自己投来的异样眼光。原来大家发觉，这一百万两，加上原来查出的以两淮盐商的名义献给皇帝的四百多万两，涉案的一千万两银子里，至少有一半早已花到了皇帝自己的身上。

原来整个案子最大的贪污犯就是乾隆皇帝本人！他即使可以说自己并不知情，但也不能不默认自己的确是预提盐引违规收费的最大受益者。

的确，两淮盐政衙门除了正常公务之外，还有为皇帝个人置办贡品的任务，这就是历任盐政都由皇帝私奴来出任的原因。但皇帝给的买贡品的钱根本不够，于是历任盐政才来打预提盐引的主意，以无中生有的空空妙手之术变出钱来为皇帝置办贡品，当然自己顺带着捞上一笔。

难堪的皇帝觉得这案子不能再查下去了，不然指不定还会翻出些什么让自己更难堪的事，到最后很有可能把自己多年来一直贪得无厌地向各地官员们索求贡品这些事都抖落出来。那样的话，三十多年来自己辛苦粉饰出的圣君假面很有可能会毁于一旦。

这事就到此为止，剩下没找到的钱就算了吧。乾隆帝非常善于原谅自己的虎头蛇尾。七月底，主要案犯高恒、普福、卢见曾等人被判处死刑，徐步云、赵文哲等人被发配黑龙江充军，预提盐引一案就这么结了。

至于被两淮盐政私自提高到三两一张的预提盐引税费，则并没有取消，而是正式升格为国家税收继续执行。

表面上看起来财大气粗无所不能的两淮盐商们，在本案的处理过程中始终没有任何说话的份儿，依附于政治权力生存的他们根本不可能站出来要求取消这一不合理的税费，只能逆来顺受。

所以，本案实质上只是一场皇帝与官员们的分赃斗争，与反腐败无关。这场斗争，看起来是乾隆帝赢了，但他也知道，赢得并不彻底，官僚利益集团的牢固程度超过了他的想象，要取得进一步的成果，乾隆帝还需要寻找另一起事端。

七月初，江苏巡抚彰宝还在兴冲冲地向皇帝报告他掌握的新证据。本以为能得到皇帝的夸奖，哪知皇帝的兴趣已经不在这里，彰宝得到的是一句冷冰冰的批复："盐务……不过地方公事之一，况已查有端倪，无甚棘手。若匪徒潜匿，肆其鬼蜮伎俩，扰害闾阎，民生之害最钜要！"最后彰宝还挨了个"轻重倒置"的批评。

盐政的事情到此为止了，你不要再查了，先管管你们江苏境内的匪徒吧，那才是眼下最重要的事！

什么匪徒？

妖孽

　　吴东明是浙江的一个建筑包工头。这段时间他生意不错，乾隆三十三年春节刚过，他就带着他的施工队一起去德清县，为当地年久失修的城墙重修一座水门。这项承包任务是他从德清县衙那里得到的，虽然进项不少，但县衙给出的工期很短，所以吴东明的施工队得加班加点儿才行。

　　可总有些莫名其妙的事来叨扰吴东明。二月间，吴东明回老家为施工队采办伙食，家里来了个名叫沈士良的农民，拿着一张纸条，一脸虔诚地请他帮帮忙。

　　吴东明听家里人说自己出门的这段时间，这个人来了很多次，又看那人眼神哀切，的确有些故事要说。吴东明动了恻隐之心，让那人坐下来，问他需要自己帮什么忙。

　　沈士良悲切地讲述了自己的家庭现状：他与两个侄儿住在同一个院子里，那两个家伙不是好人，总是欺负他和他的母亲，他四处告官也没人管……

　　这种故事好像自带背景音乐，吴东明似乎听见周围响起了哀婉的二胡声，他悲伤得要掉眼泪了。

　　嗯？可是，你来找我干吗？我是个包工头，又不是家庭调解员。吴东明不解，要问明沈士良的来意。

沈士良展开手上的那张纸条，上面写着他那俩坏侄儿的名字。他请求吴东明把这张纸条带到德清城墙的工地，贴在一个将被锤入地下的木桩上，让这两个名字遭到千锤百炼，这样，这两个名字的主人将会魂飞魄散，克期必亡。

这是"叫魂"！吴东明惊悟！最近江浙一带妖术横行，说是只要知道别人的名字，把这个名字怎样来折腾一番，就能控制那人的魂魄！这种妖术自今年开始就莫名其妙地流行着，害得江浙一带人心惶惶。

当时的人们无端地认为工匠拥有一些不可思议的小魔力，能够撬动许多与其工种相关的超自然力量。有关妖术的流言，也就附着到了吴东明的身上。一时间，大家都警惕地看着吴东明，不敢接近。

这会影响吴东明的生意。

吴东明是个本分老实的匠人，不是巫师，也不想跟巫术扯上任何关系。于是，他断然收起自己的同情心，要借沈士良与妖术流言彻底划清关系。他把沈士良送进了德清县衙，告他诬陷自己与妖术有染。

知县好歹是个读书人，"子不语怪力乱神"的教导他还是知道的，于是他支持了吴东明的诉讼请求，打了沈士良二十板子以示警告。

可怜的沈士良忍着剧痛的棒疮回家去了，之后他依然要面对两个侄儿的无尽羞辱……

吴东明以为这下总算清静了，不想才刚刚过了几天，三月份，钱塘县的几个衙役风风火火地跑来德清城墙的工地，锁了吴东明，把他押到钱塘县去了。

"说！哪一个是吴东明！"钱塘县令对一个瑟瑟发抖的犯人吼道，要他在堂前跪着的几个人中指出谁是吴东明。

真正的吴东明就跪在里面，但是那犯人却指错了。之后他被县令拖下去用刑，而吴东明则被释放。

县衙不会给吴东明补偿任何误工和食宿费用，他只得郁闷地自己想办法回德清。临行前，他向钱塘县的衙役们问明了事情的来由。

原来那犯人叫作计兆美，是个穷苦的德清人，准备去省城杭州乞讨。晚上路过钱塘县，因其口音被人认出是外地人。这些年流动人口暴增，惹下不少麻烦，外加叫魂妖术的流言火上浇油，本地人都害怕外地来的陌生人。

人们认定那计兆美是来钱塘叫魂的妖人，将其暴打一顿之后送进钱塘县衙。县令继续暴打他，要他说出背后的指使者。

与现代司法调查强调物证不同，中国古代司法注重嫌疑人的口供，认为只要撬开嫌疑人的嘴，获得口供，一切就万事大吉，没有物证也不要紧。为此，古代基层司法人员为了逼供而无所不用其极，各种精巧的酷刑就是他们"智慧"的结晶，刑具在人的身体内外游刃有余又适可而止，几乎能让任何人在求生不能、求死不得的痛苦中说出逼供者所需要的一切。

正如鲁迅先生所言："中国却怪得很，固有的医书上的人身五脏图，真是草率错误到见不得人，但虐刑的方法，则往往好像古人早就懂得了现代的科学。"

在痛苦中翻腾的计兆美按照衙役们的要求，承认了自己确实是叫魂的妖人，而且身上本来带有用来叫魂的符纸，但都在途中叫魂作法用光了。

最后一个问题：受谁指使？答出这个问题的奖励是停下正在向脚踝收紧的夹棍。计兆美的脑海中顿时闪过一个名字，他赶紧不假思索地把它扔了出来：吴东明！

计兆美是德清人，对德清最近有关吴东明的传言他印象很深。

这是一个暂时双赢的答案：累得满头大汗的衙役们总算松了口气，收工回家睡觉，濒死的计兆美也得以喘息。

对吴东明来说幸运，或者对计兆美而言不幸的是，钱塘县令还有最后一丝理性，在"擒获"吴东明之后，将其与一些无关人员混在一起让计兆美辨认，以验证他的供述。

55
妖孽

313

计兆美没有猜对，又被拉下去上夹棍……

妖雾并没有远离吴东明。没过几天，吴东明的几个副手也被人请求帮助实施叫魂术。吴东明命令像对付沈士良一样对付他们，且每次都得到了德清县衙的支持。吴东明希望借此向大家表明自己与叫魂妖术没有关系。

然而，吴东明的举动并没有在民间引起他想要的反响。大家一致认为德清县衙与吴东明之间存在暧昧关系，要不然吴东明怎么能承包下修补城墙这么有油水的大工程？德清县衙一定是在包庇吴东明的妖术。

是否存在工程腐败姑且不论，但就算存在，又和妖术有何关系呢？这逻辑不通啊。但别跟一伙吓坏了的恐慌群众讲逻辑，那没有意义。

人心浮动的趋势明显，浙江省政府决定出面了。巡抚熊学鹏命令德清和钱塘两县组成联合调查组，再审吴东明等相关人员，并搜查吴东明家，寻找与妖术有关的物证，还检查了吴东明主持的城墙工地，查找是否有木桩被贴上了他人姓名……

最后结论是不存在妖术这一说。

而民间对此的评论是：连省府都被吴东明这个妖人收买了。

熊学鹏无奈，这怪不得别人，各级政府多年来的欺上瞒下使得自己早已在底层民众心中失去了公信力，就像那个第三次高喊"狼来了"的孩子一样，哪怕他说的是实话，也没人搭理。

熊学鹏觉得自己已经尽到了职责，不管老百姓信不信，反正真相就是这样，你们爱怎么着就怎么着。此后，巡抚衙门没有为这件事再做什么。

有关叫魂妖术的传言没有停止，依然在无数无知的脑子里顺利生根，又在好事者的嘴里花样翻新。驾乘着乾隆三十三年的春风，叫魂妖术跟随江南一带大量的流动人口四处生根发芽，开出光怪陆离的妖花。

不用卖关子，所谓叫魂妖术当然是一种谣言。

谣言止于智者。这种低水平的谣言能四处飘荡，说明在当时的中国，受过教育的智者太少，哪怕此事的发生地是当时中国经济最为发达、文化最是昌盛、教育水平相对最高的江南地区。

到了四五月间，关于叫魂的恐慌传遍了浙江、江苏、安徽等地。而且传言中叫魂法术已经升级，叫魂已经不再需要知道对方的姓名，只消剪下对方脑后的辫子，再对其施加某种法术，就能达到控制其灵魂的效果。

各地官员抱着多一事不如少一事的态度，不愿意主动增加自己的工作量，对此装聋作哑。但这件事依然通过乾隆帝在江南地区的秘密耳目，神鬼不觉地进入了紫禁城。

皇帝知道了。

56 叫魂

乾隆帝自然不相信什么叫魂妖术。自卑的人才相信那些东西，而命运从来就没有片刻逃离过这位人生赢家的掌控，过去的成就使他对未来充满了信心，他从不畏惧任何旁门左道的超自然力量。

即使真有超自然力量，也只会出现在自己的身上，他是这个世界的皇帝，奉天承运的皇帝！对于叫魂流言本身，他嗤之以鼻。

但叫魂流言的一些具体形式，还是让他感到些许不安。

尤其是剪辫子。

怎么能剪掉辫子？那是我大清一统、满汉臣服的象征！既然妖术是不可能真的存在的，那么民间选择用这种行为来传播谣言就一定别有用心，这种明显充满政治意味的举动不应该被当作民间小事而任意发展。

何况，事发地是江南，让满族统治者又爱又恨的江南。那里有着汉人的精神支柱和经济基础，当然，也是大清帝国的经济基础，甚至也正在成为帝国统治者——满洲人的精神支柱。包括乾隆帝本人在内的几乎所有满人都被这种文化吸引，当年孔武有力的满人渐渐上不得马，拉不开弓，讲不得满语，写不来满文，却学会了江南汉人那一整套矫揉造作、虚与委蛇。

民族自豪感极强的乾隆帝对这种情况保持的警惕和清醒达到了敏感的程度。他不得不派遣满洲最好的精英们去江南任职，以求控制江南，同时又十分担心这些人会瘫软在江南的轻烟细雨中。

如果没有剪辫子这个具体的细节，对于密探传来的叫魂妖术流窜江南的情报，乾隆帝很可能就当作普通的民情汇报而一笑了之。但有了这个细节，他就认为此事必须亲自过问。

倒不是这种妖术有多么可怕，而是他认为有必要猛然敲打一下在江南的细风软雨中打瞌睡的各级官僚了，告诉他们哪些事情应该被严肃对待，以及怎样做才算是严肃对待。

在酝酿这个想法的那几天里，乾隆帝不知对谁倾诉过这些，风声被旁人听了去。那人赶紧把这个消息传出宫去，递给了千里之外自己的信息买主——山东巡抚富尼汉，一个看似完全不相干的人。

秘密信息的渠道往往是相互的，乾隆帝可以在各地官员那里安排眼线，各地官员也可以对他做同样的事情。

山东巡抚富尼汉得知消息后，联想到前几天刚刚发布圣旨追查两淮盐政案件，断定皇帝将会把叫魂事件作为整肃官场组合拳的一环而大肆利用。

因此，他决定先下手为强。

山东离江苏不远，叫魂妖术的流言早就传播进来了，要找两个嫌疑犯一点儿都不难，去乞丐堆里随便抓就行。富尼汉很快逮了两个倒霉蛋，都是外来的乞丐。

一个乞丐供述是受浙江妖僧吴元、通元的指使，来山东叫魂；另一个乞丐则说受的是浙江算命先生张四儒和安徽妖僧玉石的指使。如获至宝的富尼汉赶紧把这些情况上报给了乾隆帝。

这些供述是怎么来的，可以参考前面计兆美的故事。

在富尼汉的报告发出的第二天，公元1768年，乾隆三十三年六月十七日，皇帝正式颁旨，令浙江、江苏、安徽、山东官员查办剪辫叫魂妖术的幕后指使者。

富尼汉的报告第一个来到皇帝眼前，而且一看日期，居然还比自己

56 叫魂

发布命令要早一天，说明这富尼汉不是被动反应，而是主动有所作为。乾隆帝很高兴，觉得富尼汉值得嘉奖。

他随即发布了有关叫魂事件的第二份命令，公开表扬富尼汉主动担当、有所作为的宝贵精神，说他"及时擎获各犯，颇属能事"，要求浙江、江苏、安徽官员向他学习；并将富尼汉得到的重要线索告知案发所在地的官员两江总督高晋以及三省巡抚，责成立即追捕大妖术师吴元、通元、张四儒、玉石等人。

这些个所谓的大妖术师是否真的存在？即使存在，就凭两个来路不明的乞丐的口供就想抓住？乾隆帝没那么幼稚。他本就不太在意最后抓不抓得住这些人，关键是江南三省的官员们有没有认真去抓。

两江总督高晋这几天如坐针毡，因为他的弟弟高恒被卷入预提盐引一案，眼下已是回天无术，高晋只能力求自保。此刻皇帝又突然抛过来这项考验，让他感到莫名其妙。

盐引大案方兴未艾，皇帝为何突然分心关注这种民间小事？那山东的富尼汉看起来本与此事无关，他忽然跳出来干什么？还跳得这么高？

作为皇帝曾经的贴身奴才，他了解自己的主子，既然在弟弟倒台之后还愿意给自己机会，那就证明自己是安全的。高晋决定先试探一下皇帝的火力，以看看他到底是关注叫魂事件，还是尚有言外之意。

高晋回复推说这些谣言都是浙江那边的事情，与自己两江总督职务所辖的江苏、安徽、江西三省无关，自己的辖区内并没有出现类似的案例。

而乾隆帝则向高晋明确施压。别的省都有人叫魂，你那三省凭什么就没有？一定有！只是你瞒着不说。由此可见你们江南吏治不堪，惟事化有为无之陋习，甚可痛恨！你高晋赶紧地给我查，不然小心脑袋！

乾隆帝几乎把话都挑明了。

这下高晋明白了，事情的紧要之处在于"吏治不堪"，所谓的剪辫叫魂事件不过是主子用来测试奴才们听话与否的题目而已。于是高晋不再多说，赶紧找人去了。

正如狗儿一次次辛苦捡回飞盘，飞盘这东西本身对于主人并不重要，重要的是狗儿有没有认真去捡。

浙江巡抚永德刚刚由该省的布政使升迁上来，接替前任熊学鹏坐镇杭州不到三个月，他干脆就把责任推给熊学鹏，说自己老早就提醒过老熊，要他早点给皇上您报告这个情况，老熊就是不听。"现在，我已经严格要求浙江各地第一要提高意识，第二要加强措施，第三要坚决贯彻，第四要强调协调……"

这些空洞无聊的官样文章哪能骗得过乾隆帝？他直接在永德的奏折上批了句："不意汝竟如此无用。"

我怎么就没用了？永德心中不服。他干脆把年初时有关包工头吴东明的那些案卷全部送到北京，假作恭敬地请皇帝亲自审核，想向他证明自己并非无用。

好吧，既然你把这些交给朕，朕就一定找出些让你好看的东西。

高晋属下的江苏巡抚彰宝则有些木讷，此人正为预提盐引一案的调查工作忙得不可开交，对这个节外生枝的剪辫叫魂事件感到很不理解，执行得也不太积极。

进入七月份，反应迟钝的彰宝还在跟皇帝讲盐引案子。皇帝以一通臭骂向大家宣告了工作重点的转移，并连续发布圣旨，再次公开表扬山东办事认真，并公开批评江苏、浙江两省无所作为，严令高晋、彰宝、永德等省级官员赶紧抓人，不然就要抓他们。

富尼汉那边的办案有了新成果，他说又抓了几个叫魂犯，这些人都说自己的上线在江苏。乾隆帝把这个报告转给高晋和彰宝，要他们按此线索继续抓人。

彰宝按照这些怪里怪气的线索翻遍了整个江苏，什么海州的神秘教堂啊，苏州的通灵人朱石匠啊，邳州妖人云集的村庄啊，找了十多天，最后一个都没找到。

56
叫魂

根本就是不存在的东西，上哪儿去找呢？

彰宝将一无所获的消息报告给乾隆帝。七月十八日，报告带着皇帝的批复回到了他的眼前。逐句阅读皇帝的朱批，彰宝顿感如芒在背。

在彰宝陈述调查困难，估计案犯正在使用各种手段逃脱缉捕的语句上，乾隆帝批复道："此固有之，汝等尚如此，何怪匪徒？"你们都这样，何况他们？

在彰宝表示明白此案意义重大，决心坚决贯彻皇帝旨意的语句上，乾隆帝批复道："其奈汝等上下模棱之习牢不可破何？"你们这般欺上瞒下，朕也无可奈何哦。当然，让皇帝无可奈何，皇帝就会报之以歇斯底里。

最后，彰宝和同样一无所获的浙江巡抚永德同时得到了乾隆帝"汝二省殊甚可恨"的"夸奖"。

美国汉学家孔立飞先生在对这起事件的分析中指出："全国范围内对妖术的清剿触发了弘历与各省督抚之间的较量。"通过皇帝的这段批复可以看出的确如此，乾隆帝的主要对手不是那虚无的妖术，而是他那帮虚伪的部属。

羞恼的彰宝无处发泄，想到了出尽风头的山东巡抚富尼汉，自己面前的坑全是他给挖的！于是彰宝干脆写信给富尼汉，指责他以邻为壑的丑行，要他对同僚们也负点儿责任，要么就别说话，要么就把话跟大家说清楚，那些叫魂案犯到底在哪里？

同样羞恼的高晋也做了同样的事。这下狂出风头的富尼汉才明白自己已经招来了大家的不满，于是重审嫌疑犯，逼迫其改口说他们的上线不是都在江南，其中有两个是在北京！

呵呵，在天子脚下，这下皇帝也被拉下水了。七月二十日，乾隆帝只得命令京畿地区全面排查没有度牒的可疑僧人。但他依然没有因此放松对江南官员的督促。

七月二十一日，乾隆帝读完了浙江巡抚永德呈上来的案件卷宗，知道了年初在平头百姓吴东明与沈士良、计兆美身上发生的事情的经过。永德把这些卷宗给他看，原意是想证明所谓的叫魂妖术完全是子虚乌有。

但乾隆帝却以一种完全不同的逻辑理解这些事情的经过。他认为既然那吴东明扯上了那么多事，就一定有问题，怎么能随便释放呢？浙江官府的这帮人是在姑息养奸！乾隆帝推翻了案件判决，命令将吴东明再抓回来，送刑部重审。

乾隆帝故意把他的行为方式降低到与那些信谣传谣的无知群众们同一水准。他这样做是有目的的，这个目的与妖术存在与否无关。

七月二十四日，又遭到一通臭骂式的催促之后，江苏巡抚彰宝感到万分沮丧，甚至开始怀疑人生，当即写了封检讨让宣旨太监给带了回去，请求皇帝干脆让吏部按程序弹劾处罚自己算了。

朱批很快到达。乾隆帝说，弹劾为时尚早，"朕欲看汝有何能耐缉捕案犯"！你别想撂挑子走人！要是单纯只为了缉拿几个犯人，朕干吗找你？朕不知道直接派几个能干的捕快去做吗？朕就是要看你听不听话，有没有认真执行朕的旨意。彰宝，你明白吗？

不过很快，彰宝的心理就平衡了，他不是一个人在挨骂。叫魂案件的范围正在扩大，为此挨骂的人越来越多，河南巡抚阿思哈被骂成"无用废物"，陕西巡抚明山也受到了严厉告诫，湖广总督定长也被盯上了。彰宝一看这阵势，也就看开了。

但是，自己的顶头上司、一开始跟自己一起被骂得最厉害的两江总督高晋，最近怎么没挨骂了呢？彰宝纳闷。

原来高晋在领悟到皇帝的意图后就没有再跟他论理较劲，而是埋头苦干去了。早在七月十五，他就秘密完成了一项重大任务，根据山东那边传来的线索，他的部属在安徽宿州擒获了"大妖术师"张四儒。现正在对其进行初审，之后高晋还要亲自出面复审，最后会上交朝廷做出终审判决。

虽然乾隆帝依然督促高晋继续捉拿另一个潜匿江南的妖僧玉石，但

56
叫魂

321

给高晋的压力明显减小了很多。

七月三十日，高晋升堂办案，亲自复审要犯张四儒。

惊堂木一震，两侧衙役高喊威武。听到自己被传唤后，衣衫褴褛的大妖术师张四儒艰难地向正堂挪动。除了身边的一个小乞丐吃力地扶着他，没有任何人愿意接近他，不是因为他是可怕的妖术师，而是因为他满身的疥疮和恶臭。

这不就是一个普通乞丐吗？高晋心想。他身上为何一点也没有传说中的那种妖邪之气？

"那小乞丐是谁？"高晋问师爷。师爷回答说那是张四儒的儿子，叫秋儿。高晋闻言，心中顿生不忍。

"下跪者可是张四儒？"等大妖术师跪到堂前，高晋喝问。

"回大人，小人名叫张四，是个普通乞丐，不是张四儒，不会什么妖法啊！"那大妖术师哭喊着说。

张四儒，张四，两个名字一字之差，气质大不相同：张四儒的确像是个大人物的名字，而张四嘛，张家的第四个儿子，这种简单粗暴、毫无文化含量的名字才符合眼前案犯的模样。

看样子是要翻供，高晋向一边站着的宿州知府投去责问的眼神。

"一派胡言！当日宿州堂前，是你亲口承认你就是妖术师张四儒，由你亲手画押的口供在此，你怎敢抵赖？！"宿州知府厉声喝问。

"当日在宿州，是那些衙役逼我这么说的。高大人，你看，我的手脚……"张四哭诉。高晋定睛一看，果然张四手指和脚踝上的伤口正在溃烂流脓，那的确是夹棍留下的伤痕。

既然办案不以物证，而以口供为基准，那么犯人堂前翻供当然就是很严重的事，这样一来，整个案子只能重审一番。高晋看那张四气息奄奄，已禁不起刑讯逼供，于是只好另寻突破口。

他传唤直接抓捕张四的宿州某地庄主赵某。经受了一番皮肉之苦后，赵某讲出当日抓捕张四的情形。原来那日，张四带着儿子和另两个乞丐一起去赵某家门口乞讨。赵某给了那两个乞丐一人一个馒头，张四可能排在最后，只得到了半个，因此心中不爽，对着赵某破口大骂。赵某大怒，将张四父子擒拿并殴打之。殴打时，张四的包里掉出了一包药和一把剪刀，赵某就一口咬定他是叫魂犯，将其送往官府。

原来如此，高晋一听哭笑不得。随后高晋又查验了所谓的物证。那剪刀又锈又钝，显然是张四捡来的普通生活垃圾，根本不可能用来剪辫子；那包药也是过期的普通药品，不可能用来迷魂。

因为先前已经承诺过会把"张四儒"交给朝廷终审，眼下张四翻供了，高晋也只好忐忑地把自己复审的卷宗与初审卷宗合订在一起，把这两种完全不同的说法连同张四父子一起丢给朝廷，让他们自己去甄别。

朝廷那边接手此事的是军机处，由大学士刘统勋具体负责。

几个月来，各地不断传来关于叫魂案件的五花八门的消息，让年已七旬的刘统勋大开眼界，心情复杂。让他有如此感受的不只是各地政府的刑讯逼供、大造冤狱，还有来自民间的各种光怪陆离。

有顽童不想上学，就把自己的辫子剪了，说被别人叫了魂，躺在家里不上学。父母老师明知是假，也不敢随意揭穿。

有人在赌场败光了家产，无法交代，就把自己的辫子剪了，躺在大街上睡上一觉，醒来就说自己被人剪辫叫魂，钱财也被那人抢走了。大家不仅不会鄙视他，反而还会可怜他。

有人想报复仇家，也自己剪了辫子，说是仇家剪的，诬陷人家是叫魂犯，让对方陷入牢狱之灾，甚至家破人亡。

湖南抓到一个和尚，从他的口袋里搜出一截辫子，就把他当作叫魂犯缉捕。湖南将其作为当地叫魂第一案，煞有介事地认真侦办，一直审到湖广总督堂前。结果不过是那和尚与邻家姑娘偷情，人家姑娘当作信物剪给他一截辫子。

从小小的恶作剧、怪癖的恶趣味，到遮掩自己的恶行、危害他人的恶迹，叫魂事件像一把诡异的钥匙，打开了中国人心中关于恶的博

56
叫魂

物馆。

何必呢？刘统勋理解皇帝的用意，但他的良知也提醒自己，人心禁不起这样的考验，该适可而止了。

当年九月，张四父子被押解进京，刘统勋亲自提审。案情进一步清晰：张四父子入狱后，宿州方面发现此人与通缉犯、所谓的大妖术师张四儒的名字仅一字之差，便逼迫张四承认自己就是张四儒。张四心知事关重大，打死不认。

宿州方面便把目标转向张四之子——十岁的小乞丐秋儿。衙役们把秋儿带到正在受刑的父亲身边，一手拿着夹棍，一手拿着一颗梨，对秋儿说只要他承认父亲就是张四儒就给他梨吃，而且放了他们父子俩，如若不然，就让他和父亲一起受刑。

浑身发颤的秋儿并不知道此事轻重，按照衙役所说招认了。直到见到和颜悦色的大学士刘统勋，秋儿才说出了实情。

刘统勋随后传唤在山东供称自己的上线叫作张四儒的嫌疑人靳贯子。此人招认，张四儒是他为了让衙役们停止用刑而随口胡编的一个名字，实际上这个人根本就不存在。

此后，刘统勋逐一审问山东抓来的诸多要犯，结果他们都是屈打成招的普通乞丐，什么吴元、通元、玉石等所谓的大妖术师，和张四儒一样，都不存在。

荒唐……看着这蔓延于江南和华北官场、民间的荒唐事儿，刘统勋笑不出来，也哭不出来。

九月中旬，刘统勋前往承德避暑山庄朝见在那里游猎的皇帝，劝说他停止这场稀奇古怪的清剿行动。他明白这种劝说不会刺激到皇帝敏感的自尊，因为皇帝想要的结果，其实已经得到了，各地官场重拾对皇权的敬畏，一时间不敢再对皇帝的旨意粗糙简单地阳奉阴违，至少，他们需要更高明些的手段。

见刘统勋前来劝说，乾隆帝满意地收了神通。九月二十四日，他下旨各地停止对叫魂妖术师的搜捕。大家终于松了口气。在旨意中，乾隆帝依然宣称叫魂案本身是存在的，幕后的操纵者也是存在的，但他认为这不是对方如何强大，而是各省官府无能所致。为此他颁布了针对各省督抚的一系列处罚。

其中，无风起浪的山东巡抚富尼汉得到的处罚最轻，只以革职留任的名义被贬去山西做了布政使。

各个嫌疑人都被释放，不过张四此时走不出刑部大狱了，他因为受刑的伤口感染而死在了牢里，只剩下十岁的秋儿走出监牢，独自面对北京的萧瑟秋风。

至此，乾隆帝满意地转身而去。

后来，浙江巡抚永德总算寻访到了席卷江南华北数省万里之地的叫魂妖术的源头：德清城外有两座寺庙，一座香火鼎盛，富得流油，一座门可罗雀，穷得叮当响。穷庙的和尚嫉妒富庙，编了个故事说去富庙的路被人施了法，凡是路过的人都会被诅咒，施法的人也是个建筑包工头，在跟吴东明竞争承包修筑城门时失败，因此怀有怨念。穷庙里的和尚本意只是想用这个谎言来断绝竞争对手的香火。

但他们万万没想到，因为大量的流动人口和民众教育水平的普遍低下，这种简单无聊的傻话最终幻化成了惊动半个中国的妖术恐慌。

自康熙中叶开始，得益于长时间的和平环境和政府的劝农政策以及美洲高产农作物的传入，中国人口出现了前所未有的暴涨，而传统社会却对此毫无准备，反应不足，无法为新生的大量人口提供充足的生存发展所需的资源，迫使无数人沦为赤贫的乞丐，靠在各地流动乞讨为生。

乞丐的行为不可能用衣食无忧时适用的文明标准去苛求。随着队伍的扩大，乞丐们愈加放肆无忌，各地居民也因此对他们愈加厌恶与恐惧，却又无可奈何。叫魂妖术流言的出现，正迎合了各地居民的需求。只要将乞丐说成是叫魂犯，官府就会介入，将其收入监狱，自家门前就能恢复太平。

56
叫魂

就像赵某对张四的所作所为一样。

但以乞丐为代表的中国赤贫阶层不断扩大这一趋势却无法阻止，农业经济的生产方式使人们乐于生育大量后代，但农业经济有限的产出及其上限明显的增长模式又养不活农民们如此多的后代，中国的经济成长无法抵消人口增长带来的巨大压力。

在所谓的乾隆盛世之下，赤贫、饥饿与无知正在无忌地滋长，最终将无可避免地成为整个中国的灰暗底色。

投资

　　赤贫、饥饿与无知也曾经是西方世界的底色，但彼时欧洲经济的突破性发展正使得教育、科学与文化为人们所渴求。在东方世界不自知地陷入泥潭的时刻，西方正在昂扬向前。

　　匆匆三年过去，到了乾隆三十三年，公元1768年，詹姆斯·瓦特说："相比我现在对蒸汽机的了解，我在1765年对蒸汽机的有限认识简直就是皮毛而已。"三年前，瓦特意识到蒸汽机改进的关键在于设计出一种能够迅速升温又降温的汽缸作为冷凝器。这个前所未有的设计超越了时代，无论它的形状还是材质，都是对当时工业水准的极大挑战。三年来，他尝试了用无数种不同的材料与工艺来制造这种冷凝器。

　　投资人罗巴克为瓦特的无数次尝试买了单。

　　这一年，瓦特的蒸汽机终于步履蹒跚地走出了实验室。他最终采用锡这种金属来制造那个最关键的汽缸，这使蒸汽机可以开始接受实际操作的考验。罗巴克把第一台蒸汽机样机安装到他位于爱丁堡附近的一家工场里。

　　乾隆三十三年，公元1768年底，瓦特改进蒸汽机所申请的专利也走完了所有的程序，得到了正式批准。1769年1月，英国皇家专利局将第913号专利状颁发给了瓦特，认证瓦特所发明的是一种"能够减少蒸汽机的蒸汽和燃料消耗的有效方法"。

但尽管如此，瓦特、蒸汽机和投资人罗巴克还有很长的路要走。蒸汽机依然处在调试阶段，远远没有达到成熟，各种无法预知的细节问题依然时常导致机器突然崩溃。这让许多慕名前来参观瓦特蒸汽机的工场主们失去了信心，把钱揣回了兜里，没人愿意订购这种像醉汉一般状态极不稳定的机器。

瓦特的情绪状况与他挚爱的蒸汽机的运转情况紧密相连而起伏不定。这些年来，追求完美而屡试不得的强迫症使他时常陷入绝望的痛苦。如果没有乐观旷达的罗巴克从不间断地鼓励，从不抱怨地为他的实验买单，瓦特恐怕早就疯了。

但蒸汽机这个不解风情的无底洞，还是在1768年让罗巴克的钱袋子即将见底。如果没有新投资注入，瓦特的事业恐怕只能就此半途而废。

在伦敦拿到专利状后，瓦特去了伯明翰。那时的伯明翰就像现在中国的义乌，是当时英国的小玩意儿制造中心。在那里，一位叫马修·博尔顿的大工场主以极具胆魄的经营理念吸引了瓦特的注意。

瓦特想拉博尔顿出钱入伙。

博尔顿是伯明翰地区有名的富二代，他的父亲以制造小零件起家，他继承家业之后，大胆地扩张了家族事业，成功地将触角从低端的小商品延伸到工业制造的各个领域，甚至高端的奢侈品。这使他成为全英产品最齐备的制造商。

1759年，博尔顿买下伯明翰郊外索霍的一块宽阔荒野，用了六年时间把那里建成在当时看来规模宏大的巨型工场，将当时一般分散在各处的作坊、样品间、商店、办公室和工人宿舍都集中到一起来，进行了工业集约化经营的最早尝试。订单充足时，索霍工场可以容纳六百位工匠同时做工。

如果这个工场的能源可以再多些，再强些，这个数字还会更大。假如能源一直充足的话，博尔顿认为甚至有达到天文数字的可能。那样，他的收益也将会飞升为一个天文数字。

为了增强工场的能源，博尔顿自己想办法，也向别人请教办法，他谦虚求教的书信甚至曾远渡大西洋，到过英属北美殖民地那位圣人——本杰明·富兰克林的眼前。但即使是富兰克林，也对此说不出个所以然。

科学的日渐昌明，尤其是牛顿经典力学体系的建立让人们普遍相信，除了人力、畜力和已经被利用了一丁点儿的水力和风力之外，这个世界上还有许多种力量可以被人们开发出来用作能源。

科学是人类文明的眼睛，她能看到很远的未来，而技术则是文明的脚步。要让技术的步伐到达科学之眼早就看到的地方，还需要很多努力。

博尔顿就是当时期待着这种努力最终实现的无数人之一。他曾说："我对任何能够增加或改善我在机械技术方面的知识的东西都有兴趣。我的交易必须年年扩大。因此，我应该熟悉欧洲各地流行的爱好和时尚。我希望为全欧洲工作，制造一切能够构成一般需要对象的商品。"

正是听闻了博尔顿的这种进取之志，瓦特感到此人会和罗巴克一样愿意为自己提供支持。而且，从他眼下的商业成就来看，其经营事业的能力明显比罗巴克还要高出一筹，资产也远比罗巴克的雄厚。

罗巴克显然不太愿意让博尔顿加入队伍，只是出于眼下资金周转困难，他才勉强同意接受博尔顿小规模入股，答应日后把蒸汽机在沃里克、斯塔福、德比三地的销售收入作为给博尔顿的分红。

博尔顿将罗巴克此举解读为对自己的蔑视，他拒绝说："仅仅为三个郡制造蒸汽机，那就不值得费事了；值得费事的，是为全世界制造蒸汽机。"

博尔顿口中常说的那句"为全欧洲制造"，在他与瓦特接触后，已经悄然升级为"为全世界制造"。

罗巴克也能说出类似的话。他和博尔顿的区别不在于此，而在于支持各自野心的实际能力上，罗巴克远不如博尔顿，他的能力配不上他的野心。乾隆三十四年，公元1769年9月，罗巴克再次陷入资金周转不灵的窘境。这次他没辙了，只好同意博尔顿入伙。博尔顿出资一千英镑，成为瓦特蒸汽机事业的一位小股东。

正是因为有了博尔顿的加入，瓦特改良蒸汽机的事业才不至于搁浅，全世界对于强大能源的等待才没有被再次延迟。

世界充满着未知，即使对于博尔顿这般自信满满的人来说也是如此。为了加入瓦特的队伍，博尔顿投下的赌注从一开始就不只是钱财而已，他所放弃的，还有其他看上去靠谱得多的投资机会。

如果没有瓦特这一茬，博尔顿本打算在1769年进军陶瓷产业。这并不是指去中国买陶瓷，而是在英国本土山寨中国陶瓷。

陶瓷，在那时还是一种让全欧洲疯狂的高端奢侈品。陶瓷生产的秘密在遥远的中国，尤其是陶瓷的原料到底是什么，数百年来，无数欧洲人付出了难以估量的时间与金钱，也参不透其中的奥秘。但努力不会白费，通过多年的积累，欧洲的陶瓷产业终于在十八世纪有所突破：德意志的汉森已经能用泥土与玻璃混合的方法制造出高仿的中国瓷器；而在英国，乔塞亚·韦奇伍德将家畜骨灰混入陶土中烧制，独辟蹊径地发明了骨瓷。

这些产品的品质还远远不如中国瓷器，但作为一种廉价的替代品，骨瓷还是受到了英国市场的广泛欢迎。韦奇伍德还将科学的管理方法引入骨瓷的生产：他为烧瓷的锅炉配备了温度计，用以观测炉内温度，保证产品质量的稳定。

要知道，即使在当时的世界瓷都景德镇，测定炉内温度也得靠掐时间估算。计时工具也不是钟表，而是香，寺庙里佛菩萨面前的那种香，计算的方法是点燃一炷香等其烧完算作一个单位时间。那么瓷器质量的稳定，就系于香火质量的稳定。要是用来计时的香有问题，例如风干了不耐烧，或者受潮了太耐烧，都会导致一炷香的时间不稳定，炉子内瓷器的质量就会因为受热时间不稳定而波动。只有少数有经验的工匠能熟练掌握这种被称为"火候"的分寸。

但在英国，有了韦奇伍德的温度计，这份高难度的工作就连一个认识刻度的孩子都可以完成。

韦奇伍德还将他的骨瓷生产细分为数十个具体的工序，在他的工场中，每个工人只需要完成其中一个工序，就可以交给另一个工人。这是工业时代生产流水线的雏形。

有了经济需求的驱动，又得到科学和技术的加持，欧洲的陶瓷产业刚刚诞生，就已经颇有气象，在各个方面超越中国。只需要再从中国搞到瓷器最佳原材料的秘密，欧洲市场就完全不再需要从中国进口瓷器了。

随着欧洲日益深入地窥探中国，这只是一个时间问题。

博尔顿原本想投资陶瓷产业与韦奇伍德竞争，但关于蒸汽机未来的想象让他最终掉头离开。在和罗巴克扯皮的时候，博尔顿得到了韦奇伍德扩大产业规模的消息——他在埃特鲁利亚开办了新的大型骨瓷工场。

韦奇伍德已经强大起来，在陶瓷领域，博尔顿没有机会了。

那么，蒸汽机能让博尔顿值回票价吗？一切才刚刚开始，怎么能知道呢？

世界充满了未知。

1769年8月2日，几个西班牙传教士来到北美大陆西南角太平洋边的一处荒凉的乱石滩，建起了一个传教基地。未来怎样，他们无法预知，只是把一份祝愿虔诚地融进他们给那个地方起的名字：天使之城。西班牙语写作Los Angeles。

今天，中文将其译为：洛杉矶。

1769年8月15日，地中海科西嘉岛，这个刚刚被法国从撒丁王国手中抢来的岛屿上，一阵婴儿的啼哭声让二十三岁的卡洛·波拿巴做了父亲。这个血气方刚的年轻人为儿子起名Napoleon，法语意为荒野雄狮。

中文将这个名字译作：拿破仑。

天使之城也好，荒野雄狮也罢，一切才刚开始的时候，谁知道他们以后会怎样呢？

1769年6月2日的天空，一颗狂妄的小黑点大大咧咧地从太阳表面缓步而过。这颗小黑点是金星。这种金星运行到太阳与地球之间，在逆光中形成一小点儿黑影的类似于日食的天象，中国称之为"金星凌日"。钦天监——中国的最高天文机构提醒乾隆帝，金星凌日的出现并非吉兆，预示着有可能出现兵戈之难、水旱之灾，甚至君臣易位之类的坏事。乾隆帝心中凛然。

充满未知的世界就会有无数的期待。那时候，英国人不光期待着詹姆斯·瓦特的成果早日出炉，还期待另一个詹姆斯从遥远的地方为他们传回另一番捷报。

那人叫詹姆斯·库克，英国皇家海军上尉。乾隆三十三年，公元1768年8月，库克奉英国皇家科学院和海军的联合命令，率船载着一群科学家前往太平洋塔希提岛观测金星凌日。

经过近一年的航行，库克纵贯大西洋，横穿太平洋，于乾隆三十四年，公元1769年4月30日，抵达塔希提岛。6月2日，天气晴好，金星凌日的观测任务完成。

当天晚上，库克船长指挥水手们将观测仪器送回船上，又照例回到船长室里写完当天的航海日志。之后，他独自一人来到甲板上，颓然静观安详的南太平洋。

"我们很清楚地看到一团气体或者朦胧的阴影包住行星（指凌日时的金星），这极大地影响了对两个星体接触时间的观察，特别是内圈的接触。索兰德博士、格林先生和我，我们三个人观察到的接触时间互不相同，且差异大得出乎意料……"在当天的航海日志中，库克船长失望地写道。

观测金星凌日，是为了利用在金星凌日开始与结束时，金星与太阳轮廓相切的相对位置关系，用三角法测算地球与太阳的距离。库克船长是个测绘专家，掌握着那个时代人类有关测绘的所有技能，英国皇家科学院又为这次观测准备了当时世上最好的天文观测设备，要得到准确的数据，在库克船长看来，本该不难。

但在实际观测中，金星并不是干净利落地切入日轮又切出来。由于太阳的炽烈照射，金星的轮廓变得模糊，在切入日轮后即将分离时，它的边缘像水滴一样与太阳的边缘长时间粘连。几个小时之后，这种粘连又发生在金星的轮廓离开日轮时。

这种现象叫作"黑滴"，原因是那时的天文仪器无法排除光线在进入大气层后的折射干扰，因此"像素太低"。

黑滴现象使观测者们不知道该把粘连过程中哪个时刻的观测数据作为金星凌日的准确始终时间，于是每个人测得的数据都不一样，计算出的结果也就大相径庭。

库克船长日志中所说的"大得出乎意料"的差异达到了数百万英里，以此算出来的日地距离自然也就毫无意义。

这一年来所经历的海雨天风，又有什么意义？库克船长一声长叹。

"怎么啦，尊敬的船长？"库克回头一看，惊醒他的人是随船学者之一约瑟夫·班克斯。这个二十六岁的小伙子高大英俊，虽出身贵族却并不故意摆架子，待人很是随和开朗。他的魅力普照着整条科学考察船，包括库克船长在内的船上的所有人都很喜欢他。

"哦？班克斯先生，尊敬的自然哲学家。"库克尊称班克斯为自然哲学家（natural philosopher），而不是我们如今常说的科学家（scientist）。那时，英国把科研工作称为"自然哲学"，包括牛顿在内的大科学家的名号当时都是自然哲学家，牛顿的代表作即是《自然哲学的数学原理》。而"科学"一词在英语中广泛使用，则是十九世纪之后的事了。

"嗯，船长叹气是因为今天的观测吗？"班克斯的话直抵人心。

"当然，这很让人失望，下一次金星凌日是1874年，也就是一百零五年后，那时哪里还会有我们？"库克声调低沉，打不起精神。

"别这么算，我们人生的价值不只是在于这次金星凌日，不是吗？"班克斯安慰道。

"可毕竟我们这一年的辛苦就是为了这个。其实从一开始，我就觉得……"说到这里，库克停住了，他怕差点儿说出来的那些话会冒犯到这位自然哲学家。

"您就觉得观测金星凌日、计算日地距离是件毫无意义的事情，是吗？"

"呃……是的，算那个东西有什么用呢？"库克起先觉得有些尴尬，但看到班克斯并没有耻笑他的意思，于是干脆坦诚倾诉，"先生，您知道，我是穷人家的孩子，小学没毕业就出来混社会，倒腾过各种生意。后来做了水手，跟着老板上了去北欧做煤炭生意的海船。我热爱海洋，不是因为海洋里有什么劳什子知识……不好意思，先生，我失言了。"

班克斯用一个宽容的微笑回应，示意他继续说下去。

"不是因为海洋里有知识，而是因为出海能让我更好地谋生，仅此而已。我努力地学习各种航海技术，包括那味同嚼蜡的数学、几何。那些技术也确实有用，让我成了合格的航海者。多年前，我的老板就想让我做他的商船船长，那时我三十岁都不到。但我放弃了那个机会，加入了皇家海军。在前几年围攻魁北克的战役中，是我测绘了圣劳伦斯河口，发现了那个让沃尔夫将军一战定乾坤的峭壁。我的知识不多，除了航海我什么都不懂，但在我的职业生涯里，我的知识挨个都派上了用场，为我兑现了我想要的东西。

"然后，皇家海军让我做船长，保卫您和您的同事们来这里观测金星凌日。出发时有两艘船供我选择，两艘都挺好的，一艘叫实验号，一艘叫奋斗号。我毫不犹豫就选了奋斗号。"

"因为您觉得实验这个词所指的是些虚头八脑的东西，奋斗这个词和您的人生更加匹配。"班克斯插话说。

"是的，先生。我希望我的人生每段时间的每次奋斗都能有所收获，而不是像这次，为了古怪的天象白费一年多的生命。说实话，先生，我真的不明白，就算我们知道了太阳和地球的距离，又怎么样呢？自然哲学，到底有什么用？"这个疑问裹挟着库克这一年来的所有郁闷。

"呃，您的问题很大，其实我一下子也答不上来。您看，我才二十啷当岁，人生阅历远不如您丰富。虽然我是皇家科学院会员，但那也不过是家里出钱帮我买的。现在的社会很崇拜自然哲学，家里人觉得我有了科学院会员这个名号，以后不管是混官场还是撩妹，都会有帮助。但我自己还是想做些事情来让自己配得上这个名号，这才决定跟着您一起来出海。这一路上，您说的那个问题，其实我也在想，尤其是登陆塔希提之后，这里的土著人给我提供了一个反思角度：为什么他们似乎完全不需要自然哲学，但貌似活得也挺快活的，而我们，却一定要为此全力以赴呢？"

"您的思考有结论吗？"库克发现班克斯其实是个知音。

"有了点儿想法，但说不上是结论。我说出来，咱们一起讨论一下吧。热衷自然哲学，或说科学，是我们欧洲人区别于其他地方的人的特质吧。"班克斯说出来的时候有些胆怯。

"您继续。"库克期待着班克斯的阐释。

"我记得上学的时候，老师给我们讲过欧几里德的故事。"班克斯害怕库克不知道欧几里德，停下来准备为他解释。

"欧几里德我知道，古希腊人，《几何原本》的作者，他的几何学是我们每个船员的必修课。他怎么啦？有什么故事？"库克说。

"也不是什么特别有趣的故事，是说欧几里德有个学生，有一次问他学几何学有什么用。欧几里德很生气，赶走了那个学生，说你居然想跟我来学什么有用的东西，谁不知道我的学问是完全没有任何用处的。"

库克愕然，没明白这故事是怎么个意思。半晌他才说："班克斯先生，您没有把我赶走，还让我和您一起讨论，您比欧几里德有风度多了。那么……在欧几里德看来，研究学习一些没用的知识是件非常值得他骄傲的事情咯？"

"他好像是那么个意思。船长，您精通几何学，您说说，《几何原本》里的知识，在航海时真的全都派上过用场吗？"

库克认真地回想一番后说："的确，就算是现在的航海，也差不多只要《几何原本》当中那些最浅显的知识就够了。航海懂得计算就行。至于那些证明题目，硬是要你用逻辑上的定义和定理去证明一个明摆着的事，有什么意思？班克斯先生，这是一个疑问，不是质问。我是真的很想知道这有什么意思。"

"我以前也想不明白这个。但最近我观察塔希提岛上土著居民的生活，得到了一点启发。应该说，上帝很是宠爱塔希提，这里终年温暖，岛上长满了面包树，海里又有捞不完的鱼，这里的每个人都不会担心自己会被大自然给逼死。"班克斯说。

"的确如此。"库克给予班克斯肯定。

"相比之下，我们欧洲的自然条件那就太差了，直接导致了农业水平很低，没有任何一方水土的物产能丰富到像塔希提岛这样关起门来自给自足的程度，欧洲人必须相互交换物资才能生存。从古希腊到现在，一直如此。"

"因此？"

"因此，大规模交换就意味着大规模商业；商业，而不是农业，构成了我们欧洲文明的基础。在建构商业文明的过程中，咱们欧洲人发现，商业要想稳定发展，最重要的条件是每个商业参与者人格平等，都能自行决定自己的行为，自行支配自己的财产或劳动力，对自己的行为负责，承担自己的决策带来的任何后果。一句话，商业文明需要独立自主的人。"

㊿
科
学

"对啊，我们做生意时，都要看对方能不能负得起责任。商业制度靠各种合同契约建立，如果签约双方有一方不能独立自主，那么这生意要么没法做，会出各种幺蛾子，要么就根本不是一场生意，而是压榨。"

"船长，你一定知道，七年前，也就是1762年，法国人让-雅克·卢梭发表了一部叫作《社会契约论》的书。这书现在很火，我们且不说书里那些主权在民的前卫理念，其理论前提就是欧洲政治体制的基础也和商业一样，是人们相互之间订立的契约，而契约可行的前提，就是立约人之间人格平等，这样立约人才能以独立自主的角色参与社会契约的订立，才能真正地对由其契约所建立起来的社会负责。这样一个独立自主的人，他能自行决定自己的行为，为自己的行为负责，独立承担自己的行为后果。在我们的文明中，称这样的人为自由人。"

"嗯，是的。这样的人不受别人控制，也不控制别人，不需要无偿出让自己的所得，也不能无理转嫁自己的所失。"库克又从否定的角度阐释了班克斯所说的自由。

"您归纳得很好。我们的文明世代都需要有大量这样的自由人存在，怎么做到呢？就得通过教育。自然哲学就是其中最重要的教育手段，用自然哲学来教化出独立自主、崇尚自由的人性。"

"怎么说？"库克不解。

"您刚刚说了，不受别人的控制是自由的题中之义。受别人控制的人，我们叫作奴隶。他无法完全知晓别人什么时候会来控制他，控制他去做些什么，他的生命里充满了偶然，不知道自己是在明天早上累死，还是今天晚上就饿死。这很悲哀。"

班克斯接着说："而一个享有自由，不受别人控制的人，他也许也不知道自己未来会做些什么，但可以肯定的是，他所做的一切都是出于自己的决定，而非他人的胁迫。发生运动变化的原因在于自身而非其他，这在自然哲学中称为必然性。自然哲学就是一门在变化万千的偶然现象中寻找真实的、内在的必然规律的学问。"

338

"也就是说，这种必然性就是自由，因为它不受偶然性的控制。所以学习自然哲学不是为了转化为实用的生产力，而是为了让我们体会真正的自由的含义？"库克总结道。

"是的！开始的时候，自然哲学的任务就是完成这种深入人心的教化，与实用无关。就像那些证明题一样，我们的确可以明确感觉到那是显然的事实，但我们还是不愿意只满足于肤浅多变的感官所得。商业文明培养出来的人大多不相信视觉、听觉、味觉、嗅觉、触觉这些东西，这些东西很不靠谱，只能用以享受，却不能作为思考的根据。我们要通过内在的、牢不可破的逻辑去证明其必然性。从古希腊人开始，我们的文明就热衷于这种纯理论的自然哲学研究，其意义就是为我们的伦理提供参照，为我们的文明教化出自由的人性，塑造出独立的心灵。这就是自然哲学最初的意义。"班克斯坚定地回答。

"最初的意义？您的意思是，现在有了新的意义？"库克追问。

"是的。这新的意义就是您所关心的，让自然哲学发挥力量，改变现实生活。船长先生，您看，从文艺复兴时代开始，越来越多的人切身感受到了自然哲学的作用，它早已不再是一种单纯玄想式的教育工具，而是越来越多地转化为技术，在我们的生活中直接发挥作用。您知道吗？在我们出发时，国内有另一个詹姆斯，叫詹姆斯·瓦特，正在运用牛顿爵士的理论改进蒸汽机。据说那种改进一旦成功，将改变世界。是技术在改变世界，自然哲学本身只能改变人的思想。"

"的确如此，对这一点我感受很深。别说太远，就是在我的有生之年，技术的发展速度就已足够惊人。但不是像欧几里德所说，自然哲学本该无用吗？为什么现在开始追求实用了呢？"库克继续发问。

"经济需求的发展已容不得自然哲学孤傲清高。文艺复兴时期，欧洲的商业有了突破性的发展，单靠在欧洲地区来回做生意已经满足不了人们的需求。那时，奥斯曼帝国又阻断了人们与远东的商路，人们只能找一条新路去远东。那时候，人们又想起了曾经的古希腊自然哲学，从

58 科学

339

那里面翻出许多知识来付诸实践，才有了大航海时代的到来。"

"上帝保佑，幸好基督教在中世纪的乱世里为我们保留了古希腊时代的典籍，不然欧洲人那时候能拿什么来自救？"

"是的。可以这么说，没有基督教就没有现在的自然哲学。对于欧洲而言，来自中东地区的基督教最初是一种外来文化，面对古希腊精致哲学的拷问，基督教的教理显得粗鄙不堪。为了证明基督教教理的正确，教士们不得不运用古希腊的自然哲学成果来做论证，为此他们建立了大学，组织教士们研究古希腊自然哲学，以经院哲学的方式不经意间保留了未来的火种。"

"但基督教和自然哲学毕竟不一致。"库克指出。

"当然，基督教硬吃自然哲学会消化不良的。"班克斯幽默地说，"中世纪后期，基督教士们就开始反对用自然哲学解释上帝。因为在自然哲学的体系下，上帝是理性的，他像一位慈父，有条不紊地为人类安排出一个温情的世界，而这和《圣经》里上帝万能的说法并不吻合。"

"理性和万能，哪里不相吻合呢？"库克问。

"一个人怎么做事算是理性呢？很简单，就是不去做那些不理性的事情嘛。但是上帝是万能的啊，万能就是没有不可能。既然如此，他老人家为什么不能做不理性的事情呢？这帮有些极端的教士们认为理性是对上帝万能的束缚，上帝做事完全可以不理性，想怎么来就怎么来。"班克斯一脸坏笑。

"那么，也就是说因为上帝万能，所以他完全可以是个胡搅蛮缠、不讲道理的熊孩子？"

"是的。这种观念被称为唯名论，因为他们认为自然哲学里所坚信的那些事物的普遍本质，也就是共相，只不过是个名词，实际并不存在。他们想以此击溃已经成为基督教信仰基础的自然哲学。"

"但是……若真如他们所说，我们又怎能去相信一个熊孩子一样的上帝？"

"所以啊，唯名论最后摧毁的是民众对上帝的信任。加上那时欧洲经历的各种灾难性历史事件，例如蒙古入侵、黑死病、教会腐朽、十字军东征失败、英法百年战争等，这一切都让人们觉得上帝的确像唯名论者所言，滥用他那万能的力量，不可理喻地随意折腾着这个世界。"

"即便如此，人们也还得生存下去。"库克长叹。

"是的，那时欧洲的经济已经发展起来，即使没有慈父般的上帝，人们也不可能放弃日渐美好的尘世生活。既然上帝不管我们，我们就自己做上帝。怎么做上帝呢？当然是从自然哲学里吸取力量。就像我们英国的弗朗西斯·培根爵士所言，知识就是力量！原本一潭死水的欧洲思想界，被唯名论这么一搅和，反而有了活力。唯名论不仅打破了人们对上帝的迷信，也打破了人们对古希腊自然哲学的迷信。您看，从伽利略开始到我们的时代，哪个自然哲学家不是靠着推翻亚里士多德的某个结论来确立自己的地位？而且，我们这个时代，研究自然哲学的手段已经和古希腊不同。"

"哪里不同？"库克问。

"做实验！"班克斯说，"古希腊人敬畏自然，不会对自然界动手动脚，一切知识都是靠观察和思考得来。而我们不同，我们要利用自然就必须拷问自然，我们不再被动地观察，而是主动设置条件，让在自然条件下很难发生也很难被观察到的事情不断在我们的眼前重现，让我们慢慢地看个够，逼迫自然交待她的秘密！实验方法是现在的自然哲学与以前相比的最大不同。"

"这很伟大，但是……我们不再敬畏自然了吗？这样真的好吗？"库克担忧地问。

"是的，我们欧洲人现在不再敬畏自然了，在以后很长一段时间也都不会。"班克斯激昂的眼神中出现了一丝黯然，"我们必须征服自然，现在这样做对我们是好的，但以后就说不清楚了，这种征服也不知道到什么程度才算适可而止。毕竟让自然哲学发展下去是我们欧洲人的宿命，欧洲文明的成败都将寄托于自然哲学。"

"那么……"谈话指向了遥远的未来，那种深邃的虚空感让库克感到畏惧，他将话题拉了回来，"您刚刚说的自然哲学最初的那种意义，现在还重要吗？"

"当然，教化自由人性，现在的确已经不是自然哲学在这个喧嚣时代里最重要的意义，但依然是它的基础。就像您所担心的，技术的发展以后有可能会将我们指向疯狂。但只要独立自主的人性还在，我们欧洲就总有机会转危为安，立于不败之地。"

"我也坚信这一点。"库克终于打起了精神，"另外，先生，还有一件事现在可以告诉您了。刚刚我打开了出发时海军部交给我的密令，在金星凌日的观测结束之后，我们还要执行一项任务：继续向西航行，去寻找传说中的南方大陆！"

"哦！上帝啊！"班克斯双眼放光……

乾隆三十四年，公元1769年8月22日，库克率领奋斗号抵达一处陌生的海岸。虽然荷兰人曾经来过这里，但除了一个叫作"新荷兰"的地名之外，他们没有留下任何痕迹。库克将那里改称"新南威尔士"，代表英王乔治三世宣布占领该地。

在那里，库克看到了一种大腿及其发达、跳来跳去的巨型老鼠状生物。他问当地人那是个什么玩意儿，当地人说："Kangaroo！"本来是"没听懂"的意思，库克却以为那是给他的正经回答，便把kangaroo记作这种动物的英文名。

后来这个名字中文翻译为"袋鼠"。这片南方大陆被命名为"澳大利亚"。至此，这块星球上所有有人类定居的大陆都走上了世界历史的舞台。

公元1769年，乾隆三十四年春，中国。

在相继以预提盐引和叫魂妖术为切入点，收拾整顿了全国官场的风气后，乾隆帝的注意力回到了西南边疆。与缅甸的战事该有个说法了。

自乾隆三十三年初明瑞败死后，清缅两国在没有达成任何协议的情况下，默契地停战了一年有余。但双方都清楚战争还没有结束。缅甸方面凭借此前对刘藻、杨应琚、明瑞的三战三捷，以一种不惹事也不怕事的态度等待着清王朝先出牌。

清王朝的牌也早就准备好了，以首席军机大臣傅恒为首组成的战争领导层，和从全国各地调来的六万大军枕戈待旦，等待皇帝认为合适的时机攻入缅甸这个蕞尔小国，夺回遗失在此的天朝颜面。

经过一年多的积累和准备，皇帝认为压倒性的战略优势已经形成了，决战时机就在今年。

公元1769年，乾隆三十四年七月，皇帝拒绝了前线将领谨慎行事的提议，命令总指挥傅恒前往云南靠前指挥，拉出三万大军冲进缅甸，寻找敌军主力遂行决战。只需要拿下一场稍微像样点儿的胜利，大清国就能体面地终止对缅战争，甩开这个无底的泥潭。

傅恒知道该怎么做，当年在金川他就曾经做到过，这次不过是二十年前那项任务的一次重复。

为了先吓住对手，首先他需要展示自己的力量。为此他放弃了此前与缅军在高山密林中来回争夺的战略，转而绕道沿直通缅甸首都阿瓦的伊洛瓦底江的两岸南下，利用河谷平原让自己的部队充分展开，便于发挥战斗力的同时，也让对手好好看看自己有多么强大。

多此一举。

谁不知道大清国要比缅甸强大得多呢？对面的缅军主帅摩诃梯诃都罗心里很清楚这一点。这位戎马生涯至今从无败绩的将军刚刚率领缅甸军队征服了泰国，但接下来他即被调回国内应付中国，郑信趁机带领泰国人收复了河山，他曾经的战果付诸东流。缅王孟波把这笔账算到了中国的头上，认为是中国的胡搅蛮缠害得他们前功尽弃，叫嚣着要从中国身上得到补偿。

而摩诃梯诃都罗却认为：同中国人的战争将成为国家的不治之症。不论缅甸的河山如何险峻，缅甸的军民如何善战，中缅两国的国力差距都明摆着。能抵挡住乾隆帝此前的三连击已属不易，缅甸不该凭借侥幸心理希望在中国身上占多大便宜。

摩诃梯诃都罗想与中国恢复和平关系。但他毕竟是战将，他求和的方式不是耍嘴皮子，得是战争，是胜利。

以战促和，用胜利将对方打上谈判桌，摩诃梯诃都罗倒是跟乾隆帝想到一起了。那么问题来了：这场胜利到底会属于谁呢？

清王朝在战争中的确具有压倒性的战略优势，只要将这种优势落实到战术层面，充分发挥出来，拿下一两次关键性战役的胜利一点都不难。

问题在于怎样才能在战术层面发挥出战略优势。就像体育频道的评论员在直播国足比赛时常说的："要赶紧把场面上的优势转化为进球才行啊。"

傅恒的解决方案是缓步进军，步步为营，凭借丰厚的军费支持，沿伊洛瓦底江建立了许多坚固的营寨，诱使缅军前来攻坚，用以守为攻的方法消耗缅军力量。

嗯，听起来是很不错的战术。只是，缅军一定会来攻打营寨吗？他们要是不来，怎么办呢？

摩诃梯诃都罗并没有跟着傅恒的思路行动，他压根就不打算去攻打傅恒修建的那些营寨。他又不傻，去打那些莫名其妙的寨子干啥？

傅恒无奈，毕竟他要做的事情不是搞建筑工程，而是寻机与缅甸军队决战。等了两个月见缅军不来，他只好命令军队出寨继续前进。

白费了一番力气后走出营寨的清军，却又不得不去攻击缅军的坚固营寨。一切又回到明瑞的老路上去了。

挡在清军眼前的第一处营寨是老官屯，老官屯所护卫的就是清军留下过耻辱记忆的新街城。去年明瑞进军时，在侧翼执行护卫任务的额尔景额正是在这里受阻，无法前进，才使明瑞陷入绝境。

这次傅恒一开始就不留余地地使出全力，雷霆万钧般水陆并进地锤击老官屯。

缅王孟波心知此战意义重大，调遣了全国兵力前来支援老官屯。在天时地利人和的帮助下，缅军顶住了清军的狂攻。

在孟波的积极配合下，摩诃梯诃都罗得以抽出兵力，迂回侧后，占领了兵力薄弱的清军后方营寨，断了对手的归途，接着南下与老官屯的缅军一起，将傅恒所部合围。

秋去冬来，被合围的三万清军折损了大半，剩下一万三千多人。除了阵亡，还有许多人，包括一些将领死于疟疾，其中身份最高的是清廷派来的领导层成员，副将军、大学士阿里衮。傅恒自己也染上了传染病。清军的抵抗日渐消沉，老官屯很快将成为他们的地狱。

几位死士杀出重围，送出傅恒的战况报告。紫禁城里，乾隆帝见此情形，也不免丧气。他在报告上批复道："以此观之，撤兵为是……"

乾隆帝在这个沮丧时刻下达的命令，也依然充满了根本无法执行的倨傲。撤兵？你想来就来，想走就走吗？

公元1769年，乾隆三十四年十一月初，收到皇帝批复的傅恒开始谋

345

算有什么筹码可以送给缅甸当买路钱，不然这兵该怎么撤？

在这四面楚歌的境地，缅甸人随时可以张开血盆大口轻易地平吞全军，傅恒能拿什么来跟对方交涉？

二十年前，傅恒也曾经受命与金川议和，但那一次清军并没有被彻底击败，傅恒和谈的回旋余地很大。而在当前这个败局已定的战场上，没有什么能吸引缅甸人坐下来谈判，这样的筹码在战场之外。

把场外的事情当作筹码拿来和对手谈判，在这被围困的一万三千多人里，似乎只有首席军机大臣傅恒有这个权限。

得知皇帝命令撤军之后，全军万余将士将活着回家的希望寄托给了傅恒，纷纷向他投去哀求的目光。

这期望让傅恒心里发毛，他知道，如果自己不能满足他们，这种目光极有可能变成怨恨，甚至升级为无法控制的愤怒。如果他不及时行动，自己就会被那怒火烧成灰烬。傅恒无可避免地被这支绝望的军队绑架了，要么和他们一起在异国他乡死无葬身之地，要么带着他们一起活着回去。

活着回去又谈何容易？如果傅恒私自动用首席军机大臣的权限，撬动场外资源来帮助自己谈判，丧权辱国地求得缅甸人放开一条生路，回国之后，他又该如何向自己的皇帝姐夫交代？

那时候，羞赧的姐夫会如何收拾他，傅恒岂能不知？他会把所有的责任踢到自己头上，然后穷尽一切羞辱手段将自己逼死，自己的面子再大，也好不到哪儿去。

但总比死在这个鬼地方好。

正被传染病折磨得死去活来的傅恒，求生的欲望压过了一切。他做出了抉择，决定带这一万多人活着回家。

也是带自己回家……

另外一边，摩诃梯诃都罗已多次收到缅王孟波要求对被困清军发起总攻的命令，他麾下的将领们也求战心切，跃跃欲试地准备前往屠杀清军，但摩诃梯诃都罗依然按兵不动。他还在等什么？

他这样安抚躁动的部下："同胞们，如果我们不达成和平，还会遭到下一场入侵；即使我们打赢了，也会再有一次入侵。我国不能一直陷在一次又一次对付中国人入侵的战争中，因为我们还有别的事情要做。"

杀红眼的莽夫们无法理解这种高瞻远瞩，缅甸上下开始猜疑摩诃梯诃都罗的行为，他的帅位也岌岌可危。如果他离任，中缅战争的结果很有可能是另外一个样子。至少，被围困的中国万余生灵会死绝。

但摩诃梯诃都罗没有办法，他只能等下去，等待清军的意志彻底崩溃。他确实想和清王朝媾和，但这个建议不能由他先提出，求饶的声音必须由挨打的一方喊出来。眼下，也只能由清军先求和，才配得上自己作为战胜者的尊严，才能为自己战后的谈判赢得主动。

幸好，在缅甸人对摩诃梯诃都罗的猜疑达到顶点之前，傅恒的使节来到了他的帐前。

摩诃梯诃都罗提出了四项条件：第一，清王朝将战争中背叛缅甸、倒戈中国的所有人交给缅甸处置。第二，清王朝承认缅甸对勐拱、蛮暮、木邦掸族地区的主权，今后不再干涉该地事务。第三，释放缅甸战俘。第四，清王朝与缅甸恢复关系，定期互派使节，两国君主互致国书问候，互赠礼物。

傅恒答应了这些条件。

公元1769年，乾隆三十四年十一月十七日，双方在老官屯签署了协议。清军解除武装后，缅军让开道路，放其回国。历时近五年的清缅战争至此结束。

接下来，摩诃梯诃都罗和傅恒得向各自的君主交代情况。摩诃梯诃都罗没有执行缅王孟波全灭清军的意图，而傅恒虽然完成了乾隆帝交代的撤军任务，其为此付出的价码，乾隆帝也肯定无法接受。

历史给了摩诃梯诃都罗平息君王怒火的机会。虽然在回到阿瓦后，摩诃梯诃都罗被孟波罚站于烈日下一整天（在热带，这绝对是一种酷

⑨ 仓皇

347

刑），但很快，缅甸国内发生了一场叛乱，摩诃梯诃都罗再次披挂上阵，迅速平叛，重新赢得了孟波和国民的信任。孟波也不得不承认了与清王朝停战的既成事实，只好再往东去继续和宿敌泰国为难。

而傅恒没有这样的机会，他必须想办法向姐夫交代。

怎么交代？除了欺瞒，还能怎么交代？反正北京离云南山远水远，除了相关文件，对于战场上的一切，乾隆帝什么都没看见。而且朝廷里也没有懂缅甸文字的，停战协议里到底写了些什么，傅恒拥有唯一的解释权。

欺，是说假话；瞒，是不说真话。

首先，傅恒在情况报告里颠倒了和谈进程的事实顺序，说成是缅甸方面先来向自己求和，满足了天朝迫切需要的虚荣和面子。

然后，将摩诃梯诃都罗四项条件的最后一条，即清缅两国建立平等邦交的那条，说成是缅甸稍后将向清王朝称臣纳贡。这是清王朝唯一能够接受的外交样式。

关于缅甸要求交还背叛者与战俘的事情，傅恒则告诉乾隆帝说，自己也向缅甸提出了一样的条件，对方也答应了，这样也就不算吃亏。

至于承认勐拱、蛮暮、木邦等云南以西的掸族地区为缅甸势力范围这一条，傅恒压根就没跟姐夫提起。他料定经此一战，清王朝不会再有心气来搭理这里的事情，中国的视野与势力从此都会退出伊洛瓦底江中游地区，所以即使自己隐瞒了这一消息，朝廷短时间内也不会发觉。那么短时间之后，会怎样呢？

会忘却……

办完这一切，傅恒羞愧地拖着病重的躯体回京了。

公元1770年，乾隆三十五年四月，缅甸王孟波的使节很快来到北京履行条约，要和清王朝进行平等外交。虽然朝廷里的相关人员竭力将缅甸的此次来访打扮成一次惯常的蛮夷进贡，但乾隆帝依然发觉，缅甸使节所说的和自己所知的，完全牛头不对马嘴。

乾隆帝凶狠的眼光刺到了傅恒羞愧的脸上，但兴许是念及多年的情分，他并没有立即戳穿一切，向傅恒问责。

然而，在精神上，傅恒从那一刻起已经身首异处。

心有死结，对一个身患重病的人的影响是致命的。公元1770年，乾隆三十五年七月，傅恒死了，死于传染病恶化或羞愧。自此，清王朝先后出任了清缅战争总指挥的四位官员，都因此战而丧命。

一场邪门儿的战争。

傅恒的死，显然比刘藻、杨应琚、明瑞的影响更大。这位带领军机处为乾隆帝服务了整整二十多年的重要人物离世，意味着乾隆帝必须尽快寻找一个新的稳定的代言人，在军机处里忠实地落实自己的乾纲独断。

公元1770年，乾隆三十五年，北京西城驴肉胡同里的正红旗满人钮祜禄·和珅刚满二十岁。他去年刚刚科考失败，但还是凭借父亲的恩荫被授了个三等轻车都尉的爵位，从此算是踏入仕途。